문학에 뛰어든 세계사

영웅의 시대

문학에 뛰어든 세계사

영웅의 시대

ⓒ 김영진 2018

초판 1쇄	2018년 12월 27일		
지은이	김영진		
출판책임	박성규	펴낸이	이정원
편집주간	선우미정	펴낸곳	도서출판 들녘
편집진행	박세중	등록일자	1987년 12월 12일
디자인진행	김정호	등록번호	10-156
편집	이동하·이수연	주소	경기도 파주시 회동길 198
디자인	조미경·김원중	전화	031-955-7374 (대표)
기획마케팅	나다연		031-955-7381 (편집)
영업	이광호	팩스	031-955-7393
경영지원	김은주·장경선	이메일	dulnyouk@dulnyouk.co.kr
제작관리	구법모	홈페이지	www.dulnyouk.co.kr
물류관리	엄철용		
ISBN	979-11-5925-379-9 (03900)	CIP	2018041025

이 도서의 국립중앙도서관 출판예정도서목록(CIP)은 서지정보유통지원시스템 홈페이지(http://seoji.nl.go.kr)와 국가자료공동목록시스템(http://www.nl.go.kr/kolisnet)에서 이용하실 수 있습니다.

문학에 뛰어든 세계사

영웅의 시대

김영진 지음

들녘

일러두기

- 인지명과 저작물의 제목은 국립국어원 외래어 표기법에 따랐다. 교황의 이름은 라틴어 표기를 따랐다.
- 인물의 생몰년은 인물이 처음 등장할 때 한 번 표기하는 것을 원칙으로 했다.

저자의 말

어릴 적 나는 외가에서 하룻밤 자고 오는 것을 무척 좋아했다. 잠들기 전에 외할머니께서 꼭 재미난 옛날이야기를 들려주셨기 때문이다. 잠자리에서 나는 외할머니의 부드러운 음성에 이끌려 임금님과 선비, 효자와 어머니, 도깨비와 호랑이가 기다리는 세계로 빠져 들어갔다. 외할머니의 이야기보따리는 엄청나게 커다랬다. 좀처럼 바닥을 드러낼 줄 몰랐다. 지금 생각해보면, 어떻게 그리 많은 이야기들을 알고 계셨는지 신기할 정도다. 그리고 정말 탁월한 이야기꾼이셨다. 어쩌면 그렇게 이야기를 재미나게 하셨을까? 외할머니가 안내한 세계에서 늘 벅찬 감동을 맛볼 수 있었다. 외할머니는 나의 호메로스였다.

옛날이야기에 푹 빠진 나는 그 이야기들의 배경이 슬슬 궁금해졌다. 그것이 내가 역사학에 관심을 갖기 된 계기다. 글을 깨친 후로 전래동화집, 그리스·로마 신화, 성경 이야기, 『삼국지』 등을 닥치는 대로 읽었고, 언제인가부터는 역사책을 읽기 시작했다. 재미있었다. 책 좋아하는 아들을 대견히 여긴 어머니는 어려운 살림에도 불구하고 내가 원하는 책들을 얼마든지 사주셨다. 그때는 잘 몰랐지만, 정말 감사한 일이었다. 아마 그 아들이 장차 그토록 속을 썩이리라고는 미처 생각지 못하셨을 게다.

대학 진학 때에도 별 고민 없이 사학과를 선택했다. 그리고 대학 생활은 정말 즐거웠다. 역사라는 공통 관심사를 가진 애송이들이 좁은 과방에 모여 앉아 시답지 않은 식견을 뽐내노라면 시간이 어떻게 지나는지도 몰랐다. 냉정히 말해 시간 낭비였지만, 즐거운 건 어쩔 수가 없었다. 그때의 시답지 않은 대화들은 오늘 이 책을 쓰는 데 소중한 자양분이 되었다. 함께 시간을 축내줬던 과 사람들에게 새삼 고맙다는 생각이 든다.

아무튼 내게 역사는 늘 재미있는 것이었다. 그리고 다른 사람들도 그럴 거라고 막연하게 생각했다. 역사를 좋아하는 사람들에게 둘러싸여 지내왔기 때문이다. 그러나 착각이었다. 강단에 처음 섰을 때 깨달은 현실은 내 생각과 달랐다. 너무도 많은 학생들이 역사는 지루하다는 편견을 노골적으로 드러냈다. 지금은 담담하게 말하지만, 그때 받은 충격은 매우 컸다.

반면, 역사가 재미있다는 학생들도 꽤 있었다. 그 극단적인 호불호는 중고등학교 때 갈렸다. 열심히 재미나게 가르치는 선생님을 만난 학생들과 무조건 외우라며 윽박지르는 선생님만 겪은 학생들의 차이였다. 그래서 나는 일단 재미있게 가르쳐야겠다고 결심했다. 교양수업은 물론 전공수업에서도 마찬가지였다. 어쩌면 당연한 일이다. 어차피 먹고사는 데 별 도움 안 되는 수업인데, 재미라도 있어야지 않겠는가?

2013년, 평소 즐겨 찾던 파주의 한 도서관에서 시민강좌를 맡아 달라는 제의를 받았다. 정말 고마운 일이었지만, 부담감도 엄청났다. 시민들 앞에 선다는 것은 학점에 얽매여 억지로라도 수업을 듣는 학생들을 상대하는 것과는 차원이 다른 일이었다. 그래서 더 절박하게, 재미있는 내용으로 채우려고 노력했다. 친숙한 고전문학을 통해 그 시대의 역사를 소개하는 것은 그런 노력의 일환으로 찾아낸 주제였다. 다행히 반응이 나쁘지 않았으므로, 그 주제로 몇 차례 강연을 할 수 있었다. 그러던 중 도서출판 들녘에서 책으로 내보자는 과분한 제안을 주셨다. 그래서 지금 이 저자의 말을 쓰고 있다.

이 책을 쓰면서 깨달은 점은 내가 정말 게으르다는 사실이었다. 어머니는 물론 지도교수님께 늘 지적받은 점이라 스스로도 잘 알고 있었지만, 막상 글을 쓰다 보니 그 이상으로 게을렀다. 들녘과 약속한 때가 한참 지났음에도 책은 좀처럼 나올 줄 몰랐다. 게으른 주제에 의욕은 또 과했다. 그래서 한두 꼭지 쓰고 나니, 애초에 기획했던 분량을 이미 넘겨버렸다. 시간은 늦고 분량도 넘겼는데

책이 끝날 기미가 안 보이다니, 총체적인 난국이었다.

결국 게으르고 무능한 저자 덕분에 책의 성격과 방향에 대대적인 수정이 이루어졌다. 그 과정에서 들녘 관계자 분들이 고생을 정말 많이 하셨다. 가장 큰 수정은 책의 범위를 좁히는 일이었다. 원래는 이 한 권을 통해 고대부터 현대까지 두루 살펴려고 했는데, 우선 고대와 중세에서 끊기로 했다. 근대와 현대는 따로 책을 더 내야 할 것 같다.

고대와 중세를 소개할 책으로 『일리아스』『니벨룽의 노래』『롤랑의 노래』『돈키호테』를 골랐다. 우선 『일리아스』를 통해 고대 그리스 문명이 형성되는 과정을 살펴봤다. 그리고 『니벨룽의 노래』와 『롤랑의 노래』를 통해 중세의 두 중요한 요소인 게르만족과 크리스트교를 각각 소개했다. 마지막으로 『돈키호테』를 통해 중세가 끝나고 근대라는 새 시대가 열리는 모습을 지켜봤다. 그 과정에서 이야기의 주인공들인 '영웅'에 주목했다. 고대에서 중세를 거쳐 근대로 접어들면서, 영웅이란 존재에 끼었던 거품이 서서히 걷히는 모습을 볼 수 있다. 『돈키호테』는 이제 영웅이 얼마나 어색하고 거추장스러운 시대가 되었는지 생생하게 보여준다.

이 책을 쓰는 것은 읽은 지 오래 지났거나 대충 읽어서 기억이 흐릿했던 고전들을 다시 꼼꼼히 읽을 좋은 기회가 되기도 했다. 천병희 선생님이 번역한 『일리아스』 등 그리스 고전들은 많은 도움이 되었다. 허창운 선생님이 옮긴 『니벨룽겐의 노래』와 그에 관한 논문도 마찬가지다. 『롤랑의 노래』는 이형식 선생님이 번역한 『롤랑전』이 있었다. 『돈키호테』는 워낙 인기가 큰 만큼, 좋은 번역본들이 많이 나왔다. 박철, 민용태, 안영옥 선생님의 번역본들은 각자 개성이 달랐지만 모두 유익했다.

앞서 말했다시피, 내 넘치는 게으름과 모자란 재주 때문에 터무니없이 오래 끈 이 책이 드디어 나오게 되었다. 그 긴 시간을 참을성 있게 기다려준 도서출판 들녘 관계자 여러분과 내 가족들에게 진심으로 감사하고 미안하다는 말을 하고 싶다. 늘 응원해주시는 독서모임 세르모 회원님들도 고맙다. 또한 못난 제자를 항상 따뜻하게 대해주시는 양홍석 선생님께도 감사의 말씀 올린다.

차례

I. 일리아스

지금으로부터 약 삼천 년 전인 기원전 900년경 고대 그리스에는 호메로스라는 전설적인 시인이 있었다. 그는 자신이 살던 시대보다 삼백 년쯤 전에 일어났던 그리스와 트로이의 전쟁을 소재로 위대한 서사시를 남겼다. 그것이 바로 『일리아스(Ilias)』다. 그리고 『일리아스』는 장차 서양의 정신과 사상의 모태가 되었다.

고대 그리스 시대만 해도 『일리아스』에 뿌리를 둔 수많은 후속 작품들이 쏟아져 나왔다. 그리고 중세와 근대를 거쳐 오늘날에 이르기까지, 『일리아스』는 문학뿐만이 아니라 서양 문화의 다양한 방면에 압도적인 영향력을 행사해왔다. 『삼국지』가 동북아시아의 사상과 문화에 거대한 족적을 남겼다면, 유럽에서는 『일리아스』가 그 역할을 담당했다.

『일리아스』는 한 편의 문학 작품이라기보단, 마치 하나의 독립된 생명체처럼 삼천 년에 걸쳐 서양 문화사에 강력하게 군림했다. 따라서 서양의 문화와 역사에 대해 깊이 있게 알고 싶다면, 우리는 마땅히 『일리아스』부터 알아야 한다.

『일리아스』 읽기

『일리아스』는 어마어마하게 길다. 십 년에 걸친 큰 전쟁을 배경으로 한 만큼, 수많은 인물들이 등장하고 파란만장한 사건들이 쉴 새 없이 펼쳐진다. 한데, 『일리아스』에서 직접 다루는 것은 불과 오십일 간의 이야기다. 그리스의 영웅 아킬레우스와 총사령관 아가멤논 사이의 갈등이 발생하는 것에서 시작해 트로이 왕세자 헥토르의 장례식을 치르는 것으로 끝난다. 전쟁이 한창 진행 중일 때 이야기가 시작되어 전쟁이 끝나기 전에 이야기가 마무리되는 것이다.

그러나 이야기가 진행됨에 따라 등장인물들이 틈틈이 과거의 일들을 언급하면서, 왜 전쟁이 시작되었는지, 또 그동안 어떤 일들이 있었는지 자연스럽게 깨닫게 해준다. 그리고 『일리아스』가 끝난 후, 즉 헥토르의 장례식 후에 벌어지는 일들은 호메로스의 또 다른 명작 『오디세이아』나 다른 서사시인의 작품을 통해 알 수 있다. 아이스킬로스의 『오레스테이아』, 소포클레스의 『아이아스』, 베르길리우스의 『아이네이스』 같은 것들 말이다. 나는 이 책에서 단지 『일리아스』만 소개하지 않고, 『일리아스』를 중심으로 하되, 트로이전쟁이라는 큰 사건의 전체적인 이야기를 풀어보고자 한다.

전쟁을 불러온 사랑

이야기는 트로이에서 불길한 운명을 지닌 왕자가 태어나는 것으로 시작된다. 그가 바로 파리스다. 이 가엾은 왕자는 즉시 왕궁에서 버림받았지만, 간신히 목숨을 부지하고 이다산에서 훤칠한 양치기 청년으로 자란다.

이 양치기는 어느 날 뜻하지 않게 가장 아름다운 여신을 판가름할 심사위원의 영예를 안게 된다. 파리스는 각각 권력과 지혜를 약속한 헤라와 아테나를 제쳐두고 가장 아름다운 아내를 약속한 아프로디테를 선택한다. 이로써 아프로디테는 파리스의 영원한 후원자가 되지만, 헤라와 아테나는 이를 갈며 저주한다. 그리고 그녀들은 훗날 파리스의 조국 트로이까지 해코지를 한다. 결국 파리스의 선택이 트로이에 먹구름을 드리운 셈인데, 옛 이야기들 속에 나오는 불길한 예언은 반드시 맞아떨어지게 마련이다.

이후 아프로디테의 도움을 받은 파리스는 트로이로 돌아가 왕자

헬레네와 파리스

신분을 회복한다. 하지만 여신의 진짜 약속은 아직 남아 있었다. 세계 최고의 미녀와 결혼시켜주는 것 말이다. 일단 아프로디테는 최고의 미녀가 누구인지 찾았고, 그녀가 바로 헬레네였다. 그러나 굉장히 골치 아픈 문제가 하나 있었다. 그녀에게는 이미 남편이 있었던 것이다. 헬레네는 스파르타 왕 메넬라오스의 아내였다. 하지만 약속을 중히 여기는 고귀한 여신은 그 따위에 개의치 않았다. 여신은 헬레네를 파리스와 맺어주기로 결심했다.

어느 날 파리스는 부왕 프리아모스의 명으로 스파르타를 방문했다. 그리고 메넬라오스왕의 융숭한 대접을 받았다. 하지만 그를 진짜 기쁘게 한 것은 헬레네와의 만남이었다. 그들은 서로에게 한 눈에 반했다. 일이 되려고 그랬는지 마침 메넬라오스왕이 나라를 비울 일이 생겼다. 그들은 그 틈을 놓치지 않고 트로이로 도망쳤다. 심지어 헬레네는 메넬라오스와의 사이에서 낳은 딸까지 버려두고 떠났다. 그 불쌍한 소녀의 이름은 헤르미오네였다. 해리 포터 팬들에게는 매우 친숙한 이름이다.

귀국한 메넬라오스는 그야말로 황당하고 억울한 입장에 놓였다. 아무 잘못도 하지 않았는데, 아내한테 버림받은 것이다. 그러나 이는 메넬라오스 개인의 망신으로 끝날 가벼운 문제가 아니었다. 그는 한 여자의 남편이기에 앞서 일국의 왕이었다. 이제 그의 위신은 땅에 떨어졌다. 오쟁이 진 왕을 존경할 백성은 없다. 메넬라오스에게, 헬레네의 야반도주는 단지 수치스러운 것을 떠나 통치의 뿌리가 흔들리는 치명적인 문제였다.

게다가 메넬라오스는 원래 스파르타 사람이 아니었다. 그는 미케네의 왕자였다. 그런데 스파르타 공주인 헬레네와 결혼한 덕에 장인의 나라를 물려받은 것이다. 그의 장인인 틴다레오스왕에게는 아들과 딸이 각각 둘씩 있었다. 하지만 영웅심에 불탄 그의 아들들은 위험한 모험을 즐긴 끝에 요절하고 말았다. 그에게는 두 딸만 남았다. 틴다레오스는 두 딸 모두 미케네 왕자들과 결혼시켰다. 장

아테네

미케네

스파르타

크노소스

미케네 문명

녀인 클리타임네스트라는 미케네의 첫째 왕자 아가멤논과 결혼하
여 미케네의 왕비가 되었다. 그리고 차녀인 헬레네는 둘째 왕자 메
넬라오스와 결혼했는데, 틴다레오스는 이 둘째 사위를 불러들여
자기 왕위를 물려줬다.

즉 메넬라오스는 데릴사위 신분으로 스파르타를 물려받은 것이
다. 그는 헬레네와 결혼한 덕에 왕이 되었으므로, 그녀가 사라진
이상 왕위가 흔들릴 것은 자명한 이치였다. 평생 미케네에서 형 아
가멤논의 눈치나 보며 살 팔자였다가 느닷없이 스파르타 왕위를
얻었으니, 실로 대단한 행운이었다. 하지만 헬레네의 외도로 그 행
운이 끝날 위기에 처했다. 그는 가만히 있을 수 없었다.

그리스의 원정대

메넬라오스는 막막했다. 당시 그가 다스리던 스파르타는 국력이 약했기 때문이다. 스파르타가 우리에게 익숙한 군사강국의 모습을 갖춘 것은 수백 년 후의 일이다. 부강한 트로이를 상대로 약체 스파르타의 왕 메넬라오스가 할 수 있는 일은 없었다. 하지만 믿을 구석은 있었다. 그것은 미케네의 왕위를 지키고 있던 형 아가멤논이었다.

그리스의 강국 하면 우리는 자연스레 스파르타를 떠올리지만, 트로이전쟁이 일어났던 기원전 13세기 무렵에는 미케네가 그리스 세계의 최강자였다. 따라서 미케네의 왕이 그리스 도시국가들의 실질적인 패자(覇者)인 셈이었다. 곤경에 처한 메넬라오스에게 남은 마지막 행운은 바로 그 막강한 미케네의 왕이 친형 아가멤논이라는 사실이었다. 메넬라오스는 그 행운을 써먹음에 전혀 망설임이 없었다. 그는 즉시 아가멤논을 찾아갔다.

하지만 아가멤논이야말로 진정한 행운아였다. 그리스 세계를 이끌어가는 지도자로서 그는 트로이에 오래전부터 곱지 않은 시선을 보내고 있었다. 차차 자세히 다루겠지만, 트로이는 그리스 세계에 속한 도시가 아니었다. 그들은 소아시아에 뿌리를 둔 사람들이었으며, 히타이트 제국에 종속되어 있었다. 트로이인들은 그리스와는 전혀 상관없는 사람들이었다. 심지어 언어조차 달랐다. 그리고 몹시 부유했다. 미케네 왕들 입장에서는 그 점이 가장 짜증났을 것이다. 부유한 이방인만큼 꼴 보기 싫은 존재도 없다.

그리스 도시국가들과 트로이는 에게해를 사이에 두고 오래 대립해왔다. 비록 미케네가 그리스 도시국가들 중에서는 가장 강하다 하지만, 혼자 힘으로 부강한 트로이를 상대할 수는 없었다. 도시국가를 모두 모아야 가능할 일이었다. 하지만 그것도 쉽지 않았다. 비록 미케네 왕이 그리스의 맹주라곤 하나, 다른 왕들에게 이래라저래라 할 만한 권력은 없었다. 다른 왕들을 집합시키려면 그럴듯한 명분이 필요했다.

그런데 동생 메넬라오스가 마누라를 잃고 찾아온 것이다. 그것은 명분이 될 만했다. 감히 그리스 세계의 왕비를 납치해가다니! 이는 결코 그냥 넘길 일이 아니다. 그리스의 모든 왕들을 집합시키기에 충분한 것이다! 아가멤논은 아마도 동생이 지고 있는 오쟁이에 축복이라도 하고 싶었을 것이다.

아가멤논은 동생을 끌어안고 등을 쓰다듬으며 함께 눈물을 흘렸다. 속으로는 웃고 있었을지도 모르지만, 아무튼 그는 화를 냈다. 그리고 그리스의 수많은 왕과 영웅들을 소집했다. 재미있는 점은, 그들 대부분이 한때 헬레네에게 청혼했던 경력을 갖고 있었다는 사실이다. 그런데 감히 헬레네를 납치해가다니. 그들도 몹시 분개했고, 트로이와의 전쟁에 힘을 보태기로 맹세했다. 그리하여 트로이로 쳐들어갈 대규모 원정군이 조직되었다.

그들은 대함대를 조직해 당당하게 트로이를 향해 나아갔다. 아니, 나아가려 했다. 그런데 출발도 하기 전에 변고가 생겼다. 바람이 불지 않아 배가 뜨지 못한 것이다. 신탁에 물은 결과, 아가멤논이 아르테미스 여신의 노여움을 산 탓이라는 점괘가 나왔다. 결국 아가멤논은 여신의 화를 풀기 위한 제물로 맏딸 이피게네이아를 바칠 수밖에 없었다. 여신이 생각보다 빨리 화를 푸는 바람에 이피게네이아는 간신히 목숨을 건졌지만, 아무튼 이 일화는 당시 그리스의 맹주 아가멤논의 권위가 매우 약했으며, 왕권 자체가 상당히 제한적이었음을 은연중에 드러낸다. 마침내 그리스 원정대는 트로이로 출발했다.

아가멤논과 아킬레우스의 불화

그리스 연합군은 트로이 성을 포위하고 맹공을 퍼부었지만, 전황은 뜻 같지 않았다. 저력의 트로이는 결코 호락호락한 상대가 아니었다. 트로이는 어진 왕 프리아모스와 용감한 왕세자 헥토르의 영도하에 한 치의 흔들림도 없이 버텼다. 게다가 트로이 역시 연합 세력을 구축했다. 트로이의 동맹국 여기저기서 구원군을 보내왔던 것이다. 그중에는 여자들로만 구성된 전설의 부족 아마존도 있었다. 이처럼 많은 동맹군이 모인 점을 보면, 소아시아 북부 일대에서는 트로이 역시 맹주의 지위를 맡고 있었다고 짐작할 수 있다.

트로이는 좀처럼 함락되지 않았고, 세월은 하염없이 흘러 무려

구 년이 지났다. 그리고 십 년째 되는 해부터 『일리아스』의 서술이 본격적으로 시작된다. 그 시작을 알린 것은 그리스군 총사령관 아가멤논과 그리스 최고의 전사 아킬레우스의 반목이다.

전쟁이 길어질수록, 난처한 처지에 놓인 것은 원정군 그리스였다. 고향에서 멀리 떠나온 탓에 식량 등 군수품 조달에 심각한 어려움을 겪었던 것이다. 그 난관을 타개하고자 그들이 택한 방법은 약탈이었다. 그들은 트로이 인근의 부락들을 집요하게 털었다. 실제로 『일리아스』에서는 그리스 장수들이 마을을 약탈한 이야기를 자랑스럽게 떠벌리는 장면이 종종 나온다.

그들은 약탈을 통해 식량 등 여러 가지를 구했다. 그 여러 가지에는 여성도 포함되어 있었다. 그들은 종종 반반한 처녀를 납치해 성노예로 삼았다. 애인이라고 포장되었지만 사실은 성노예였다. 그리고 그리스 최고의 장수 아킬레우스는 약탈에 있어서도 가장 혁혁한 성과를 올렸다. 어느 날 그는 브리세이스라는 빼어난 미녀를 끌고 왔다. 비록 성노예였지만, 아킬레우스는 그녀에게 상당히 진심어린 애정을 품었던 모양이다. 그는 브리세이스를 애지중지했고, 그녀도 어느 정도 마음을 열었다. 뭐 여기까지는 그런대로 괜찮다 치자.

진짜 문제를 일으킨 것은 총사령관 아가멤논이었다. 그는 브리세이스의 미모에 관한 소문을 듣더니, 문득 아킬레우스에게 그녀를 달라고 요구했다. 입으로는 이런저런 명분을 읊어댔지만, 요지는 총사령관인 자신에게 최고의 전리품을 바쳐야 마땅하다는 것이었다.

이는 명백한 억지였고, 날강도가 따로 없었다.

아가멤논의 억지와 탐욕에 아킬레우스는 당연히 분노했다. 게다가 그는 원래 기분이 별로 안 좋은 상태였다. 따지고 보면, 이 전쟁은 아킬레우스와는 아무 상관이 없었다. 그는 그저 의리를 지키기 위해 참전했을 뿐이다. 게다가 이 전쟁에 참가하면 목숨을 잃는다는 께름칙한 예언도 들었다. 심지어 전쟁이 예상보다 훨씬 길어졌다. 상관없는 전쟁에 목숨 걸고 참가해서 아까운 청춘을 허비하는 상황 속에서 브리세이스는 그나마 큰 위로가 되어주었다. 그런 판국에, 공이라곤 한 치도 없는 작자가 총사령관의 명함을 들이대며 그녀를 내놓으라고 우기니 그저 기가 찰 노릇이었다.

아킬레우스는 뻔뻔한 아가멤논의 요구에 마침내 분노가 폭발했다. 아킬레우스가 고함치며 항의하자 아가멤논도 지지 않고 언성을 높였다. 미케네의 왕이자 그리스 맹주로서의 자존심에 상처를 입은 모양이었다. 그는 원래 그런 인간이었다.

결국 아킬레우스가 양보했다. 그는 브리세이스를 넘기는 대신 전쟁에서 빠지겠다고 선언했다. 아가멤논은 아킬레우스를 욕하고 저주한 뒤 브리세이스를 데려갔다. 그리하여 그리스 최강의 장수가 전열에서 이탈했다. 에이스가 빠진 전장에서는 순식간에 그리스의 패색이 짙어졌다. 무엇보다 물 만난 듯 날뛰는 트로이의 에이스 헥토르를 도저히 제어할 수가 없었던 것이다. 트로이군은 사기충천하여 진격하는 반면, 그리스 장수들은 줄줄이 쓰러졌다. 이를 보다 못해 나선 것이 바로 아킬레우스의 절친 파트로클로스였다.

　파트로클로스는 혼자서라도 전쟁터에 나가겠다고 눈물로 호소한 끝에 간신히 아킬레우스의 허락을 받아냈다. 아킬레우스는 사랑하는 벗에게 손수 자기 갑옷을 입혀주며 부디 조심하라고 당부했다. 이윽고 파트로클로스가 아킬레우스의 갑옷을 입고 전쟁터에 나타나자, 그리스군의 사기는 하늘 높이 치솟았다. 진짜 아킬레우스가 도착한 줄 알았던 것이다.

　파트로클로스는 아킬레우스 못지않은 놀라운 용력을 뽐냈다. 이제는 트로이군이 도망칠 차례였다. 파트로클로스는 엄청난 힘을 과시하며 마주치는 트로이 장수들을 모두 쓰러트렸다. 그러나 그의 최후는 허무하리만치 빨리 찾아왔다. 하필이면 헥토르와 마주쳤던 것이다. 그는 두려움 없이 맞섰지만 무시무시한 헥토르를 당해낼 수는 없었고, 이번에는 자신이 흙바닥에 뒹구는 신세가 되었다. 그가 자랑스레 걸치고 있던 아킬레우스의 갑옷은 헥토르가 벗겨 갔다. 근처에 있던 아이아스와 메넬라오스가 달려와 눈물겨운 분전을 펼친 끝에 그의 벌거벗은 시체를 간신히 되찾을 수 있었다. 전세는 또 뒤집혔고, 그리스군이 다시 패주했다.

트로이의 버팀목이 쓰러지다

내가 처음으로 『일리아스』를 읽었을 때, 파트로클로스의 죽음은

파트로클로스의 시신 앞에서 절규하는 아킬레우스

가장 슬픈 장면이었다. 인정 많고 용감했던 그의 허무한 죽음은
마음을 너무 아프게 했다. 하지만 세월이 흐른 지금 다시 생각해보
면, 그의 죽음은 전혀 허무한 것이 아니다. 어쩌면 그는 비참한 죽
음을 통해서 비로소 자신의 진짜 임무를 완수할 수 있었던 게 아
닐까? 그의 진짜 임무는 전쟁터에서 적을 쓰러트리고 승리를 거두
는 것이 아니었다. 죽음이라는 가장 큰 희생을 통해 친애하는 아킬
레우스를 각성시키는 것이었다.

　사랑하는 벗의 시신을 보고 한참 통곡한 뒤, 아킬레우스가 가장
먼저 한 일은 아가멤논에게 화해를 청한 것이었다. 사실 먼저 사과
하고 화해를 청해야 할 사람은 당연히 아가멤논이었다. 그러나 아
킬레우스는 오히려 먼저 화해를 청함으로써, 자신이 각성했다는

사실을 여실히 증명했다. 이제 그는 단순히 용감한 전사가 아니라 진정한 영웅이 된 것이다.

아킬레우스가 빠진 후 패색이 짙어지자 전전긍긍하고 있던 아가멤논은 당연히 화해를 받아들이고 진심으로 사과했다. 아킬레우스는 전에 없이 비장한 결의를 다지고 다시 전장으로 향했다. 이제 더 이상 그저 용맹을 뽐내려고 전장에 나서는 게 아니었다. 이제 그는 헥토르를 죽여 친구의 복수를 하겠다는 뚜렷한 목표를 갖고 있었다. 따라서 그는 어느 때보다도 살벌한 기운을 내뿜었다. 전세는 다시 그리스 쪽으로 급격히 기울었다. 이는 트로이의 왕세자이자 총사령관이며 최고의 영웅인 헥토르 입장에서 결코 좌시할 수 없는 일이었다.

사실 헥토르는 아킬레우스를 두려워했다. 자기 용맹이 그에게 미치지 못한다는 사실을 알고 있었던 것이다. 애초에 인간 중에 아킬레우스를 꺾을 자는 없었다. 이는 익히 알려진 사실이었다. 그러나 그는 용기를 쥐어짰다. 트로이 최고의 영웅으로서, 아군의 전열이 무너지는 것을 발만 동동 구르며 보고 있을 수는 없었기 때문이다. 그는 얼마 전에 새로 얻은 갑옷을 갖춰 입고, 그 갑옷의 원래 주인과 자웅을 겨루려 했다. 이 소식을 들은 아내 안드로마케가 어린 아들을 안고 달려와 눈물 흘리며 만류했지만, 소용없었다. 그의 뜻은 이미 확고했다.

마침내 그는 결연히 성문을 나서 장렬히 싸운 끝에 쓰러지고 말

헥토르를 죽이는 아킬레우스

았다. 부왕 프리아모스가 늙었기 때문에, 트로이의 실질적인 지도
자는 헥토르였다. 그는 용맹, 지략, 인품을 겸비한 최고의 사령관이
었다. 헥토르가 있었기에 트로이는 그리스 대군을 상대로 십 년을
버틸 수 있었다. 그런데 이제 그가 쓰러졌다. 트로이에게 헥토르의
죽음은 차라리 재앙이었다.

아버지의 이름으로

헥토르를 죽였지만 아킬레우스의 큰 분노는 미처 다 풀리지 않았
다. 그는 전차에 헥토르의 시체를 매달아 트로이 성 주위를 끌고
다니며 욕보였다. 이는 분명 지나친 행동이었지만, 며칠 동안 되풀

이되었다. 이 만행을 목격한 트로이 사람들은 절망에 빠졌지만, 늙은 왕 프리아모스는 도리어 용기를 냈다. 사랑하는 맏아들의 시신을 돌려받겠다며 그 무시무시한 아킬레우스를 찾아간 것이다.

프리아모스와 만난 아킬레우스의 반응은, 이 긴 이야기를 통틀어 최고의 반전이라 할 수 있다. 프리아모스의 손을 잡고 왈칵 눈물을 쏟은 것이다. 그는 늙은 왕의 애처로운 모습을 보더니 문득 고향에 두고 온 아버지 펠레우스를 떠올렸다. 아킬레우스에게는 확실히 양면성이 있었다. 그는 쉽게 분노하는 무서운 전사인 동시에, 다정다감한 청년이기도 했다. 그 따뜻한 성품은 브리세이스나 파트로클로스를 대할 때 이미 나타났다. 그러나 프리아모스는 그의 애인이나 벗이 아닌, 적국의 왕이자 원수의 아비였다. 이 놀라

헥토르의 장례식

운 장면에 관해서는 차차 더 이야기하기로 하자.

　아킬레우스는 결국 헥토르의 시신을 돌려줬다. 그것도 그냥 돌려준 게 아니라, 깨끗이 닦고 향기로운 기름을 발라 극진한 선물처럼 돌려줬다. 늙은 왕은 마침내 아들의 시체와 함께 성으로 돌아갔다. 이어서 모든 트로이 사람들의 깊은 애도 속에 성대한 장례가 치러졌다. 『일리아스』는 이 장면으로 끝난다. 그러나 트로이전쟁은 아직 끝나지 않았고, 당연히 이야기도 더 남아 있다. 앞서 말했다시피, 남은 이야기는 『오디세이아』를 비롯한 다른 작품들을 통해 전개된다.

그리스, 아킬레우스와 아이아스를 잃다

남은 이야기는 아킬레우스의 죽음으로 시작된다. 참 허망하다. 『일리아스』 최고의 영웅 아킬레우스는 가장 용렬한 사내의 손에 목숨을 잃었다. 그는 다름 아닌 파리스였다. 파트로클로스의 죽음이 아킬레우스를 각성시켰듯, 헥토르의 죽음은 파리스를 각성시켰다. 그전까지 한심한 모습으로 일관하던 그는 존경하던 맏형의 죽음 이후 마치 다른 사람이 된 양 막중한 책임을 자각한다.

　그러나 파리스가 아킬레우스와 정면승부를 벌이는 것은 불가능한 일이었다. 아킬레우스는 신들도 두려움을 느낄 정도의 용사였기 때문이다. 하지만 파리스에게 곧 좋은 기회가 찾아왔다. 프리아모스는 아킬레우스와 화친하기를 원했고, 그에게 폴릭세네라는 딸

아킬레우스의 시신을 운반하는 아이아스

을 시집보내려 했다. 마침내 결혼식이 열렸는데, 아킬레우스는 완전히 무방비 상태로 노출되었다. 파리스는 그 기회를 놓치지 않았다. 파리스는 방심하고 있던 아킬레우스를 향해 활을 쐈고, 시위를 떠난 화살은 하필 그의 유일한 약점인 '아킬레스건'에 맞았다. 그리하여 불세출의 영웅 아킬레우스는 허망하게 목숨을 잃었다.

이로써 트로이는 헥토르를 잃고, 그리스는 아킬레우스를 잃었다. 양측 모두 에이스를 잃은 가운데, 전선은 교착 상태에 빠졌다. 그리스군 수뇌부는 새로운 에이스를 뽑기로 했다. 그리스 장수들은 투표를 통해 '차기 에이스'를 뽑고, 그에게 아킬레우스의 갑옷을 주기로 했다. 여러 장수들이 이 큰 영예에 도전했지만, 최후에 남은 것은 두 사람, 아킬레우스 다음가는 용사였던 '괴력의 거인' 아이아스와 가장 '지혜로운 장수' 오디세우스였다. 투표에서 이긴 것은 지혜로운 오디세우스였다.

아이아스는 그 결과에 분노했다. 그는 아킬레우스 말고는 자신을 당할 자가 없다고 자부해왔다. 그는 자존심에 큰 상처를 입었고, 동료들에 격렬한 배신감을 느꼈다. 아킬레우스가 화려한 무용담을 뽐냈다면, 그는 언제나 묵묵히 헌신하는 장수였다. 한데 그 보답이 고작 이런 모멸감이라니! 그는 몹시 속상했고, 동료 장수들에게 깊은 원한을 품었다. 그는 결국 착란을 일으키더니, 기어이 스스로 목숨을 끊었다. 이로써 그리스는 가장 용맹한 두 장수를 차례로 잃고 말았다.

전쟁의 끝

최고의 용사 둘을 잃은 그리스군의 사기는 땅에 떨어졌다. 반대로 트로이 사람들은 새로운 희망을 품었다. 이제 전쟁은 트로이의 승리로 끝날 듯 보였다. 애초에 트로이가 유리한 전쟁이었다. 막아내기만 하면 되는 입장이었기 때문이다. 아이아스마저 죽은 후, 그리스 측은 전의를 완전히 상실한 듯 보였다. 그러나 갑작스러운 희망은 방심을 낳기 일쑤다. 트로이 사람들도 그랬다. 그리고 지혜로운 오디세우스는 바로 이 점을 파고들었다. 그는 트로이 사람들의 방심을 틈타 기발한 작전을 짰는데, 바로 그 유명한 '트로이의 목마'다.

오디세우스는 그리스군이 모두 퇴각하는 것처럼 꾸민 채 소수의 결사대만 이끌고 거대한 목마의 배 속에 숨었다. 승리에 도취된 트로이군이 목마를 성안으로 들이자 밤중에 몰래 빠져나와 성문을 열었다. 그리고 조용히 되돌아온 그리스 대군을 맞아들였다. 끝내 트로이는 함락되었다. 프리아모스를 비롯한 대부분의 남자는 죽임을 당했고, 여인들은 포로가 되었다. 아이네이아스 등 간신히 살아남은 사람들은 망명길에 올랐다. 트로이는 마침내 무너졌다. 그리스 장수들은 엄청난 양의 보물과 포로들을 배에 싣고 무려 십 년 만에 고향으로 향했다. 기나긴 전쟁은 그렇게 끝났다.

아차, 헬레네는? 이 모든 비극의 원인인 그 최고의 미녀는 어찌 되었을까? 그녀를, 혹은 그녀가 유혹했던 파리스는 트로이 함락 직전에 이미 죽었다. 그리고 트로이마저 무너졌다. 하지만 그녀의 미모는 여전했다. 그녀의 미모는 메넬라오스의 큰 분노마저 녹일 만큼 강력한 무기였다. 그녀는 스파르타 왕비의 지위를 회복했다.

트로이의 목마

그리스와 트로이

일리아스는 무슨 뜻일까?

일리아스(Ilias), 혹은 일리아드(Iliad). 어느 쪽이든 대단히 친숙한 말
이다. 하지만 그 뜻까지 아는 사람은 별로 많지 않을 것이다. 일리
아스는 '트로이의 노래'라는 뜻이다.

고대 그리스·로마의 문학작품들은 '○○의 노래'라는 제목이 붙
은 경우가 많았다. 호메로스의 또 다른 걸작 『오디세이아』는 '오디
세우스의 노래'라는 뜻이다. 호메로스의 후배들이 남긴 작품들도
마찬가지다. 『오레스테이아』는 '오레스테스의 노래', 『아이네이스』는
'아이네이아스의 노래'라는 뜻이다. 그런데 여기서 눈치 빠른 독자
들은 뭔가 이상하다는 생각이 들 것이다. '트로이의 노래'라면 '트
로이아'여야 할 텐데, 왜 '일리아스'인 것일까?

이 간단한 질문에 대한 답변은 의외로 어렵다. 그래도 일단 간단하게 답하자면, 트로이는 일리온(Ilion)이라는 또 다른 이름을 갖고 있었으며, 『일리아스』는 원래 '일리온의 노래'라고 하는 게 더 정확하다. 그렇다면, 왜 그 도시는 이름을 둘이나 갖고 있었던 걸까? 그것은 각각 다른 언어로 부르는 이름이었기 때문이다. 트로이는 현지인들, 즉 트로이 사람들이 자기네 언어*로 자기네 도시를 부르는 이름이었다. 반면, 일리온은 그리스 사람들이 그 도시를 부르는 이름이었다. 따라서 그리스 서사시인 『일리아스』는 당연히 '일리온의 노래'일 수밖에 없는 것이다. 하지만 여기서 우리가 진짜로 주목해야 할 점은 따로 있다. 그것은 그리스인과 트로이인이 서로 다른 언어를 쓰는 사람들, 즉 전혀 다른 민족이었다는 점이다.

그리스인과 트로이인이 전혀 다른 사람들이었다는 얘기는, 『일리아스』를 읽은 독자들에게 더 뜻밖으로 들릴 것이다. 왜냐하면 『일리아스』 속에서 그들은 아무런 불편 없이 서로 소통하고 대화하며 심지어 욕설을 주고받기까지 하기 때문이다. 또한 제우스, 헤라, 아폴론, 아프로디테, 아테나 등 같은 신을 섬기기도 한다. 신들도 마찬가지로 그리스, 트로이 사람들과 동시에 연을 맺고 있다.

하지만 이런 건 그저 문학적 장치에 지나지 않는다. 그리스인과 트로이인은 다른 언어를 사용했으며, 아마도 서로 다른 신들을 섬

---

* 아마도 히타이트어였을 것이다.

겼을 것이다. 다만, 『일리아스』는 실제로 트로이전쟁이 일어났던 때보다 약 삼백 년 후에 그리스에서 만들어진 작품인 까닭에, 편의상 자유롭게 소통하고 같은 신들(그리스 신들)을 섬기는 것처럼 묘사되었을 뿐이다. 생각해보라. 그리스인과 트로이인이 이야기를 나눌 때마다 통역을 등장시키고, 그리스인에게는 생소한 트로이 쪽 신들을 일일이 설명하려면 호메로스가 얼마나 번거로웠겠는가? 게다가 호메로스 스스로도 삼백 년 전에 트로이에서 믿었던 신들이 누구인지까지는 미처 몰랐을 수도 있다. 『일리아스』는 사서(史書)가 아니다. 그저 트로이전쟁이라는 역사적 사건을 배경으로 만들어진 '옛날이야기'일 뿐이다. 하지만 그리스인들과 트로이인들이 서로 다른 민족이었다는 점은 분명히 짚고 넘어가야 한다. 그 점은 매우 중요하다.

트로이와 오리엔트 문명

밤하늘의 별만큼이나 많은 그리스 신화 이야기들 중에서도 가장 장엄하고 유명한 이야기에 나오는 까닭에, 마치 트로이인이 그리스인과 아주 가까운 관계일 것처럼 보이지만, 사실은 그렇지 않다. 트로이와 그리스의 연결고리는 매우 약하다. 트로이가 진정으로 강한 연결고리를 갖고 있는 대상은 따로 있었다. 바로 히타이트였다. 인류 최초로 철기를 사용함으로써 소아시아와 메소포타미아를 평정하고 이집트마저 넘봐, 처음으로 오리엔트 세계의 통일을 노렸던 그 강력한 민족 말이다.

그 이야기를 하기에 앞서, 우선 몇 가지를 정리하고 넘어가자. 오리엔트니, 메소포타미아니, 소아시아니 하는 것들이 정확히 무엇인지부터 짚어보자. 먼저 오리엔트다. 오리엔트(Orient)는 익히 알려진 대로 '해가 뜨는 곳', 즉 유럽 사람들 기준으로 동쪽 지역을 가리키는 말이다. 오리엔트는 상당히 추상적인 지리 개념이므로, 정확히 어디 어디라고 잘라 말하긴 힘들지만, 넓게 보면 대체로 메소포타미아, 이집트, 소아시아를 가리킨다고 할 수 있다.

메소포타미아(Mesopotamia)는 '강들 사이'라는 뜻이며, 티그리스강과 유프라테스강 사이의 지역을 의미한다. 대체로 오늘날의 이라크 일대에 해당된다. 이곳은 인류 최초의 청동기 문명이 싹튼 곳이며, 오리엔트 문명의 본류다. 티그리스강과 유프라테스강 사이에 세워진 국가들은 그 비옥한 토지를 발판으로 주변에 강력한 세력을 떨쳤다. 따라서 그들은 지중해 동부 연안까지의 서남아시아 지역을 평정하는 경우가 많았다. 따라서 고대의 서남아시아 일대를 메소포타미아 세력권이라 할 수 있다.

메소포타미아에서는 기원전 3000년경보다 더 빠른 시기에 이미 청동기 문명이 시작된 것으로 보인다. 그 주인공은 수메르인이라는 민족이었다. 수메르 문명은 기원전 2400년 무렵 아카드인에게 멸망당했는데, 그 아카드인도 불과 이백 년 만에 유명한 바빌로니아에 의해 무너졌다. 바빌로니아는 비교적 오래 군림했지만, 기원전

티그리스강과 유프라테스강

1530년경 소아시아에서 철제무기를 휘두르며 내려온 북방민족에게 무릎 꿇고 말았다. 그 북방민족이 바로 히타이트인이다.

오늘날에는 터키가 터를 잡고 있는 소아시아는 메소포타미아처럼 큰 강을 갖지 못해 농경에 적합하지 않았던 탓에 문명의 형성이 상대적으로 더뎠다. 결국 소아시아는 메소포타미아 지역의 영향을 받으며 서서히 문명의 길을 걸었다. 메소포타미아의 후배 혹은 제자인 셈이다. 그러던 어느 날 청출어람(靑出於藍)이 일어났다. 소아시아의 히타이트인들이 메소포타미아의 바빌로니아를 정복한 것이다.

히타이트는 소아시아 북부의 하투샤(Hattusha)라는 곳을 근거지로 삼았는데, 그곳에서는 철광석이 생산되었다. 결국 그들은 기원전 17세기 무렵 철을 연마하는 방법을 터득했다. 이는 그들에게 커다란 축복이었다. 그들은 철로 농기구와 무기를 제작했고, 곧 생산력과 전투력으로 주변 민족을 압도했다. 히타이트인들은 순식간에 소아시아를 평정했고, 바빌로니아를 무너트려 메소포타미아까지 세력을 넓혔다. 그리고 히타이트는 오리엔트 세계의 나머지 한 덩어리, 이집트로 시선을 돌렸다.

이집트에서는 메소포타미아보다 약간 늦게, 청동기 시대가 열린 것으로 알려져 있다. 이집트의 지형은 바다와 나일강, 산맥에 둘러싸여 상당히 폐쇄적이었고, 그로 인해 오랫동안 독자적인 발전을 이루어왔다. 물론 메소포타미아 지역과의 접촉은 있었지만, 엄연히 다른 세계였던 것이다. 하지만 소아시아에서 내려와 메소포타미아를 집어삼킨 히타이트는, 이집트마저 평정함으로써 오리엔트 세계 최초의 통일을 꿈꾸고 있었다. 이집트의 왕이라 할 수 있는 파라오들은 수차례 히타이트 제국과 충돌했다. 그중 가장 유명한 파라오가 바로 람세스 2세(재위 기원전 1279~1213)다. 그가 히타이트 대군의 침공을 막아낸 카데시 전투(기원전 1274)는 그야말로 전설로 남았다.

히타이트와 이집트의 오랜 소모전은 기원전 13세기 중반에 별 소득 없이 어영부영 마무리되었다. 그리고 이때부터 히타이트의 세력은 확연히 기울기 시작했다. 메소포타미아에서는 새로운 강자

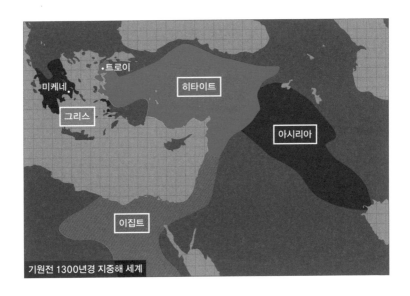

기원전 1300년경 지중해 세계

아시리아에게 밀려났으며, 근거지인 소아시아에서도 여기저기서 반란이 일어났다. 결국 히타이트는 1180년경에 멸망하고 말았다.

여기서 우리가 주목할 것은 히타이트가 본격적인 쇠퇴의 길을 걷기 시작한 시점이 기원전 13세기 중반이라는 사실이다. 트로이전쟁이 일어난 것은 기원전 1230년대다. 기원전 13세기 중반에서 후반으로 넘어가는 시점이다. 이는 트로이의 멸망이 히타이트 제국의 몰락과 관련 있는 게 아닐까 의심하게 만든다.

트로이는 소아시아의 서쪽 끄트머리에 있는 도시국가였다. 바다와의 거리는 고작 육 킬로미터 정도에 불과했다. 게다가 그 바다가 다르다넬스해협이라는 해상교통의 요지인 덕에 일찌감치 교역이 발달했고 오랫동안 번영을 누렸다. 비록 히타이트의 심장 하투샤

43

와는 먼 거리에 있었지만, 엄연히 소아시아에 위치한 트로이는 분명 히타이트 제국의 판도에 속해 있었다. 아마도 제국 서부의 중요한 무역 거점이었을 것이다. 이런 히타이트와 트로이의 관계를 직접 증명해주는 고문서들이 아직도 남아 있다.

해상무역의 요충지에 자리했다는 점, 그리고 강력한 히타이트 제국의 후광을 입었던 점, 이 두 가지 이유로 트로이는 꽤 오랫동안 번영을 누릴 수 있었다. 하지만 종주국 히타이트의 쇠퇴는 트로이의 운명에도 먹구름을 드리웠다. 강력한 보호자를 잃은 부유한 도시는 욕심쟁이들이 눈독 들이기에 딱 좋은 대상이었다. 실제로 바다 건너에서 트로이를 바라보며 군침 흘리는 세력이 있었다. 트로이를 일리온이라 부르는 사람들, 즉 그리스인들이었다.

그리스와 에게 문명

우선 한 가지 짚고 넘어가자. 흔히 『일리아스』는 그리스와 트로이의 전쟁 이야기라고 하지만, 호메로스는 '그리스인'이라는 말을 쓰지 않았다. 그는 '아카이아(Achaea)인'이라는 말을 썼다. 아가멤논, 아킬레우스, 파트로클로스, 아이아스, 오디세우스는 모두 아카이아인들이다. 그렇다면 아카이아인들은 또 누구인가? 우리가 알고 있는 그리스인들과 같은 사람들인가? 아니면 다른 사람들인가? 다른 사람들이라면 어떻게 다른가?

아카이아인들에 대해 알려면 먼저 에게 문명부터 이야기해야 할 것 같다. 에게 문명은 그리스와 소아시아 사이의 섬 많은 바다 에 게해에서 꽃피웠던 문명이다. 에게 문명은 크게 세 구역으로 나뉜 다. 우선 남쪽에 있는 가장 큰 섬 크레타에서 문명이 시작되었다. 곧 그 위의 수많은 작은 섬들인 키클라데스 제도로 문명이 전달되었 고, 최종적으로는 그리스 동부 연안 지역으로 전파되었다. 에게 문 명이 정확히 언제부터 시작되었는지는 확실치 않다. 빨리는 기원전 3000년경, 늦게는 기원전 2000년경에 이르기까지, 학자마다 주장도 다르다. 기원전 2600년쯤에 시작되었다는 설이 가장 일반적으로 채 택되고 있다. 그렇다면, 에게 문명은 어떻게 성립되었을까?

앞서 『일리아스』의 아카이아인 즉 그리스인과 트로이인은 매우 다르다고 말했다. 그렇다. 그들은 그 시작부터 많이 달랐다. 트로이 가 히타이트를 통해 전적으로 메소포타미아 문명의 영향을 받은 데 비해, 에게 문명은 메소포타미아 못지않게 이집트 문명의 영향 도 크게 받은 것으로 밝혀졌다. 일단 그리스의 신화 체계는 메소포 타미아보다는 이집트와 훨씬 더 닮았다. 크레타섬에 남아 있는 고대 유적들에도, 또 에게 문명 시대에 사용했던 문자들에도 이집트의 흔 적이 매우 많이 남아 있다. 이에 관해서는 저명한 역사학자 고(故) 마틴 버널 교수가 명저 『블랙 아테나』에서 정밀하게 설명했다.

에게 문명은 한동안 크레타섬이 주도했다. 이 시기를 전기 에게 문명 혹은 크레타 문명 시기라 부른다. 초기에 크레타가 주도권을 쥔 것은 자연스러운 일이었다. 트로이가 육지에서 히타이트를 거쳐 메소포타미아 문명을 배운 데 비해, 에게해는 당연히 바다를 통해 이집트와 메소포타미아 문명을 받아들였다. 따라서 에게해에서 가장 크고 이집트 및 서남아시아와 가까운 크레타 섬이 문명화의 중심지가 된 것이다. 이 크레타 문명 시기에 있었던 일들은 구체적이고 사실적인 전문적인 역사 서술을 통해 전해지지 않는다. 하지만 당시의 모습을 대강이나마 짐작할 수는 있다. 그 시대에 있었던 일들은 이른바 그리스 신화를 통해 우회적으로 전해 내려오고 있는 것이다. 신화는 믿음직한 사실을 알려주진 않지만, 그렇다고 아예 허무맹랑한 것도 아니다. 신화 속 이야기들은 복잡한 상징체계를 통해 그 이야기가 만들어지던 시대의 모습을 간접적으로 엿보게 해준다.

전기 에게 문명 즉 크레타 문명 시기도 마찬가지다. 우리가 막연히 그리스 신화라고 알고 있는 이야기들 속에는 당시의 사회적 분위기나 국제 정세 같은 것들이 상당히 세밀하게 담겨 있는 경우가 많다. 대표적인 것이 테세우스가 미노타우로스를 물리치는 이야기이다.

크레타섬에 미노스라는 강력한 왕이 있었다. 그런데 어느 날 그에게 골치 아픈 일이 생겼다. 그의 왕비가 사람의 몸에 소의 머리를 달고 있는 괴물을 낳은 것이다. 심지어 그 괴물은 성격도 난폭해서 사람을 잡아먹기도 했다. 그 괴물이 유명한 '미노타우로스'다. 미노스 왕은 최고의 명장(明匠) 다이달로스가 만든 미궁(迷宮)에 미노

크노소스 궁전 벽화

타우로스를 집어넣는 데는 성공했지만, 무슨 이유에선지(그래도 왕비가 낳은 자식이라 그런지) 죽이지는 않았다. 오히려 때가 되면 산 사람을 제물로 넣어줘 괴물이 굶어죽지 않도록 했다. 그러던 어느 날, 바다 건너 아테네의 왕자 한 명이 크레타섬을 방문했다. 그 왕자가 바로 테세우스다. 그는 스스로 미궁에 들어가 미노타우로스를 쳐죽였다. 이로써 크레타 사람들은 공포에서 해방되었다.

그저 재미있기만 한 이 이야기 속에는 중요한 역사적 사실이 숨어 있다. 크레타가 쇠퇴하여 패권을 빼앗김으로써, 후기 에게 문명 시대가 열린 일을 상징하고 있기 때문이다. 왕조차 어쩌지 못하는 미노타우로스의 존재는 크레타에 심각한 문제가 발생했음을, 외국의 왕자가 그를 처리했다는 것은 크레타가 외세의 영향을 받게 되었음을 각각 의미한다. 여기서 테세우스가 아테네 왕자임에 주목

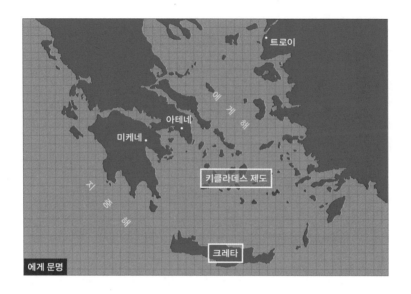

하자. 당시 아테네는 미케네의 가장 중요한 동맹국이었다. 즉 미케네나 아테네 등 그리스 동부 연안 세력이 이제 에게 문명의 본고장 크레타를 압도했다는 뜻이다. 실제로 크레타섬은 기원전 1400년경에 미케네와 동맹국들에 의해 정복되고 짓밟혔다. 그리고 이때부터 후기 에게 문명 시기 즉 '미케네 문명 시기'가 시작되었다.

서사시 속 트로이전쟁, 실화일까?

호메로스의 서술에 따르면, 트로이전쟁은 그리스 최고의 미녀 헬레네가 트로이로 도망친 사건에서 비롯되었다. 그런데 헬레네는 단순한 미녀가 아니었다. 스파르타의 공주이자 왕비라는 고귀한 신분이었다. 그런 헬레네가 한낱 왕자 한 명에게 반해 나라를 버리고 사랑의 도피 행각을 벌이다니, 어떻게 그런 일이 일어날 수 있는 걸까? 우리는 이 이야기를 어떻게 받아들여야 할까?

일단 『일리아스』에 나오는 헬레네의 황당한 행동을 참이라 생각하고 이야기해보자. 일국의 왕비가 낯선 왕자를 따라 고국을 등진다니. 그녀는 스파르타 왕비 자리가 아깝지 않았을까? 아니면 훗날 파리스가 트로이 왕위에 오르는 날, 즉 자신이 트로이 왕비가 되는 날을 꿈꿨던 걸까? 그럴 리는 없다. 트로이에는 성군의 자질을 지닌 헥토르가 왕세자 자리를 굳건히 지키고 있었으며, 그의 동생인 다른 왕자들은 감히 왕위를 꿈꿀 엄두조차 내지 못했다. 결국 헬레네가 트로이 왕비가 될 가능성은 거의 없으며, 그녀는 왕비에서 왕자비로 신분이 낮아지는 것도 감수한 셈이다.

그러나 그럼에도 불구하고 헬레네가 파리스를 따라나설 현실적인 이유는 충분히 있었다. 당시 트로이와 스파르타의 위상은 천지차이였다. 트로이는 유서 깊은 히타이트 제국의 일원이었고 에게해 일대에서 압도적인 부를 자랑하는 도시였다. 반면, 스파르타는 이제 막 떠오르기 시작한 미케네 문명에서도 이류 도시에 불과했다. 트로이에 비하면, 스파르타는 국가라 하기에도 민망한 수준이었을 것이다. 따라서 스파르타 왕비보다는 트로이의 여러 왕자비 중 한 명이 오히려 더 빛나는 자리였을 수 있다.

또 이런 가능성도 있다. 『일리아스』의 헬레네에 관한 서술이 반만 맞을 가능성 말이다. 헬레네라는 스파르타 왕비가 트로이로 떠난 것은 사실인데, 자기 뜻이 아니었을 수 있다. 즉 납치된 것일 수 있다는 뜻이다. 이는 당시 트로이와 스파르타의 국력 차이를 감안하면 상당히 설득력 있는 얘기다. 부강한 트로이의 행실 나쁜 왕자 하나가 약소국 스파르타를 방문했다. 그런데 마침 그 약소국의 왕비가 매우 예뻤다. 왕자는 자기 욕망을 채우고 싶었고, 스파르타는 전혀 두려운 나라가 아니었다. 그래서 그는 과감히 왕비를 납치해 갔다.

마지막으로, 헬레네는 아예 실존 인물이 아닐 수도 있다. 그녀는 미케네를 중심으로 한 그리스 세계와 트로이 사이에 빚어진 모종의 외교적 마찰을 의인화한 것일 수도 있다. 마치 크레타섬의 미노타우로스처럼. 실제로 세계의 다양한 신화들 속에서는 그런 의인화가 꽤 자주 이루어진다. 다시 말하자면, 전통적으로 부강한 트로이와 새로 떠오르는 그리스 세력 간에 심각한 갈등이 빚어진 끝에 큰 전쟁이 벌어졌는데, 그 심각한 갈등을 서사시인 호메로스가 헬레네의 도피라는 낭만적인 사건으로 꾸몄을 수 있다는 얘기다.

헬레네의 실체가 무엇이었는지는 확인할 방법이 없다. 하지만 그녀가 누구였으며 왜 떠났는지와 상관없이, 그녀로 인해 『일리아스』에서 벌어진 상황들과 당시의 국제 정세는 딱 맞아떨어지는 면이 많다. 히타이트라는 위대한 제국의 세력권에 속해 있던 트로이는 오랫동안 에게해 북부의 강자로 군림해왔다. 반면, 오랜 선배나 다름없는 크레타를 정복한 미케네와 인근 도시국가들은, 에게해 남부에서 새로 떠오르고 있었다. 역사적인 관점에서 볼 때, 이 두 세력이 충돌하지 않는다면 그게 오히려 이상한 일이다.

다만 그리스의 맹주 미케네는 트로이와의 대결을 갈망하면서도 망설일 수밖에 없는 모순적인 상황에 처해 있었을 가능성이 크다. 『일리아스』에는 트로이가 얼마나 강력했는지 간접적으로 보여주는 대목이 있다. 트로이 왕 프리아모스가 무려 쉰 명의 자식을 두었다는 것이다. 물론 부인도 많았다. 이는 우리 역사에서 부인과 자녀를 많이 두기로 유명한 고려 태조 왕건을 연상케 한다. 왕건이 많은 부인을 둔 것은 정략결혼을 통해 여러 호족들을 포섭하기 위한 방책이었다. 아마 프리아모스도 그랬을 것이다. 이는 트로이가 그만큼 국제사회에서 중요한 역할을 담당하고 있었음을 의미한다. 실제로 그리스 연합군이 트로이를 포위하자, 근처의 여러 나라 및 민족들이 지원군을 보내 트로이를 도왔다.

따라서 그리스의 맹주 미케네에 트로이는 반드시 물리치고 싶지만, 막상 건드리자니 두려운 대상이었을 것이다. 트로이와 자웅을 겨루자면 다른 도시국가들의 힘을 다 모아야 할 텐데, 그들을 설득하기도 쉽지 않은 일이었을 것이다. 그들을 설득하려면 그럴싸한 명분을 갖춰야 하는데 그것도 어렵긴 마찬가지다. 그러나 기원전 13세기 중반에 문득 그런 명분이 생겼다. 그게 정확히 무엇이었는지는 알 수 없다. 다만, 호메로스는 『일리아스』에서 헬레네의 도

피로 묘사했다. 아무튼 명분이 생겼다. 그리하여 미케네 등 그리스 도시국가들은 연합군을 결성했고, 트로이를 향해 떠났다. 그리고 오랜 전쟁 끝에 트로이는 멸망했다. 이것만큼은 분명한 역사적 사실이다.

『일리아스』 캐릭터 해부하기

일본의 유명한 중국사학자 미야자키 이치사다(1901~1995)는 동양 최고의 고전 『삼국지』에 대해 "삼국지는 무조건 재미있다"*는 말을 남겼다. 그렇다. 『삼국지』는 확실히 무조건 재미있다. 그런데 서양 최고의 고전 『일리아스』도 마찬가지다. 무조건 재미있다.

『일리아스』는 왜 그토록 재미있을까? 여러 이유가 있겠지만, 아마도 많은 인물들이 서로 얽혀 다채롭고도 생동감 있는 이야기들을 만들어내기 때문일 것이다. 호메로스의 놀라운 점은 그토록 먼 옛날에 다양한 사람들의 복잡한 심리를 치밀하게 묘사했다는 사실이다. 그는 향후 서양인들이 인간에 대해 토론하고 분석할 방대

* 미야자키 이치사다, 『중국중세사』, 임중혁·박선희 옮김(신서원, 1996), 67쪽.

한 표본을 마련해주었다.

이 또한 『삼국지』와의 큰 공통점이다. 『삼국지』가 선량한 유비, 교활한 조조, 용감한 관우와 장비, 지혜로운 제갈량, 포악한 동탁 등의 표본들을 동북아시아 문화에 제공한 것처럼, 『일리아스』도 마찬가지로 용맹한 아킬레우스, 고귀한 헥토르, 비겁한 파리스, 거만한 아가멤논, 지혜로운 오디세우스 같은 표본들을 서양 문화에 전해주었다. 이제 이처럼 하나의 상징이 되어버린 『일리아스』 사람들에 관해 이야기해보자.

아킬레우스

서사시의 제목은 주인공의 이름에 노래를 붙이는 경우가 많다. 『오디세이아』는 '오디세우스의 노래', 『오레스테이아』는 '오레스테스의 노래', 『아이네이스』는 '아이네이아스의 노래'인 것처럼. 하지만 『일리아스』에는 독특하게도 주인공이 아니라 도시의 이름이 붙었다. 그렇다면, 『일리아스』의 주인공은 누구라고 해야 옳을까? 그야 당연히 아킬레우스다. 『일리아스』는 사실상 '아킬레우스의 노래'나 마찬가지다.

아킬레우스가 주인공일 수밖에 없는 이유는 여럿 있다. 우선 그가 최강의 전사라는 점이 첫 번째다. 그는 불패의 용사였다. 헤아릴 수 없이 많은 트로이의 영웅들이 그 앞에서 낙엽처럼 스러졌다. 트로이 최고의 영웅이었던 헥토르도 감히 대적조차 할 수 없었다. 아군인 그리스 진영에서도 마찬가지였다. 오디세우스, 아이아스, 디오메데스 등 쟁쟁한 장수들도 스스로 아킬레우스에 미치지 못함을 인정했다. 오만한 총사령관 아가멤논도 마찬가지였다. 아킬레우스와의 불화가 극에 달했을 때조차 그가 최고의 전사라는 점은 부인하지 않았다. 아킬레우스는 신과 맞서 싸워도 이길 수 있을 것 같은 전사였다.

하지만 더 중요한 이유가 따로 있다. 아킬레우스는 겉으로 보이는 강인함과 달리, 내면적으로는 몹시 불완전한 인간이었다. 그런데 그런 불완전성이 시간이 지날수록 오히려 아킬레우스의 영웅성을 더욱 돋보이게 한다. 불완전한 영웅이야말로 진정한 주인공이다. 자신의 부족한 점을 극복하고 더욱 발전하는 영웅의 모습에 독자들은 가장 쉽게 마음을 뺏기기 때문이다. 영웅이 한계에 도전하고 극복하는 모습에 우리는 흥분하고 감동받는다. 물론 아주 완벽한 주인공도 얼마든지 있다. 하지만 그런 이야기들은 재미가 없다.

헥토르는 아킬레우스와 대척점에 서 있는 인물이었다. 헥토르는 '용맹, 지혜, 인품'의 삼박자를 두루 갖춘 시대의 '엄친아'였다. 즉 헥토르는 이른바 '완성형 영웅'이었던 셈이다. 그는 그 시대 남성들에게 요구되었던 모든 미덕을 다 갖췄다. 반면 아킬레우스는 '미완의 대기(大器)'였다. 본디 아킬레우스는 용맹을 제외하면 헥토르에 미치지 못하는 인물이었다. 특히 인품의 측면에서는 턱없이 부족했다. 하지만 그에게는 엄청난 잠재력이 있었다.

아킬레우스는 파트로클로스의 죽음을 겪으며 일차적으로 성장했고, 헥토르를 쓰러트린 후 이차적으로 성장했다. 특히 헥토르를 물리친 후에는 몰라볼 정도로 성숙해졌다. 어쩌면 자신보다 뛰어난 유일한 인물에게 승리를 거둠으로써, 비로소 자신의 한계를 극복할 수 있었는지도 모른다. 원래 헥토르보다 용맹했던 아킬레우스는 이제 그에 못지않은 인품마저 갖춤으로써 그야말로 압도적인 영웅의 풍모를 완비하게 된 것이다.

아킬레우스는 매우 복잡한 사람이었다. 그는 용감하면서도 연약했고, 격정적이면서도 섬세했다. 충동적이면서도 우유부단했고, 오만하면서도 다정했다. 그는 마치 거울 같은 사람이었다. 그는 상대가 어떤 사람이냐에 따라 얼마든지 모습을 바꿨다. 다정한 벗 앞에서는 누구보다 다정했고, 사랑하는 여인 앞에서는 사랑스러운 남자가 되었다. 용맹한 적을 만나면 더 용맹하게 싸웠고, 충성스런 병사들에게는 헌신적인 장군이 되었다. 오만한 아가멤논에게는 오만하게 굴었고, 헥토르가 파트로클로스를 잔인하게 죽이자 그는 헥토르를 더 잔인하게 욕보였다. 심지어 헥토르의 아버지가 눈물을 흘리자 그는 함께 눈물을 흘렸다. 그는 정말 거울 같은 사람이었다. 상대에 따라 얼마든지 변화무쌍하게 모습을 바꿨다.

그런 변화무쌍함이 그를 진정한 영웅으로 만들어주었을 것이다. 그는 좋은 쪽으로도 나쁜 쪽으로도 변할 수 있는 사람이었는데,

다행히 좋은 쪽으로 변했다. 좋은 쪽으로의 변화는 다른 말로 바
꾸면, '발전' '진보' '성장'이라 할 수 있다.

아킬레우스가 『일리아스』의 진정한 주인공인 마지막 이유는 그가
최고의 순간에 요절했다는 점이다. 그는 용맹으로도 인격으로도
최고조에 올랐을 때 비명에 갔다. "박수칠 때 떠나라"는 말이 있는
데, 딱 그런 셈이다. 심지어 결혼식을 치르던 중에 죽었으니, 정말
말 그대로 박수받던 도중에 죽었다고 할 수도 있겠다. 아무튼 그
는 완벽한 영웅이 되자마자 허망하게 목숨을 잃었다. 그래서 독자
들은 그 죽음에 더 큰 안타까움을 느끼게 마련이다. 그것이 그가
『일리아스』의 주인공일 수밖에 없는 결정적인 이유다.

헥토르

여기 또 한 명의 영웅이 있다. 트로이 최고의 영웅, 트로이의 왕세자 헥토르다. 그는 아킬레우스와 정반대의 인물이었다. 아킬레우스가 압도적인 용맹을 지닌 대신 여러 결함도 있었던 반면, 그는 골고루 장점을 갖춘 완벽한 인물이었다. 그는 남부럽지 않은 용맹은 물론, 뛰어난 지혜와 탁월한 인품의 소유자이기도 했다. 부모에게는 효자였고, 아내에게는 자상한 남편이었으며, 동생들에게는 믿음직한 맏형이었다. 또한 병사들에게는 최고의 지휘관이었다. 그는 나무랄 데 없는 인물이었다. 한데, 일각에서는 헥토르가 너무 과대평가된 인물이라 주장하는 경우도 있다. 참으로 뜻밖의 이야기다. 대체 헥토르의 어떤 점이 그들의 심기를 불편하게 한 걸까?

헥토르를 비판하는 사람들이 주로 이야기하는 것은 그가 아킬레우스와의 싸움 끝에 죽는 장면이다. 아킬레우스와의 정면 승부는 너무 무모한 판단이었고, 결국 그 만용의 대가로 목숨을 잃었으며, 그로 인해 트로이 전체를 위기에 빠트렸다는 것이다. 즉 최고사령관으로서 처신이 너무 가벼웠다는 뜻인데, 나는 이런 주장에 별로 동의하고 싶지 않다.

아킬레우스와의 대결이 경솔했다는 시각에는 당시 그리스와 트로이의 군세가 백중지세였다는 판단이 깔려 있다. 다시 말해, 사령관이 굳이 모험을 할 필요가 없는 상황이었다는 것이다. 그때까지 트로이가 오랫동안 잘 버텨왔던 점을 감안하면 일견 옳은 말 같기도 하다. 그러나 그 판단에는 중요한 사실이 간과되어 있다. 그때 다시 전쟁터에 돌아온 아킬레우스는 그 전과는 상당히 다른 인물이었다는 점이다.

아킬레우스는 원래 자신이 전사할 거라는 불길한 예언을 듣고 참전했다. 따라서 마지못해 싸우는 면이 있었다. 그러나 파트로클로스의 죽음을 겪은 후로는 완전히 달라졌다. 맹렬한 복수심에 사로잡혀 죽음마저 두려워 않는 악귀가 되어 있었던 것이다.

트로이가 그동안 무사히 버틸 수 있었던 것은 어쩌면 아킬레우스의 소극성 덕분이었을 수도 있다. 하지만 이제 상황이 완전히 달라진 것이다. 수많은 트로이 장수들이 삽시간에 그의 손에 쓰러졌다. 그 끔찍한 광경을 본 헥토르는 당연히 깨달았을 것이다. 절체절명의 순간이 왔다는 것을. 그리고 아킬레우스를 쓰러트리지 않으면 트로이는 반드시 멸망할 것이며, 트로이 사람들 중 오직 자신만이 아킬레우스를 쓰러트릴 수 있는 유일한 사람이라는 것을. 때문에 그는 그 무시무시한 아킬레우스 앞에 당당히 섰다. 트로이를 구하기 위해 과감히 자신을 던진 것이다. 그는 실로 용감한 사람이었다.

헥토르를 비판하는 사람들은 그가 자기 힘을 과시하고픈 욕심으로 무모하게 아킬레우스와 싸운 것이라 한다. 즉 만용을 부리다 죽었다는 말인데, 정말 어처구니없는 소리다. 아킬레우스는 헥토르가 진심으로 두려워한 유일한 적수였다. 아킬레우스와의 정면승부를 결심한 후에도, 그는 너무 무서운 나머지 잠시나마 도망칠 생각

처자식과 마지막 인사를 나누는 헥토르

까지 했다. 이는 만용에 사로잡힌 사람의 모습과는 매우 거리가 멀다. 그는 아킬레우스를 정말 두려워했다. 그러나 조국을 구하겠다는 일념으로 그 큰 두려움을 극복하고 아킬레우스 앞에 섰다. 그는 실로 용감한 사람이었다.

헥토르는 『일리아스』에서 가장 고귀한 인물이다. 그는 용맹하기도 했지만, 책임감과 배려심, 그리고 이타적인 마음까지 갖고 있었다. 부모, 아내, 동생들, 백성들 중 그에게 실망한 사람은 한 명도 없었다. 그는 언제나 희생할 준비가 되어 있었고, 남을 원망하기보다는 자신이 책임지려는 모습을 보였다. 트로이에 파멸을 초래한 것은 파리스였지만, 그것을 막고자 자기 몸을 던진 것은 헥토르였다. 평생 트로이를 위해 헌신했던 그가 아킬레우스와의 마지막 대결을 앞두고 남긴 말은 다음과 같다.

"내가 어리석어 백성들에게 파멸을 가져다주었으니, 트로이 사람들과 옷자락을 끄는 트로이 여인들을 볼 면목이 없구나."[*]

아가멤논

아가멤논. 그리스 최강국 미케네의 왕. 그리스 연합군 총수. 그는 그리스를 대표하는 상징적인 인물이자, 어쩌면 그 자신이 그리스 그 자체일 수도 있다.

이렇게 이야기하면 그는 엄청나게 대단한 인물로 느껴진다. 그러나 그의 실제 모습은 실망스럽기 그지없다. 『일리아스』 등 여러 작품에 묘사된 그의 모습은 오만하고, 잔인하며, 음험하고, 탐욕스럽다. 그는 아킬레우스처럼 용맹하지도 않고, 오디세우스처럼 현명하지도 않으며, 아이아스처럼 성실하지도 않다. 헥토르의 뛰어난 인품은 당연히 기대조차 할 수 없다. 아주 박하게 이야기하면, 그는 때때로 시시한 악당처럼 느껴진다.

그는 그리스군 총사령관이었지만, 지혜나 용맹이 특출난 인물이 아니었으므로, 트로이전쟁에 관한 여러 이야기들 속에서 주도적인

---

[*]　호메로스, 『일리아스』, 천병희 옮김(숲, 2007), 595쪽.

역할을 하는 장면은 별로 없다. 그의 모습이 두드러지는 장면은 크게 세 가지 정도다. 여신의 노여움을 풀기 위해 딸을 희생시키는 장면, 미녀를 뺏으려고 아킬레우스와 싸우는 장면, 승리 후 금의환향했으나 곧 아내 손에 살해당하는 장면. 이 장면들은 우리가 아가멤논을 좋아해야 할 이유를 전혀 보여주지 않는다. 자신을 위해 딸을 희생시키는 비정한 아버지, 전리품 때문에 부하장수와 싸우는 탐욕스런 사령관, 불륜에 빠진 아내 손에 죽은 한심한 남편을 좋아할 수는 없지 않은가?

이런 아가멤논이 과연 정말로 중요한 인물일까? 이렇게 따로 살펴봐야 할 가치가 있는 걸까? 그렇다. 아가멤논은 그럴 만한 가치가 있는 인물이다. 왜일까? 여기서 다시 곰곰이 생각해보자. 아가멤논이 한숨이 나올 정도로 시시한 인물로 그려진 이유에 대해.

먼저 아가멤논의 가문을 잠시 소개하자. 그 가문은 대단히 유서 깊은 가문이었다. 그리스 신화에는 최소한 그의 증조부 대부터 자세한 묘사가 나타난다. 그의 증조부는 탄탈로스라는 미케네 왕이었다. 탄탈로스는 매우 교만하고 잔인한 인물이었다. 그는 자신의 권력에 취해 신들도 우습게 여겼다. 특히 그는 신들의 능력을 시험한답시고, 자기 친아들을 죽여놓고 신들에게 살려내라고 요구하는 엽기적인 행각을 벌였다. 결국 신들은 그 아들을 살려주긴 했지만, 몹시 화가 나서 그의 가문에 저주를 걸었다. 이후 그 가문은 다섯 대에 걸쳐 처참한 비극을 맞았다. 탄탈로스가 자기 자식을 죽였던 것 같은 골육상잔이 집요하게 되풀이된 것이다. 아가멤논도 이 저주에서 자유롭지 못했다. 그는 자기 야망을 위해 딸을 희생시키려다 아내 클리타임네스트라 손에 죽었다. 그리고 장차 클리타임네스트라 또한 아들과 딸에 의해 죽음을 맞게 된다.

그런데 아가멤논 가문의 비극은 그저 끔찍하다며 혀를 찰 일만은 아니다. 어쩌면 그 가문이 얼마나 대단했는지를 역설적으로 보여주는 것일 수도 있기 때문이다. 애초에 탄탈로스가 신과 맞먹으려 했다는 사실부터 그 가문의 막강한 위세를 짐작케 해주는 것이며, 그 저주가 무려 다섯 대에 걸쳐 이어졌다는 것 또한 그 가문의 오랜 영향력을 방증하는 것일 수 있다. 또한, 아가멤논이라는 별로 대단치 않은 인물이 자연스럽게 그리스군의 총수로 추대된 것도 그 개인보다는 그의 가문의 단단한 입지를 보여주는 것이다.

한편, 아가멤논은 시시한 인물로 그려짐으로써 오히려 『일리아스』라는 위대한 서사시에 혁혁한 공을 세웠다는 역설도 가능하다. 아가멤논이 마치 헥토르처럼 완벽한 인물이었다고 가정해보자. 그렇다면 그리스의 많은 영웅들이 빛을 잃게 된다. 아가멤논이 용맹했다면 아킬레우스가 돋보이지 않았을 것이며, 아가멤논이 지혜로웠다면 오디세우스가 빛을 잃었을 터이다. 그럼 『일리아스』가 얼마나 재미없어졌겠는가? 『일리아스』 속에서 아킬레우스, 오디세우스, 아이아스 등 그리스 영웅들이 생동감 있게 그려진 반면, 트로이 쪽 영웅들의 모습은 매우 밋밋하다. 헥토르가 너무 독보적으로 뛰어나기 때문이다. 베르길리우스의 『아이네이스』에서 맹활약을 펼치는 아이네이아스조차 『일리아스』에서는 초라하게 느껴진다. 헥토르라는 거목의 그늘에 가려졌기 때문이다. 그에 비해 아가멤논은 매우 시시한 모습으로 그려짐으로써, 다른 인물들을 돋보이게 만들었다. 어쩌면 그는 가장 큰 희생을 강요받은 역할일지도 모른다.

아가멤논은 『일리아스』의 헤아릴 수 없이 많은 영웅들 중 가장 현실적인 영웅이었다. 당시 가장 강력했던 미케네의 왕이었기 때문이다. 용맹, 지혜, 인품. 이런 것들은 다 부질없었다. 어차피 호메로스에 의해 꾸며졌거나 보태진 수식이기 때문이다. 하지만 '미케네의 왕'은 다른 수식이 필요 없는 절대적인 지위였다. 그리고 그 절대적인 아가멤논으로 인해 『일리아스』의 장대한 이야기가 가능했다. 그가 연합군을 소집했고, 트로이를 공격했으며, 영웅들을 지휘했다. 그의 단점조차 『일리아스』에 소중한 자양분이 되었다. 그의 탐욕이 아킬레우스의 분노를 일으켰고, 파트로클로스의 죽음과 아킬레우스의 각성, 헥토르의 죽음과 트로이의 멸망으로 이어졌다. 브리세이스를 빼앗는 아가멤논의 모습은 몹시 치졸했지만, 그 치졸함이 결국 십 년을 끌던 전쟁의 마무리로 귀결된 것이다. 이는 그리스군 총수 아가멤논의 묵직한 존재감을 역설적으로 드러낸다. 아가멤논은 『일리아스』에서 가장 뛰어난 영웅이 분명 아니었다. 냉정히 말해, 그는 용맹, 지혜, 인품 중 어느 것 하나 돋보이지 않았다. 하지만 그가 『일리아스』에서 가장 중요한 인물임을 부인할 수는 없다. 그가 있었기에, 『일리아스』도 있었다. 그는 미케네의 왕이었기 때문이다.

아이아스

대(大) 아이아스는 아킬레우스의 사촌형이자 그리스에서 '두 번째로' 용맹한 전사였다.(그와는 동명이인인 소(小) 아이아스도 있다. 그런데 둘은 외모도 성품도 완전히 딴판이다.) 물론 첫 번째는 아킬레우스다. 아이아스의 아버지 텔라몬과 아킬레우스의 아버지 펠레우스는 형제였다. 그것도 매우 우애가 좋은 형제였다. 그 우애는 자식들에게도 이어진 모양이다. 그리스 진영 안에서 두 사촌형제는 유독 사이가 좋았다. 게다가 마침 그 둘이 '첫 번째와 두 번째로' 용맹한 영웅들이었으니, 당연히 주변의 시선을 끌었을 것이다. 그들이 그런 점을 스스로 의식했는지는 모르겠다. 하지만 아가멤논은 의식했을 것이다. 총사령관인 아가멤논에게 그들은 불편한 존재였을 가능성이 크다.

하지만 두 사촌형제의 성격은 많이 달랐다. 아킬레우스가 화려한 무용담을 뽐내는 용사였다면, 아이아스는 묵묵히 자기 일을 하는 우직한 전사였다. 『일리아스』의 영웅들은 저마다 상징 같은 수식어를 달고 있는 경우가 많다. 용맹한 아킬레우스, 고귀한 헥토르, 현명한 오디세우스, 거만한 아가멤논처럼 말이다. 아이아스에게도 그런 수식어가 있었다. 거대한 아이아스. 그런데 이 거대하다는 수식어가 좀 묘하다. 다른 인물들은 대개 성품이나 성격에서 비롯된 수식어들을 갖고 있는데 반해, 아이아스는 신체적 특징을 가리키는 수식어를 달고 있기 때문이다. 실제로 아이아스는 덩치가 굉장히 컸던 것 같다. 다른 사람들이 그를 가리켜 '아카이아인들의 방벽'이라고 할 정도였으니. 하지만 아이아스는 단지 몸만 큰 사람은 아니었다. 그는 마음도 큰 사람이었다. 어떤 점에서 그랬을까?

우선 아이아스는 특별히 자신을 총애하는 신이 없었다. 다른 영웅들은 저마다 특정 신들의 총애를 받는 경우가 많았다. 아킬레우스는 어머니 테티스를 비롯한 여러 신들의 도움을 받았다. 고귀한 헥토르는 주신(主神) 제우스와 태양신 아폴론처럼 서열 높은 신들의 도움을 받았다. 지혜로운 오디세우스는 역시나 지혜의 여신 아테나의 도움을 받았고, 문제아 파리스에게는 든든한 후원자 아프로디테가 있었다. 그러나 아이아스에게는 그런 게 없었다. 오히려 신들은 자신이 아끼는 영웅을 위해 그를 방해하기 일쑤였다. 아이아스는 헥토르를 죽일 뻔했지만 아폴론의 방해로 실패했으며, 훗날에는 배신감에 휩싸여 오디세우스 등 다른 그리스 장수들을 죽이려 했지만 아테네에게 속아 뜻을 이루지 못했다. 그는 매우 외로운 사람이었다. 그러나 늘 묵묵히 자기 할 일을 했다. 아이아스는 거목 같은 인물이었다.

아이아스에게는 또 하나 흥미로운 점이 있다. 그가 뛰어난 활약을 펼치는 장면은 그리스군이 공세를 펼칠 때보다 수세에 몰렸을 때 주로 나타난다는 사실이다. 대표적인 세 장면만 꼽아보자.

첫째, 아킬레우스의 이탈을 알게 된 트로이군이 총공세를 펼쳤을 때의 일이다. 트로이군은 그리스군을 궤멸 직전까지 몰아붙였고, 특히 헥토르는 무시무시한 활약을 펼쳤다. 그때 아이아스가 분연히 나서 헥토르에게 일대일 승부를 제안했다. 자존심 강한 헥토르는 그 제안을 받아들였고, 둘의 대결은 무승부로 끝났다. 그 사이 그리스군은 전열을 재정비했고, 날이 저물어 트로이군은 철수했다. 아이아스 한 사람의 용기로 그리스군 전체가 위기를 넘긴 것이다.

둘째, 헥토르가 이끄는 트로이군이 휴식 중이던 그리스 함대를 기습했다. 예상치 못한 급습에 그리스군은 깨강정처럼 부서져 흩어졌고, 함대를 모두 잃을 절체절명의 위기에 처했다. 이때 '아카이아인들의 방벽'이 다시 나섰다. 그는 초인적인 용맹을 발휘하여 트로이군을 내쫓고 헥토르를 거의 죽일 뻔했다. 헥토르는 아폴론의 도움으로 간신히 목숨을 건졌다. 아이아스는 또 한 번의 외로운 싸움으로 그리스군의 운명을 구했다.

셋째, 그는 전사한 동료의 시체를 구할 때 특히 놀라운 용맹을 과시했다. 시체 따위가 뭐 그리 중요하냐고 생각할 수도 있겠지만, 당시에는 장수의 시체가 귀중한 전리품으로 취급되었다. 빼앗은 쪽의 사기는 크게 치솟고, 빼앗긴 쪽의 사기는 땅에 떨어졌다. 아킬레우스가 헥토르의 시체를 트로이 성 앞에서 욕보인 까닭도 그저 복수심 때문만은 아니었다. 당시에는 어떤 장수가 전사하면 그 시체를 둘러싸고 치열한 싸움이 벌어졌는데, 아이아스는 그때마다 대활약을 했다. 아이아스가 시체를 지켜낸 그리스 영웅은 둘이었다. 하나는 아킬레우스 대신 싸우다 죽은 파트로클로스였고, 다른 하나는 바로 아킬레우스였다. 아이아스는 이 영웅들의 시체를 지켜냄으로써, 그리스군의 명예와 사기가 바닥에 떨어지는 것을 막았다.

이처럼 아이아스는 적을 공격하고 살해하는 장면보다 아군을 지키고 동료를 보살피는 장면에서 두각을 드러냈다. 『일리아스』를 통틀어 그보다 헌신적이고 희생적인 인물은 따로 없다. 그는 실로 그리스군의 믿음직한 방벽이었다.

아이아스가 큰 인물이었던 마지막 중요한 이유는 매우 선량한 품성을 지녔다는 사실이다. 어쩌면 그는 헥토르보다 더 고귀한 인물이었을 수도 있다. 아이아스의 훌륭한 인품은 주변 사람들과의 관계를 보면 잘 알 수 있다. 우선 아킬레우스를 살펴보자. 원래 아킬레우스는 오만불손하기 짝이 없는 사람이었다. 그야말로 안하무인. 하지만 아이아스에게만큼은 달랐다. 예를 들어, 아가멤논 때문에 화가 나서 파업을 선언했을 때, 다른 장수들이 찾아와 달랬지만 오히려 그는 큰소리로 화내고 욕했다. 하지만 아이아스에게는 그러지 않았다. 비록 그의 설득대로 다시 전쟁터에 나서진 않았지만, 그래도 묵묵히 그의 말을 경청했다. 이는 아킬레우스가 그 우직한 사촌형을 매우 존중했다는 증거다. 실제로 그들은 혈육이기도 했고 동문수학

장기 두는 아킬레우스와 아이아스

한 사이이기도 했다. 물론 전쟁터에서는 흉금을 털어놓는 전우였다.

트로이 왕세자 헥토르가 유일하게 마음을 연 그리스 영웅도 아이아스였다. 그 계기가 된 것은 그들의 첫 번째 대결이었다. 헥토르는 홀로 나선 아이아스의 용기와 그 뛰어난 무예에 감탄했다. 두 영웅은 서로 흠모하는 마음을 품게 되었고, 승부가 끝난 후에는 서로 덕담과 선물을 주고받았다. 이는 아킬레우스가 프리아모스왕과 함께 눈물 흘렸던 장면과 더불어 『일리아스』라는 대서사시 속에서 가장 아름다운 모습이다.

하지만 아이아스의 훌륭한 성품이 가장 선명하게 드러난 것은 테우크로스와의 관계였다. 테우크로스는 아이아스의 이복동생이었다. 사실 말이 좋아 동생이지, 자칫하면 남보다 못하기 십상인 것이 바로 이복동생이다. 하지만 아이아스와 테우크로스는 달랐다.

아이아스는 텔라몬의 적장자였지만, 속된 말로 첩의 자식에 불과한 테우크로스를 친동생처럼 보살폈다. 테우크로스도 마찬가지였다. 그는 너그러운 마음씨를 지닌 배다른 형을 마치 그림자처럼 따랐다. 그들은 언제나 함께였다. 그들보다 우애 좋은 형제는 없었다.

형제의 두터운 우애는 전쟁터에서도 유감없이 드러났다. 아이아스가 엄청난 거인이자 괴력의 소유자였다면, 테우크로스는 날렵한 몸매를 가진 활의 명수였다. 그는 형의 전차에 올라타 형의 거대한 방패 뒤에 숨어 연신 활을 날렸다. 백발백중이었다. 두 형제는 그런 식으로 수없이 많은 트로이 영웅들을 쓰러트렸다. 그야말로 환상의 콤비였던 셈이다.

이처럼 아이아스는 동료, 적장, 이복동생의 마음까지 사로잡는 큰 인물이었다. 하지만 그의 최후는 너무도 끔찍했다. 『일리아스』의 수많은 영웅들이 비극적인 최후를 맞았지만, 아이아스보다 처절한 경우는 없었다.

아이아스의 비극은 아킬레우스의 죽음에서 비롯되었다. 두 사촌 형제는 그리스 진영에서 마치 독립된 세력처럼 행동했다. 오만불손한 아킬레우스만큼은 아니었지만, 자존심 센 아이아스 역시 고분고분한 성격은 아니었던 것이다. 그들은 당연히 총사령관 아가멤논과 그 동생 메넬라오스의 눈 밖에 났다. 하지만 아무리 총사령관이라 해도 아군에서 가장 용맹한 두 영웅을 어찌할 수는 없는 노릇이었다. 그러던 찰나 갑자기 아킬레우스가 전사했다. 아이아스만

홀로 남았다. 워낙 우직한 탓에 때로 어리석어 보이는 아이아스를 제거하는 것은 교활한 아가멤논 형제에게 일도 아니었다.

일단 아가멤논은 테우크로스를 멀리 떨어진 곳으로 원정 보냈다. 고지식한 형과 달리 영민했던 그를 일부러 떨어트린 것이다. 이로써 아이아스는 철저히 고립되었다. 이어서 아가멤논은 아이아스에게 참을 수 없는 모욕을 주기로 했다. 죽은 아킬레우스의 갑옷을 누구에게 줘야 할지 투표로 정하자고 나선 것이다. 이는 그 자체만으로도 충분히 부당한 처사였다.

아킬레우스의 갑옷은 아이아스 몫이 되어야 마땅했다. 그는 아킬레우스의 가장 가까운 혈육이었을뿐더러, 아킬레우스가 죽은 이상 최고의 용사였다. 심지어 트로이군과 혈투를 치른 끝에 아킬레우스의 시체와 갑옷을 지켜낸 이도 아이아스였다. 이미 그의 것이나 마찬가지인데 투표로 주인을 정하자는 말부터 갑옷을 뺏고 모욕을 주려는 의도가 노골적으로 드러난 셈이다.

하지만 고지식한 아이아스는 총사령관의 부당한 지시를 우직하게 따랐다. 이제 자기보다 용맹한 이는 없으므로 당연히 갑옷은 자기 품에 돌아오리라는 순진한 자신감 때문이기도 했다. 실제로 아이아스보다 용맹한 장수는 없었다. 그러나 아가멤논 형제는 놀라울 정도로 비열했다. 그들은 느닷없이 오디세우스를 내세우며, 투표의 주제를 '누가 가장 용맹한가'에서 '용맹과 지혜 중 무엇이 더 중요한가'로 바꿨다. 총사령관의 심중을 헤아린 그리스 장수들은 오디세우스에게 표를 몰아줬다. 요즘 식으로 말하자면, 아이아스는 왕따 피해자가 된 것이다. 아킬레우스의 갑옷과 그리스 최고 영웅의 영예는 오디세우스 몫이 되었다. 아이아스에게 남은 것은 그 깊이를 알 수 없는 배신감과 모멸감이었다.

마음에 크나큰 상처를 입고 신음하던 아이아스는 기어이 이성을 잃었다. 분노에 사로잡힌 그는 그날 밤 모든 그리스 장수들을 죽여버리기로 결심했다. 복수의 화신이 된 것이다. 하지만 운명은 끝까지 그의 편이 아니었다. 아이아스는 계획대로 한바탕 살육을 감행했지만, 이번에는 아테나 여신이 훼방을 놓았다. 그녀는 사랑하는 오디세우스를 지키기 위해 아이아스에게 환각을 보여줬다. 아이아스가 죽인 것은 양떼였다. 환각에서 깨어난 아이아스는 더 깊이 절망했다. 배신감과 모멸감에 수치심까지 더해지자 그는 더 버틸 수 없었고, 마침내 스스로 목숨을 끊었다. '더 이상 신들이 나의 운명을 결정하지 못하도록 하겠다'는 절규와 함께.

다음 날 아침, 서둘러 원정을 마친 테우크로스가 돌아왔다. 하지만 한발 늦었다. 그를 기다리고 있는 것은 형의 따뜻한 음성과 손길이 아니었다. 형의 싸늘한 주검이었다. 이미 차갑게 식은 형의 거대한 몸에 매달린 채, 테우크로스는 눈물을 펑펑 쏟으며 울부짖었다. "아아, 내가 가장 사랑하는 형님!"[*]

---

[*] 소포클레스, 『소포클레스 비극 전집』, 천병희 옮김(숲, 2008), 275쪽.

아이아스의 자살

이처럼 아이아스는 여러 사람들에게서 큰 사랑을 받았으나, 신들의 사랑은 받지 못했다. 하지만 그를 가엾게 여긴 신도 있었다. 대장장이 신 헤파이스토스였다. 헤파이스토스는 절름발이에다가 얼굴도 몹시 못나서 늘 다른 신들의 놀림감이 되곤 했다. 하지만 그는 자신을 놀려먹는 다른 신들을 위해 이런저런 도구를 만들어 주는 착한 성품을 지녔다. 하필 그런 헤파이스토스가 아이아스를 아낀 유일한 신이라는 점 또한 매우 의미심장하다. 그는 아이아스의 죽음을 안타깝게 여긴 나머지 한 떨기 히아신스 꽃으로 피어나게 했다.

『일리아스』의 뒷이야기들

『일리아스』는 다음 세대에 영원히 남을 발자취를 남겼으나, 막상 저자 호메로스에 대해서는 별로 알려진 바가 없다. 기원전 8세기경에 살았다는 것, 장님이었다는 것, 비렁뱅이처럼 떠돌아다녔다는 것이 그에 관해 전해 내려오는 전부다. 정확한 생몰년도는커녕 출신지조차 분명치 않다. 그에 관해 거의 확실하게 전해지는 이야기가 하나 더 있다. 찾아간 도시마다 비참하게 쫓겨나는 일이 허다했다는 것이다. 당시에는 아무도 그가 서양 문학의 대부가 될 줄 몰랐을 것이다. 호메로스 자신을 포함해서 말이다. "살았을 때는 모두 외면하여 가난했으나, 죽고 나자 일곱 도시가 자기네 출신이라며 다퉜다." 씁쓸하기 짝이 없다.

호메로스의 삶은 몹시 불우했지만, 그가 남긴 작품들은 찬란하게 남았다. 그리고 그의 후배라 할 수많은 그리스 작가들이 『일리아스』

쫓겨나는 맹인 호메로스

에서 영감을 얻은 작품들을 쏟아내기 시작했다. 『일리아스』의 등장
인물들을 하나둘씩 끄집어내어, 그를 주인공으로 한 새로운 작품들
을 썼던 것이다. 마치 『일리아스』가 번식이라도 한 것처럼.

　이제 『일리아스』의 자손이라 할 수 있는 여러 작품들을 통해 트
로이전쟁이 끝난 후의 이야기들은 어땠는지 살펴보자.

호메로스의 『오디세이아』

호메로스 본인 또한 『일리아스』의 등장인물을 주인공으로 골라 새로운 작품을 썼다. 지혜로운 오디세우스의 모험담을 만들어낸 것이다. 그것이 바로 『오디세이아』다.

트로이 멸망 후 그리스 장수들은 대부분 무사히 귀향했지만, 오디세우스는 그러지 못했다. 오디세우스를 태운 배가 폭풍을 만나 표류하게 된 것이다. 때문에 그는 지중해 이곳저곳을 방랑하며 온갖 고초를 겪고 놀라운 모험을 거듭한다. 그는 숱한 위기를 만나지만, 뛰어난 능력과 아테나 여신의 도움으로 무사히 넘긴다. 십 년이 지난 후에야 간신히 집으로 돌아간다. 트로이전쟁 기간까지 더하면

구혼자들을 물리치는 오디세우스와 텔레마코스

무려 이십 년 만의 귀환이었다.

한편, 오디세우스가 집을 비운 동안, 그의 아내 페넬로페와 아들 텔레마코스도 큰 시련을 겪는다. 아름다운 페넬로페와 오디세우스의 재산을 노린 구혼자들이 눌러앉아 가엾은 두 모자를 줄기차게 핍박한 것이다. 하지만 텔레마코스는 아버지 친구들의 도움을 받아가며 간신히 왕국과 어머니를 지킨다. 그리고 그 과정에서 훌륭한 청년으로 자란다. 그런 면에서 『오디세이아』는 텔레마코스의 성장기이기도 하다.

마침내 집으로 돌아온 오디세우스는 텔레마코스와 힘을 합쳐 구혼자들을 응징하고 나라를 지켜낸다. 그리고 세 사람은 더 이상의 이별 없이 행복하게 지낸다.

아이스킬로스의 『오레스테이아』 삼 부작

호메로스의 시대에서 이백 년 이상 지난 후, '그리스 삼대 비극시인'이라 불리는 작가들이 등장한다. 그중 맏이라 할 수 있는 사람은 아이스킬로스(기원전 525~기원전 456)다. 그는 비극의 형식을 가다듬어 본격적인 비극의 시대를 열었다. 대표작 『오레스테이아』 삼 부작은 트로이전쟁 후 아가멤논의 가문에 일어난 일들을 읊은 것이다. 이 삼 부작은 『아가멤논』 『제주(祭酒)를 바치는 여인들』 『자비로운 여신들』로 구성되었다.

일 부 『아가멤논』은 그리스의 총사령관이었던 미케네 왕 아가멤논의 처참한 죽음을 다룬 작품이다. 전쟁이 끝나자 아가멤논은 아름다운 트로이 공주 카산드라를 첩으로 삼아 미케네로 무사히 귀환했다. 그러나 아내 클리타임네스트라는 그가 전혀 반갑지 않았다. 그녀는 딸 이피게네이아의 일로 남편에게서 완전히 마음이 떠났으며, 아가멤논의 정적이었던 아이기스토스와 바람을 피워왔다. 그러던 차에 남편이 새로운 첩을 데리고 돌아왔으니 반가울 리 없었다. 결국 그녀는 정부 아이기스토스와 함께 그날 밤 아가멤논과 카산드라를 무참하게 살해한다. 탐욕스럽고 이기적이던 아가멤논의 최후는 그토록 허망했다.

이 부 『제주를 바치는 여인들』은 아가멤논의 자식들이 그 복수를 하는 내용이다. 아이기스토스는 물론 어머니 클리타임네스트라까지 죽여버린 것이다. 아내가 남편을 죽이고 자식이 어머니를 죽이는 패륜에 우리는 전율하지만, 이는 그 가문에서는 익숙한 전통이었다. 그 패륜적인 복수를 실행에 옮긴 것은 아들 오레스테스였고, 따라서 『오레스테이아』에 그의 이름이 붙었다. 하지만 오레스테스가 그토록 끔찍한 복수를 하도록 부추긴 사람이 따로 있었다. 그것은 아가멤논 부부의 딸이자 오레스테스의 누이 엘렉트라였다. 그리고 먼 훗날 유명한 심리학자 지그문트 프로이트(1856~1939)는 그녀의 이름을 딴 심리학 용어를 만들었다. 딸이 아버지를 사랑한 나머지 어머니에게 적개심을 품는 '엘렉트라 콤플렉스'가 바로 그것이다.

삼 부 『자비로운 여신들』은 오레스테스가 끔찍한 복수의 대가로 겪은 고초를 그렸다. 그 패륜적인 행위에 분노한 복수의 여신들이 그를 처벌하려 했고, 오레스테스는 지혜의 여신 아테나에게 도움을 청했다. 결국 아테나의 주관하에 오레스테스의 재판이 벌어지고, 그는 아슬아슬하게 처벌을 모면했다. 그리고 아테나에게 설득된 복수의 여신들은 아테나 여신에게 헌정된 도시 아테네를 수호하는 자비로운 여신들로 거듭난다.

소포클레스의 작품들

아이스킬로스의 바통을 이어받은 사람은 소포클레스(기원전 497~기원전 406)였다. 그는 기원전 468년 아테네 비극 경연대회에서 연승 가도를 달리던 아이스킬로스를 꺾고 우승하며 화려하게 등단했다. 아이스킬로스와 소포클레스 둘 다 아테네 출신으로, 각자 아테네 황금기의 시작과 끝을 장식한 인물들이기도 했다. 아테네의 짧은 황금기는 페르시아전쟁 승리로 시작해 펠로폰네소스전쟁 패배로 끝났는데, 아이스킬로스는 페르시아전쟁에 참전했으며, 소포클레스는 펠로폰네소스전쟁에 참전했던 것이다.

소포클레스는 『일리아스』에서 영감을 얻어 『아이아스』『엘렉트라』『필록테테스』 등을 남겼다. 『아이아스』는 제목 그대로 아이아스의 비극을 다룬 작품이다. 아킬레우스의 갑옷을 빼앗긴 아이아스가

©Flickr

활의 명수 테우크로스

발광하는 모습, 정신을 차린 후 괴로움을 못 이겨 목숨을 끊는 모
습을 생생하게 그렸다. 그리고 테우크로스가 형의 장례마저 허용하
지 않는 사악한 아가멤논 형제에게 분노하는 모습으로 마무리된다.

『엘렉트라』는 아들 오레스테스가 아닌 딸 엘렉트라의 관점에서
아가멤논의 복수를 다룬 작품이다.

『필록테테스』는 동료들에게 버림받았던 그리스 최고의 명궁 필록테
테스가 뒤늦게 참전하여 트로이 왕자 파리스를 죽이는 과정을 다룬
작품이다. 아킬레우스를 활로 해쳤던 파리스는 자신도 필록테테스의

활에 목숨을 잃었다. 활로 흥한 자 활로 망하는 법이랄까? 참으로 공교롭다.

에우리피데스의 작품들

그리스 비극 삼인방의 막내는 에우리피데스(기원전 480~기원전 406) 다. 그는 유독 여인들에 관한 이야기를 많이 다루었다. 『트로이의 여인들』『헬레네』『헤카베』『아울리스의 이피게네이아』『타우리케의 이피게네이아』『안드로마케』 등이 그의 대표작이다. 남자들이야 자기네가 벌인 전쟁 속에서 죽었으니 자업자득이라 할 수도 있지만, 그 전쟁 속에서 죄 없이 희생된 여인들의 운명은 얼마나 딱한가? 전쟁을 일으키는 건 남자들의 몫이지만, 그로 인해 눈물 흘리는 건 여자들의 몫인 법이다. 따라서 에우리피데스의 작품들은 그의 선배 비극작가들보다 더 깊은 슬픔을 내비추곤 한다.

승자인 그리스 측에서는 이피게네이아와 헬레네가 그의 주인공으로 선택받았다. 이피게네이아는 아버지 아가멤논에 의해 목숨을 잃을 뻔했던 바로 그 소녀다. 이후 그녀는 아르테미스를 섬기는 신녀가 되었는데, 훗날 아버지의 복수를 하러 나선 동생 오레스테스를 돕기도 한다.

묘한 것은 헬레네다. 에우리피데스라는 동일한 작가의 두 작품 속에서 그녀는 각각 전혀 다른 모습으로 그려졌다. 『트로이의 여인들』에서 헬레네는 트로이 멸망 직후 메넬라오스에게 애걸복걸하여 용서받고 무사히 스파르타로 돌아오는 모습으로 그려졌다. 그리고 이게 일반적으로 알려진 헬레네의 뒷이야기다.

그러나 에우리피데스는 삼 년 후에 『헬레네』라는 작품에서 전혀 다른 이야기를 들려준다. 애초에 트로이로 갔던 것은 제우스가 만든 환영이고 진짜 헬레네는 전령의 신 헤르메스가 몰래 이집트에 숨겨두었으며, 그녀는 끝까지 정절을 지키며 메넬라오스를 기다렸다는 것이다. 남편을 버리고 타국의 왕자와 도망쳤던 여자, 그리고 끝까지 남편을 기다렸던 아내. 이 둘의 괴리감은 너무 크지 않은가? 둘 중 어느 것이 헬레네의 진짜 모습일까? 아마 『트로이의 여인들』 속의 모습일 것이다. 호메로스를 비롯한 다른 작품들에 나타난 헬레네의 모습과 일관되기 때문이다. 그렇다면 『헬레네』 속의 모습은 대체 뭘까? 우리는 알 수 없다. 그저 스파르타 사람들이 자기네 조상인 헬레네를 미화하기 위해 만든 전승이 따로 있었고, 어떤 경로를 통해서인지 그 '마이너한' 전승을 알게 된 에우리피데스가 또 하나의 작품으로 만든 게 아닐까 추측할 뿐이다.

에우리피데스가 들려주는 진짜로 구슬픈 이야기들은 멸망한 트로이의 여인들을 다룬 것들이다. 우선 늙은 왕비 헤카베. 그녀는 프리아모스의 아내이며 헥토르의 어머니인 트로이 왕비로, 오랜 세월 부귀영화를 누리며 살았다. 그녀는 자식을 많이 낳았다. 헥토르를 비롯해 무려 열아홉 명의 자식을 봤다. 옛말에 "자식 많은 건 큰 복"이라 했지만, 그녀에게는 불행의 씨앗일 따름이었다. 그 많은 자식들이 대부분 비명에 갔기 때문이다. 아들들은 차례로 전사했고, 그녀는 그때마다 끔찍한 고통을 맛봤다. 딸들의 운명도 크게 다르지 않았다. 폴릭세네는 아킬레우스와 결혼할 뻔했지만, 그가 죽자 그의 무덤에 순장되었다. 불행한 카산드라는 아가멤논의 첩이 되어 미케네로 끌려갔다가 클리타임네스트라 손에 죽었다. 헤카베 본인은 어떻게 되었을까? 그녀는 오디세우스의 노예가 되었지만, 그의 측은지심에 힘입어 자유의 몸이 되었다. 그러나 행운은 그게 고작이었다. 이내 그녀에게 막내아들마저 죽었다는 소식이 들려왔고, 그녀는 절망한 나머지 개로 변해버렸다. 헤카베는 서양에서 비극적인 어머니의 대명사로 남았다.

헥토르의 아내 안드로마케 역시 시어머니 못지않게 비극적인 운명을 겪었다. 그녀는 남편이 죽은 후 외동아들 아스티아낙스만 바라보며 버텼으나, 트로이가 함락되던 날 그 어린 아들마저 무참하게 살해당했다. 그 후 그녀는 공교롭게도 아킬레우스의 아들 네오프톨레모스의 첩이 되었다. 다행이라 할 수 있을진 모르지만, 네오프톨레모스는 그녀를 아꼈고, 그녀는 자식까지 셋 낳았다. 그러나 네오프톨레모스마저 질투에 눈이 먼 본처의 손에 암살당하고 말았다. 그녀는 헬레노스라는 사람을 세 번째 남편으로 맞아들였다. 헬레노스는 유일하게 살아남은 트로이 왕자였다. 그는 첫 남편 헥토르의 동생이었으므로, 그녀는 시동생과 재혼한 것이었다. 더 심각한 문제는 그가 트로이를 팔아넘긴 매국노라는 점이었다. 그게 그가 살아남은 비결이었다. 어쨌든 결국 그는 그리스 북쪽의 에페이로스에 새 왕국까지 세웠다. 안드로마케는 그의 왕비가 되어 자식도 낳았다. 그것이 안드로마케의 운명이었다. 시어머니 헤카베와는 또 다른 종류의 서글픈 운명이었다.

베르길리우스의 『아이네이스』

베르길리우스(기원전 70~기원전 19)는 로마의 가장 위대한 서사시인이다. 그는 트로이 장군 아이네이아스가 조국의 멸망 후 떠돌아다니며 온갖 고생을 한 끝에 새로운 나라를 세우기까지의 험난한 과정을 『아이네이스』로 다루었다. '고생 끝에 낙이 온다'는 내용을 담고 있다는 점에서 호메로스의 『오디세이아』와 비슷한 면도 있다.

그리스 선배들의 작품들과 달리, 『아이네이스』는 정치적인 목적에서 탄생되었다. 베르길리우스는 당시 최고 통치자의 부탁을 받고 『아이네이스』의 집필을 시작했던 것이다. 그 통치자가 바로 로마최초의 황제 아우구스투스(기원전 63~기원후 14)였다. 그 유명한 율리우스 카이사르(기원전 100~기원전 44)의 양아들로 오랜 내전을 끝내고 제위에 오른 아우구스투스는 새로운 통치를 안정적으로 펼쳐야 했다. 그러기 위해 먼저 로마인들의 애국심과 자긍심을 고취시켜 국론을 통일시킬 필요가 있었다. 그때 그의 곁에 베르길리우스가 있었다. 황제는 로마인들의 애국심을 고취시킬 건국 신화의 집필을 부탁했고, 베르길리우스는 죽을 때까지 십일 년 동안 오로지 그 집필에만 매달렸다. 그것이 바로 『아이네이스』다.(『아이네이스』는 미완성 작품이다.)

『아이네이스』는 아이네이아스가 트로이 멸망 후 가족 및 유민들과 지중해를 전전하던 끝에 이탈리아 중부에 라비니움이라는 나라를 세우는 과정을 다루었다. 이 긴 여정은 흥미진진한 이야기들로 가득 차 있는데, 여기서는 딱 두 장면만 소개하고 싶다. 아이네이아스가 디도라는 이름의 여왕을 만난 일과 아버지를 구하러 저승에 간 일이다.

튀로스라는 나라의 공주였던 디도는 오빠에게 쫓겨나 아프리카 북부에 새로운 나라를 세운 여걸이었다. 그러던 어느 날 아이네이아스가 이끄는 트로이 유민들이 찾아오자, 그녀는 자기가 망명했던 힘든 시절을 떠올리며 극진히 대접한다. 문제는 그녀가 아이네이아스에게 홀딱 반해버렸다는 것이다. 유부남인 아이네이아스는 그녀를 거절했고, 그녀는 슬픔에 못 이겨 자살하고 말았다.

그런데 이 씁쓸한 이야기는 묘한 느낌을 준다. 그녀가 세운 나라 이름이 카르타고였던 것이다. 카르타고가 어떤 나라였는가? 공화국 시대 로마의 최대 라이벌로 무려 세 차례의 큰 전쟁(포에니전쟁) 끝에 무릎 꿇었던 바로 그 나라 아닌가? 베르길리우스는 카르타고를 세운 디도여왕이 로마의 전설적인 시조 아이네이아스에게 버림받는 장면을 넣음으로써, 로마가 카르타고를 제압했던 역사적 사실에 신화적인 근거를 마련하려 했을지도 모른다.

또 하나의 흥미로운 장면은 아이네이아스가 저승을 방문한 것이다. 그의 늙은 아버지 안키세스는 망명길에서 숨을 거뒀는데, 그후 아들의 꿈속에 나타나 저승으로 찾아오라 말했다. 결국 아이네이아스는 시빌레 여신의 도움을 받아 정말로 저승에 가서 안키세스를 만났는데, 베르길리우스는 그 과정을 아주 자세하게 묘사했다. 이는 고대 사람들의 저승관을 후대에 알려주는 교본으로 남았다. 때문에 훗날 단테(1265~1321)는 『신곡』에서 베르길리우스를 지옥의 안내자로 등장시켰다. 존경하는 선배에 대한 헌정인 셈이다.

『일리아스』 이후의 그리스

도리아인의 이동

트로이전쟁은 결국 그리스의 승리로 끝났다. 그렇다면, 승자인 그리스인들, 엄밀히 말해 아카이아인들은 그 후 어떻게 되었을까? 강력한 트로이를 무너트리고 에게 해의 패권을 손에 쥐었으니 오랫동안 황금기를 누리며 행복하게 지냈을까? 그렇지 않았다. 아카이아인들의 전성기는 허망할 정도로 짧았다. 트로이인들보다 훨씬 무서운 도리아인들의 침입이 있었기 때문이다.

도리아인들은 그리스 위의 달마티아(크로아티아)와 알바니아 등지에 살던 북방민족이었다. 그들은 스스로 헤라클레스의 후손이라 칭했지만, 그리스 본토박이 아카이아인들은 그들을 야만인으로 얕잡아봤다. 하지만 자칭 헤라클레스의 후손들에게는 자신들을 무시하는 자들이 갖지 못한 뛰어난 것이 있었다. 철기(鐵器)였다.

기원전 1200년경, 도리아인들은 갑작스러운 남하를 시도했다. 그이유는 뚜렷이 밝혀지지 않았다. 남쪽의 그리스에서는 아카이아인들이 한창 미케네 문명을 꽃피우고 있었다. 그러나 철기를 앞세운 도리아인들은 막강한 전투력으로 순식간에 아카이아인들을 압도하고 찬란한 문명을 파괴했다. 이로써 미케네 문명 즉 후기 에게 문명은 허무하게 끝장나고 말았다. 트로이전쟁이 기원전 1230년대에 있었던 일임을 떠올리면, 아카이아인들의 황금기는 반세기도 채우지 못한 것이다. 실로 덧없다고 아니할 수 없다.

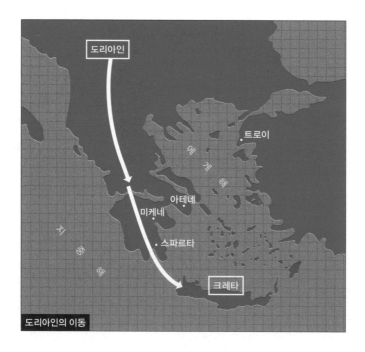

도리아인의 이동

그리스의 암흑기

도리아인들의 이동이 시작된 기원전 1200년 무렵부터 약 삼사백 년 동안 그리스에는 암흑기가 도래했다. 이때 그리스에는 파괴, 혼돈, 궁핍이 이어졌다. 문화적으로도 쇠퇴했다. 이런 암흑기의 원인은 아직도 분명하게 알려져 있지 않다.

기나긴 암흑기를 거치며, 그리스의 판도는 완전히 바뀌었다. 변화를 주도한 장본인 도리아인들은 꾸준히 남하하여 펠로폰네소스 반도를 거의 장악했고, 그 과정에서 후기 에게 문명의 심장이던 아가멤논의 미케네를 박살냈다. 이윽고 정복을 마친 도리아인들이 거점으로 삼은 곳은 공교롭게도 메넬라오스의 스파르타였다. 아이아스와 아킬레우스의 아버지들인 텔라몬과 펠레우스 형제는 헤라클레스의 동료들이었다. 그런데 자칭 헤라클레스 후손인 도리아인들이 아이아스와 아킬레우스를 핍박했던 아가멤논과 메넬라오스 형제의 나라들을 정복했으니, 왠지 기분이 좀 묘하다.

그렇다면 터줏대감이었던 아카이아인들의 운명은 어찌 되었을까? 그들에게 주어진 길은 두 가지뿐이었다. 살던 곳에 남아 도리아인들의 지배를 받거나, 멀리 도망치거나. 남는 길을 택한 대표적인 사례는 새로운 스파르타의 피지배층 헤일로타이였다. 헤일로타이는 농민과 노예의 특징이 섞여 있는 독특한 계층이었다. 그들은 가정을 꾸리고 사유재산을 가질 수 있어 평범한 농민 같았지만, 거주 이전과 직업 선택의 자유가 없고 생산량의 대부분을 나라에 바쳐야 한다는 점에서 노예나 마찬가지였다. 헤일로타이들이야말로 메넬라오스와 헬레네의 진짜 후손인 아카이아인들이었지만, 새 지배층 도리아인들의 엄격한 지배를 받으며 살아가야만 했다.

한편, 멀리 도망친 아카이아인들도 꽤 있었다. 그들은 여기저기로 뿔뿔이 흩어졌다. 아테네가 있는 아티카반도와 에게해를 거쳐 트로이가 있던 소아시아 서북부까지 도망쳤다. 장차 그들은 아테네를 중심으로 다시 세력을 회복한다.

도리아인들이 남하 도중 미케네 일대를 쑥대밭으로 만든 것은 그 당시는 물론 오늘날까지도 큰 재앙으로 남았다. 문자를 모르던 도리아인들에게 갑자기 멸망당하면서, 미케네인들이 사용했던 선형 B문자가 단절된 것이다. 때문에 한동안 문자가 사용되지 않는 시대가 이어졌고, 남아 있는 문자 기록도 없다. 이것이 그 시절을 암흑시대라 부르는 가장 큰 이유다.

질서냐, 자유냐?

암흑기는 기원전 800년경 무렵에야 겨우 끝났다. 그리고 그리스 세계의 질서가 서서히 재편되기 시작했다. 묘한 것은 그 과정이 판이하게 다른 두 방향으로 진행되었다는 점이다. 하나는 도리아인들이 주도한 것이고, 다른 하나는 아카이아인들이 주도한 것이다.

도리아인들이 장악한 펠로폰네소스반도에서는 스파르타 중심의

'질서'를 강조하는 체제가 자리 잡았다. '질서'가 강조된 이유는 정복자 도리아인들이 소수였기 때문이다. 소수의 도리아인들은 정치와 군사를 장악한 채 절대 다수인 원주민 즉 헤일로타이들을 강압적으로 통치했다. 때문에 숫자가 압도적으로 많은 헤일로타이들의 자유를 최대한 억압하고 '질서'에 대한 무조건적인 복종을 강요해야 했다.

스파르타가 강력한 군사국가가 된 비결도 여기에 있다. 스파르타인들이 가장 두려워한 것은 페르시아나 아테네 같은 외부의 침입이 아니었다. 내부의 적 헤일로타이의 반란이었다. 따라서 헤일로타이를 지배하기 위해 소수의 스파르타 지배층 남자들은 일당백의 용사가 되어야만 했다. 메넬라오스가 통치하던 시대에 약소국이었던 스파르타는, 훗날 그의 후손들을 정복한 이민족들에 의해 그리스 최강국이 되었다. 역사의 아이러니다.

아테네가 이끌던 아티카반도의 양상은 이와 대조적이었다. 아테네와 이웃 국가들은 펠로폰네소스반도의 국가들처럼 이원적인 구조가 아니었다. 구성원들이 모두 아카이아인의 후손인 이오니아인들이었기 때문이다. 따라서 '질서'를 강요하는 억압적인 통치는 필요 없었고, 저절로 '자유'를 존중하는 풍토가 형성되었다. 게다가 자유의 중시는 경제적으로도 필수적이었다. 이오니아인들은 조상 아카이아인들처럼 에게해의 무역에 관심이 많았다. 스파르타가 피지배층 헤일로타이를 땅에 묶어두기 위해 농업만 강요했던 반면, 아테네 등 아티카반도의 국가들은 시민들의 자유로운 상행위를 권장했다. 농업국가에서 '질서'를 중시하고 상업국가에서 '자유'를 중시하는 것은 당연한 이치다.

시간이 흐를수록, 펠로폰네소스반도에서는 스파르타를 중심으로, 아티카반도와 에게해에서는 아테네를 중심으로 세력의 결집이 이루어졌다. 이런 현상은 마침내 그리스 세력이 양분되는 결과를 낳았다. 스파르타와 아테네의 불편한 관계는 이토록 뿌리 깊은 일이었다. 그들은 근본부터 매우 달랐다.

태생부터 앙숙일 수밖에 없었던 스파르타와 아테네는 기원전 5세기에 본의 아니게 손을 잡게 되었다. 페르시아전쟁(기원전 492~기원전 448)이 일어났기 때문이다. 당시 페르시아는 최초의 오리엔트 통일을 이룩하고 바다 건너 그리스에까지 침략의 손길을 뻗쳤다. 이에 아테네와 스파르타는 힘을 합쳐 페르시아를 물리치는 데 성공했다. 그러나 공공의 적을 물리치자 그들은 곧 서로에게 이빨을 드러냈다. 이내 치열한 내전이 일어났다. 그것이 펠로폰네소스전쟁(기원전 431~기원전 404)이다. 승리를 거둔 것은 스파르타였다. 그들은 마침내 숙적 아테네를 무릎 꿇렸던 것이다.

그러나 스파르타의 영광도 오래가지 않았다. 불과 반세기 정도 지난 후, 북방의 신흥강국 마케도니아가 스파르타와 아테네를 비롯한 모든 그리스 도시국가들을 굴복시켰기 때문이다. 당시 마케도니아를 이끈 사람이 바로 알렉산드로스 3세(재위 기원전 336~기원전 323), 즉 '알렉산더 대왕'으로 잘 알려진 인물이다. 그런데 역사란 참으로 극적인 우연으로 덧칠될 때가 있다. 알렉산드로스 3세는 요즘 말로 '덕후'라 할 정도로 아킬레우스에게 푹 빠진 사람이었다. 그는 갑옷을 비롯한 모든 치장을 『일리아스』에 묘사된 아킬레우스의 것과 똑같이 따라 했다. 그런데 하필 그의 이름은 아킬레우스를 죽인 자와 같았다. 알렉산드로스는 파리스의 그리스식 이름이다. 아킬레우스를 죽인 자의 이름을 지닌 왕이 아킬레우스를 모방하며 그리스 세계를 평정한 것이다.

『일리아스』의 자취

유명한 관용구들

누누이 이야기했다시피, 『일리아스』는 향후 서양 문화에 엄청난 영향력을 행사해왔다. 또한 근대 이후로 다른 문명권에도 유럽 문화가 급속히 전파된 까닭에, 오늘날 우리 곁에도 『일리아스』의 자취가 곳곳에서 눈에 띈다. 특히 『일리아스』 등 트로이전쟁에 관한 작품들은 다양한 관용구를 남겼다. 그중 특히 우리에게 친숙한 것들을 잠시 살펴보자.

우선 '아킬레스건'부터 이야기해야겠다. 아예 우리네 몸 한구석에 그 이름이 붙어버렸으니, 당연히 가장 먼저 떠올릴 수밖에 없다. 아킬레스건은 상징적인 의미를 갖는다. 완벽한 사람의 유일한 약점을 가리킬 때 자주 쓰이기 때문이다. 아킬레우스가 갓난아기였을 때, 어머니 테티스 여신은 그를 스틱스라는 강에 푹 담갔다. 그 신비로운 강물에 닿은 인간의 신체는 어떤 강력한 무기에도 상하지 않기 때문이다. 그런데 테티스가 잡고 있던 발목은 강물에 닿지 않았고, 아킬레우스의 신체 중 유일하게 평범한 인간의 몸으로 남았다. 훗날 파리스가 쏜 화살이 바로 그 발뒤꿈치에 꽂혔고, 아킬레우스는 목숨을 잃었다. 그리하여 금강불괴의 몸을 지녔던 아킬레우스의 유일한 약점인 발뒤꿈치에 그의 이름이 붙여졌다.

'트로이의 목마' 또한 아킬레스건 못지않게 자주 쓰인다. 아킬레우스와 아이아스라는 두 맹장을 연거푸 잃고 패배의 위기에 몰린 그리스군에 승리를 선사했던 오디세우스의 기만전술 말이다. 트로이의 목마는 크게 두 가지 의미로 사용되곤 한다. 도저히 예측하기 힘든 기상천외한 방법을 가리키거나, 혹은 특정 집단 내에서 부정적인 역할을 수행하는 존재를 가리킨다. 최근에는 후자의 의미로 더 많이 사용되는 것 같다. 치명적인 컴퓨터 바이러스의 이름으로 쓰이기 때문이다.

호메로스의 또 다른 걸작 『오디세이아』에 관한 관용구가 유독 많다. '페넬로페의 직물'은 오디세우스의 아내 페넬로페에게서 비롯되었다. 그녀는 오디세우스의 부재를 틈탄 구혼자들에게 무려 이십 년 동안 시달렸다. 그들을 억지로 쫓아낼 수 없던 그녀는 궁여지책을 짜냈다. 그럴싸한 핑계를 대며 하루하루 시간을 끄는 것이었다. 그녀가 떠올린 핑계는 베(직물) 한 필을 다 짤 때까지 기다려

세이렌을 만난 오디세우스

달라는 것이었다. 그리고는 낮에는 열심히 베를 짜는 척하다가 밤마다 도로 풀었다. 오디세우스가 돌아와 구혼자들을 모조리 죽여버릴 때까지 그 한 필의 베는 완성되지 않았다. 페넬로페의 직물은 '영원히 끝나지 않는 일'을 가리킨다.

현명한 조언자 혹은 조력자를 가리키는 '멘토'라는 말은 오디세우스의 아들 텔레마코스와 관련된 것이다. 전쟁에 나서기 직전 오디세우스는 가장 현명하고 믿음직한 친구에게 어린 아들을 부탁했는데, 그 친구 이름이 멘토르였다. 멘토르는 약속을 잘 지켰다. 그는 텔레마코스에게 현명한 조언자이자 훌륭한 스승이 되어주었다.

세이렌은 여러 전설 속에 곧잘 등장하는 바다 요정들이다. 그런데 별로 착한 요정들은 아니고, 지나가는 배를 보면 아름다운 노랫소리로 선원들을 홀려 침몰시키는 사악한 존재들이었다. 지혜로운 오디세우스는 그녀들 곁을 지날 때 선원들의 귀를 미리 막은 덕분에 무사할 수 있었다. 아무튼 세이렌은 치명적인 유혹의 대명사로 사용되곤 한다. 팜므파탈의 원조라 할 수도 있을 것이다. 비상시에 울리는 경고음을 뜻하는 영단어 '사이렌(siren)'도 세이렌(seiren)에서 비롯되었다.

'엘렉트라 콤플렉스'도 빼놓을 수 없다. 앞서 이야기했던, 아버지의 복수를 위해 동생을 부추겨 어머니를 죽이게 했던 엘렉트라의 이름에서 딴 심리학 용어 말이다. 이는 아버지에게 애정을 품은 여성이 어머니를 경쟁자로 여겨 적대하는 것을 가리킨다. 그리스 신화의 또 다른 일화에서 나온 '오이디푸스 콤플렉스'는 이와 반대의 심리를 가리킨다. 어머니의 애정을 두고 아들이 아버지와 경쟁하는 것 말이다. 이는 태어나자마자 버려졌기 때문에 훗날 아무것도 모르는 상태로 아버지를 죽이고 어머니와 결혼했던 오이디푸스왕의 비극에서 비롯되었다. 그 이야기는 마침내 모든 진실을 알게 된 오이디푸스가 자괴감을 못 이겨 스스로 자기 눈을 뽑아버리는 것으로 마무리된다.

오늘날의 작품들

트로이전쟁과 관련된 그리스 서사시와 비극들은 근대 이후의 예술인들에게도 많은 영감을 줬다. 우리에게도 친숙한 근현대의 여러 걸작들이 『일리아스』 『오디세이아』 등 트로이전쟁에 관한 이야기에 모티브를 두고 있다.

제임스 조이스의 『율리시즈』

현대 영미 문학 최고의 작가로 칭송받는 제임스 조이스는 자기 대표작에 『오디세이아』의 제목을 붙였다. 그것이 바로 『율리시즈』(1922)다. 율리시즈(Ulysses)는 오디세우스(Odysseus)의 라틴어식 이름이며, 영미권에서는 이 '율리시즈'란 명칭을 더 자주 사용한다.

조이스는 의도적으로 『오디세이아』의 구성을 따라했다. 『오디세이아』처럼 열여덟 개의 이야기들을 엮은 것이다. 하지만 내용은 물론 전혀 다르다. 조이스의 『율리시즈』는 영웅담이 아니다. 오히려 평범하기 짝이 없는 사람들의 이야기다. 그는 더블린에 사는 평범한 시민들의 일박이일 동안의 일상을 담아냈다. 그런데 이 짧은 시간 동안 주인공들의 의식이 흘러가는 과정을 마치 오디세우스가 방랑하듯 묘사했다.

고작 이틀 동안의 의식의 흐름을 마치 십 년 방랑처럼 묘사하다니, 듣기만 해도 어지럽다. 때문에 『율리시즈』는 세계 문학사상 가장 난해한 작품으로 꼽힌다. 재미있는 점은 조이스가 그것을 진즉에 예견했다는 사실이다. 그는 이 작품을 발표한 후, "나는 『율리시즈』 속에 엄청나게 많은 수수께끼와 퍼즐조각들을 숨겨두었으므로, 앞으로 수 세기에 걸쳐 대학교수들은 내가 의미한 바를 알

아내느라 정신이 없을 것"이라 자신했다.

스탠리 큐브릭의 〈2001 스페이스 오디세이〉

문학작품으로 조이스의 『율리시즈』가 있다면, 영화로는 스탠리 큐
브릭 감독의 SF영화 〈2001 스페이스 오디세이〉(1968)가 있다. 영화
내용은 우주선 디스커버리 호 승무원들이 인류 문명의 원천을 찾
기 위해 우주를 탐사한다는 것이다.

　주인공들 모습이 『오디세이아』 등장인물들과 겹치고 결정적인
순간에 『오디세이아』의 구절이 인용되곤 하는 조이스의 『율리시
즈』와 달리, 〈2001 스페이스 오디세이〉는 『오디세이아』와 직접적인
연결고리를 갖고 있지 않다. 그저 '장대한 방랑'이라는 막연한 공
통점이 있을 뿐이다. 하지만 오히려 『오디세이아』의 상징성이 서양
문화에서 얼마나 보편적으로 사용되는지 더욱 뚜렷이 나타난다고
할 수도 있다.

미야자키 하야오의 〈바람계곡의 나우시카〉

일본 애니메이션 중에도 『오디세이아』의 흔적이 보이는 작품이 있다.
〈센과 치히로의 행방불명〉〈하울의 움직이는 성〉 등으로 우리에게도
친숙한 미야자키 하야오 감독의 〈바람계곡의 나우시카〉(1984)다.

　이 작품은 큰 전쟁으로 자연이 거의 파괴된 황폐한 미래의 지구
에서 나우시카라는 소녀가 자연을 지키고자 악의 제국에 맞서는

내용이다. 일본에서는 태평양전쟁 시절의 원자폭탄 피해 때문인지 큰 전쟁, 지구 멸망, 환경 파괴 등을 다룬 작품이 꽤 많이 나왔다.

주인공 소녀의 이름 나우시카는 『오디세이아』에 나오는 소녀에게서 따온 것이다. 나우시카는 스케리아 섬의 공주로, 곤경에 빠진 오디세우스를 도와주었던 착한 소녀다.

네덜란드 최고 축구팀 아이아스

나는 역사상 최고의 축구선수가 네덜란드의 요한 크루이프였다고 생각한다. 비록 안타깝게 월드컵 우승을 경험하진 못했지만, 그는 '토탈사커'라는 새로운 스타일을 창시하여 축구계의 판도를 완전히 바꿔놓았다. 이는 펠레나 마라도나조차 해내지 못한 업적이다.

크루이프가 데뷔한 팀은 네덜란드 최고의 명문 아약스였다. 요즘은 많이 약해졌지만, 아약스는 한동안 세계 최강의 팀 중 하나로 당당히 군림했다. 재미있는 점은 팀의 이름이 『일리아스』의 영웅 아이아스에서 따온 것이라는 사실이다. 아약스(Ajax)는 아이아스(Aias)의 라틴어식 이름이다. 그런데 왜 네덜란드 축구팀에 그리스 영웅의 이름이 붙은 걸까? 혹시 네덜란드인들이 『일리아스』의 아카이아인들 후손이라도 되는 걸까? 그럴 리 없다. 네덜란드인들은 게르만족 일파를 조상으로 두고 있기 때문이다.

네덜란드의 수도 암스테르담을 연고지로 하는 최고 명문 팀에

축구클럽 아약스 엠블렘

아이아스의 이름이 붙은 이유는 따로 있다. 아이아스의 이미지와 네덜란드의 역사에 비슷한 면이 있기 때문이다. 비슷한 면은 또 뭘까? 그것은 누구에게도 굴복하지 않는 '불굴의 기개'라 할 수 있다.

근대 초 네덜란드는 고난의 역사를 겪었다. 당시의 최강국 에스파냐의 가혹한 통치를 받고 있었던 것이다. 에스파냐 왕들은 부유한 네덜란드에 무거운 세금을 부과하여 쥐어짜다시피 했다. 네덜란드인들은 무려 팔십 년에 걸친 독립전쟁(1568~1648) 끝에 간신히 에스파냐로부터 벗어날 수 있었다. 독립 후 네덜란드는 프랑스, 에스파냐, 영국 같은 강자들 틈에서 굳게 버티며 세계무대에 우뚝 섰다. 그런 네덜란드 사람들은 스스로 목숨을 끊을지언정 끝내 신들에게 굴복하지 않았던 아이아스에게 큰 동질감을 느꼈던 모양이다. 신들에게 무릎 꿇지 않은 아이아스, 강대국들과 당당히 맞선 네덜란드. 과연 비슷한 면이 있다. 그렇다. 아이아스는 언제나 자기 힘만으로 당당하게 살다 죽은 '불굴의 영웅'이었다. 그것이 네덜란드를 대표하는 축구팀에 그의 이름이 붙은 이유다.

II. 니벨룽의 노래

이제 서양의 중세를 체험할 차례다. 그 안내는 『니벨룽의 노래(*Das Nibelungenlied*)』가 맡아줄 것이다.

로마 시대에 관해 소개해줄 마땅한 영웅 문학이 없다는 게 못내 아쉽다. 로마인들이 너무 철저히 실용적이었던 탓이리라. 선배인 그리스인들은 문학과 철학의 걸작들을 많이 남겼으나, 로마 사람들은 연설문이나 기행문, 편지, 일기 같은 '실용적인 글'만 잔뜩 남겨 놨다. 로마 시대를 상징적으로 보여줄 문학작품은 없다는 뜻이다. 베르길리우스의 『아이네이스』 또한 건국신화에 불과하므로, 공화정 시대나 제정 시대 로마의 모습은 담겨 있지 않다. 아쉽지만 로마를 건너뛰고 중세로 가자.

중세의 첫 안내자인 『니벨룽의 노래』가 그 아쉬움을 달래줄 것이다. 중세가 막 시작되던 때를 배경으로 한 작품이므로, 고대 로마의 이야기를 어느 정도 소개할 수 있기 때문이다.

『니벨룽의 노래』 읽기

『니벨룽의 노래』는 일 부와 이 부로 나뉜다. 일 부와 이 부는 각자 분위기와 성격이 판이하게 다르다. 일 부와 이 부의 내용을 세세히 서술한 뒤, 중세 유럽의 분위기, 역사적 배경을 살펴보도록 할 것이다. 우선 『니벨룽의 노래』 일 부를 만나보도록 하자.

지그프리트와 크림힐트의 만남

『니벨룽의 노래』는 부르군트 왕국의 궁정을 묘사하는 것으로 시작한다. 왕국은 군터왕이 두 동생 기젤헤어와 게르노트의 도움을 받아 다스리고 있다. 그들의 여동생 크림힐트 공주는 천하에 다시없을 미녀였다. 또한 군터왕에게는 가장 큰 힘이 되는 충신이 있었다.

지그프리트와 크림힐트

그는 트론예 출신의 하겐이다. 하겐은 용맹과 지략을 겸비한 빼어난 인물로, 동생 당크바르트와 더불어 왕의 양손과 같은 존재였다. 다만 그는 상당히 음험한 성격의 소유자였는데, 그 때문인지 '흑기사'라는 별명을 갖고 있었다.

어느 날, 크산텐 왕국의 왕자 지그프리트가 아름다운 크림힐트의 소문을 듣고 부르군트 왕국에 찾아온다. 그는 당대 최고의 영웅으로, 굉장한 모험담의 주인공이었다. 그는 니벨룽족이라는 난쟁이들과 싸워 막대한 보물을 빼앗은 적이 있었다. 이때 명검 발뭉과 마법의 망토를 손에 넣었다. 그 망토를 몸에 걸치면 다른 사람 눈에 보이지 않았고, 성인 남자 열두 명의 힘을 낼 수 있었다. 또한, 지그프리트는 사악한 용을 혼자 쳐 죽인 일도 있었다. 그런데 용에게서 흘러내린 피가 그의 온몸을 적셔 창칼로 다치게 할 수 없는 강력한 피부를 갖게 되었다. 하겐으로부터 지그프리트의 영웅담을 들은 군터는 그를 손님으로 받아들인다. 하지만 좀처럼 크림힐트를 만나게 해주지 않는다. 그러나 전투에서 지그프리트가 맹활약을 펼치자 드디어 크림힐트와 만나게 해준다. 두 선남선녀는 금세 사랑에 빠졌다.

군터의 결혼 도전기

지그프리트는 당장이라도 크림힐트와 결혼하고 싶었지만, 쉽지 않았다. 군터가 어려운 조건을 하나 내건 것이다. 그것은 군터 자신의 결혼이었다. 아직 총각이었던 그는 자신의 결혼을 지그프리트가 도우면, 크림힐트와의 결혼을 허락하겠다고 했다.

군터왕에게도 오랫동안 짝사랑해온 상대가 있었다. 그런데 그게 좀 문제였다. 그의 짝사랑 상대는 이슬란트(아이슬란드)의 처녀여왕 브륀힐트였다. 왕과 여왕은 썩 잘 어울리는 한 쌍일 것 같지만, 일은 그리 간단치 않았다. 브륀힐트는 평생 순결을 지키겠다고 맹세한 독신녀였다. 하지만 아름다운 그녀에게 구혼이 끊이지 않자, 자신과 싸워 이긴 사람과 결혼하겠다고 선언했다. 이 말은 결혼하지 않겠다는 것이나 마찬가지였다. 그녀에게는 아무도 꺾을 수 없는 초인적인 힘이 있었기 때문이다. 그리고 그 힘의 원천은 처녀성이었다. 그것이 그녀가 결혼을 거부한 진짜 이유였다.

군터는 이 무시무시한 여왕에게 반했지만, 그녀를 꺾을 자신이 없었다. 그래서 마냥 벙어리 냉가슴 앓듯 세월만 축내던 차에, 당대 최고의 영웅 지그프리트가 납신 것이다. 심지어 그 불세출의 영웅이 자기 여동생에게 홀딱 반해 결혼 승낙을 기다리고 있다. 군터는 이 좋은 기회를 놓치지 않기로 했다.

군터는 지그프리트, 하겐, 당크바르트만 데리고 이슬란트로 향했다. 그리고 도착하자마자 브륀힐트에게 대결을 청했다. 그러나 실제로 대결에 임한 이는 지그프리트였다. 그는 열두 명의 힘을 내주는 투명망토를 쓰고 몰래 군터를 도왔다. 방심하고 있던 브륀힐트는 영문도 모른 채 패했다. 군터 일당의 사기극은 대성공으로 끝났다. 약속은 약속이었다. 마침내 브륀힐트는 군터와의 결혼을 위해 이슬란트를 떠나 부르군트로 향했다. 그리하여 이슬란트의 여왕은 부르군트의 왕비가 되었다.

브륀힐트, 평범한 여인이 되다

왕국으로 돌아오자마자 군터는 브륀힐트와 결혼했고, 지그프리트와 크림힐트의 결혼식도 함께 치러줬다. 하루에 두 쌍의 축복받은 커플이 탄생했다. 아니, '축복'이라는 수식어는 어울리지 않을지도 모르겠다. 가엾은 브륀힐트의 희생 덕에 나머지 셋이 행복해진 것이니까.

그러나 브륀힐트의 비극은 사기결혼만으로 끝나지 않았다. 군터와 지그프리트의 파렴치한 행각은 더 남아 있었다. 발단은 브륀힐트가 군터와의 잠자리를 거부한 일이었다. 아직 자기 힘을 잃고 싶지 않았는지, 그녀는 처녀성을 포기할 생각이 없었다. 따라서 새신랑 군터와의 동침을 거부했고, 어느 날 밤에는 그를 꽁꽁 묶어 천장에 매달기까지 했다. 군터의 체면은 땅에 떨어졌고, 브륀힐트의 의심은 점점 깊어졌다. 대체 내가 왜 저런 시시한 사람한테 진 것일까?

초조해진 군터는 또 지그프리트에게 매달렸고, 지그프리트는 또 돕기로 했다. 그런데 이번에는 수위가 한층 높아졌다. 군터로 변장한 지그프리트가 브륀힐트를 강제로 범한 것이다. 이는 차마 입에 담을 수조차 없는 파렴치한 짓이었다. 브륀힐트는 처녀성과 초인적인 힘을 모두 잃고 말았다. 평범한 여인이 된 브륀힐트는 그저 남편 군터만 바라보고 살아야 하는 처지로 전락했다.

불편한 진실

부르군트 궁정에 다시 평화가 찾아왔다. 그러나 오래가지 않았다. 평화를 깬 것은 다름 아닌 브륀힐트였다. 그녀는 지그프리트를 군터의 부하로 여겼고, 그 아내 크림힐트마저 아랫사람처럼 대했다.

그러나 크림힐트의 생각은 전혀 달랐다. 남편 지그프리트도 장차 크산텐의 왕위에 오를 인물이었고, 그녀 본인은 왕의 여동생인 공주 신분이었다. 그녀는 스스로 브륀힐트에 손색없는 고귀한 신분이라고 생각했다. 브륀힐트는 크림힐트가 더 예의 있게 굴어야 한다고 생각했지만, 크림힐트는 그럴 생각이 전혀 없었다. 브륀힐트는 크림힐트를 괘씸하게 여겼고, 크림힐트는 브륀힐트를 가소롭게 생각했다. 마침내 두 여인은 크게 충돌했다.

먼저 일을 벌인 쪽은 브륀힐트였다. 크림힐트의 무례함을 대놓고 나무랐다. 그러나 크림힐트 입장에서는 황당할 뿐이었다. 게다가 그녀는 브륀힐트의 처녀성을 뺏은 것이 지크프리트라는 사실을 알고 있었다. 때문에 더욱 브륀힐트가 아니꼬운 터였다. 어느새 크림힐트의 인내심은 바닥을 드러냈고, '부하와 동침한 여자에게 왕비가 될 자격이 있는지' 물으며 브륀힐트를 비웃었다. 브륀힐트에게는 청천벽력 같은 소리였다. 깜짝 놀란 그녀에게 크림힐트는 모든 진실을 낱낱이 일러줬다. 조롱과 야유를 곁들여서.

브륀힐트는 너무 기가 막혔지만, 이미 모든 힘을 잃은 탓에 어쩔 도리가 없었다. 그녀가 할 수 있는 일이라고는 남편에게 울고불고 하는 것뿐이었다. 곤혹스러운 군터는 지그프리트와 먼저 말을 맞춘 뒤 브륀힐트 앞으로 불러냈다. 그리고 크림힐트의 말이 사실이냐고 물었다. 지그프리트는 각본대로 사실이 아니라고 했고, 이로써 상황이 일단락되는 듯했다. 그러나 군터의 마음속에는 커다란 불안감이 자리 잡았다. 언제 갑자기 모든 진실이 드러날지 모른다는 불안감 말이다. 군터는 지그프리트가 불편해지기 시작했다.

지그프리트의 죽음

군터보다 더 탐탁지 않은 시선을 지그프리트에게 보내던 인물이 있었다. 트론예의 하겐이었다. 그는 자기 군주보다 훨씬 뛰어난 이 영웅이 언젠가 큰 화근이 되리라는 점을 꿰뚫어 봤다. 냉철한 흑기사는 브륀힐트와 크림힐트의 싸움이 있은 후 지그프리트를 제거하기로 결심했다. 군터는 마지못한 듯이 동의했다. 자고로 품위 있는 국왕의 처신이란 원래 그런 법이다.

하겐은 직접 행동에 나섰다. 그러나 지그프리트를 죽이는 것은 쉬운 일이 아니었다. 용력도 대단했지만, 금강불괴의 피부를 갖고 있기 때문이었다. 마치 아킬레우스처럼. 그러나 지그프리트에게도 아킬레우스처럼 유일한 약점이 있었다. 용의 피가 그의 온몸을 적셨을 때, 마침 종려나무 잎 한 장이 우연히 어깨에 떨어지는 바람에 용의 피가 닿지 않았다. 따라서 어깻죽지만 평범한 인간의 몸으로 남아 있었다.

하겐은 그 약점을 알고 있었다. 그것을 알려준 이는 다름 아닌 크림힐트였다. 그녀는 전쟁터에서 남편을 보호해달라며 하겐에게 그 비밀을 알려준 일이 있었다. 그녀 딴에는 남편을 위해 왕국에서 가장 뛰어난 기사를 고른 것이었다. 실제로 하겐은 매우 뛰어난 기사였다. 하지만 그녀 편이 아니었다. 크림힐트는 절대로 믿어서는 안 될 사람을 믿는 우를 범했다.

어느 날 하겐은 지그프리트를 사냥터로 불러냈다. 한창 뛰어다니느라 갈증에 시달리던 지그프리트는 문득 샘물을 발견하고 몸을 숙였다. 순간 그의 어깻죽지가 무방비로 드러났다. 그 기회를 놓칠 하겐이 아니었다. 흑기사의 음험한 창이 영웅의 어깨를 관통했다. 지그프리트는 즉사했다.

지그프리트의 시신을 가지고 돌아온 하겐은 그가 도적 떼의 습격으로 죽었다며 둘러댔다. 군터는 슬픔을 못 이기는 척하며 성대한 장례식을 치러줬다. 그러나 시신을 옮기던 도중 하겐 앞에 이르자 시신의 어깨에서 피가 새로 솟아나기 시작했다. 그 놀라운 모습에 크림힐트는 남편을 죽인 원수가 누구인지 직감했다.

등 뒤에서 지그프리트를 찌르는 하겐

그 후 삼 년의 시간이 흐르는 동안, 그녀는 남편이 남긴 막대한 니벨룽의 보물로 각지에서 용사들을 모았다. 복수를 위해서였다. 그 속셈을 눈치챈 하겐은 군터의 묵인하에 보물들을 몰수했다. 그리고 그녀가 찾지 못하도록 라인강 어딘가에 숨겨버렸다. 복수의 희망마저 사라진 크림힐트는 끝 모를 비탄에 잠겼다. 이로써 『니벨룽의 노래』 일 부의 이야기가 끝난다.

　『니벨룽의 노래』 일 부가 지그프리트의 억울한 죽음을 다루었다면, 이 부에서는 크림힐트가 참혹한 복수극을 벌이는 내용이 펼쳐진다. 이야기는 일 부로부터 십 년이 지난 시점에서 시작된다. 지그프리트의 죽음에서부터는 십삼 년이 지난 것이다. 이 부는 크림힐트가 재혼하는 장면으로 시작된다.

크림힐트, 전 남편의 복수를 위해 재혼하다

지그프리트가 죽은 후 십삼 년이 지나는 동안, 크림힐트가 눈물로 지새우지 않았던 밤이 몇이나 될까? 그녀는 과부가 된 것도 모자라, 부르군트 왕국 내에서 경원의 대상이 되었다. 그러나 크림힐트의 어두운 삶에 다시 서광이 비추기 시작했다. 새로운 짝을 찾은 것이다. 새 짝은 당시 가장 큰 세력을 떨치던 훈족 왕 에첼이었다. 그녀는 친정보다 훨씬 강력한 나라로 시집간 것이다.

　사실 크림힐트는 재혼을 망설였지만, 에첼의 청혼 사절로 찾아온 베헬라렌 변경백(邊境伯) 뤼디거에게 설득되었다. 그는 훈족 왕비의 지위가 장차 부르군트인들에게 복수할 때 큰 도움이 되리라는 점을 깨우쳐줬다. 결국 그녀는 전 남편의 복수를 위해 새 남편을 맞아들인 것이다. 이는 아마도 철저하게 남성 중심적인 시대를 살던 여인이 택할 수 있는 유일한 방법이었을지도 모른다.

훈족의 왕비가 된 크림힐트는 다시 칠 년의 세월을 더 보낸다. 훈족 왕국에서 지위를 공고히 하기 위한 시간이었다. 이로써 지그프리트의 죽음 이후 이십 년의 세월이 흘렀다. 중국에 "군자의 복수는 십 년이 걸려도 늦지 않다[君子報仇 十年不晚]"라는 옛말이 있는데, 크림힐트의 복수는 그 두 배가 걸렸으니 실로 놀랍다. "여자가 한을 품으면 오뉴월에도 서리가 내린다"는 우리네 속담도 헛말은 아닌 듯하다.

훈 왕국으로 떠나는 부르군트인들

이십 년의 기다림 끝에 크림힐트는 드디어 복수를 시작했다. 우선 그녀는 친정 부르군트 식구들을 훈족 왕국으로 초대했다. 군터 삼형제는 별 생각 없이 초대에 응했다. 오직 사려 깊은 하겐만이 홀로 수심에 잠길 뿐이었다. 그러나 하겐은 겁쟁이가 되는 걸 두려워했으므로, 마침내 훈족 왕국으로 향하는 길에 동행했다.

긴 여정 가운데 우연히 만난 도나우강 인어들로부터 불길한 예언을 들은 하겐의 불안감은 더 커졌다. 그러나 그는 강을 건너자마자 타고 온 배를 망가트렸다. 비겁하게 도망치지 않고 당당히 운명에 맞서겠다는 단호한 결의의 표현이었다.

에첼의 왕궁으로 향하던 도중 부르군트인들은 세 명의 중요한 인물을 만났다. 첫 번째는 크림힐트의 두 결혼식을 모두 수행했던 기사 에케바르트였다. 그는 부르군트인들에 대한 크림힐트의 큰 증오를 경고했다. 두 번째는 칠 년 전 에첼의 사절로 부르군트 왕국에 방문했던 변경백 뤼디거였다. 예전에 부르군트 궁정에서 환대받았던 뤼디거가 이번에는 부르군트인들을 따뜻이 맞이했다. 특히 그는 하겐과 깊은 우정을 나눴다. 에첼의 왕궁에 도착한 부르군트인들이 세 번째로 만난 중요한 인물은 베른의 디트리히였다. 그는 원래 훌륭한 영웅으로 이름 높았으나, 현재는 고향에서 쫓겨나 부하들과 함께 망명생활을 하는 처지였다. 그 또한 부르군트인들에게 호의를 보이며 위험을 경고했다.

학살의 시작

친정 식구들을 만난 크림힐트의 태도는 시종 차가웠고 노골적인 적대감을 보였다. 이에 심사가 뒤틀린 하겐은 원래 지그프리트의 칼이었던 발뭉을 꺼내 크림힐트를 자극했다. 크림힐트는 훈족 병사들을 시켜 몰래 습격하려 했지만, 파수를 보던 하겐과 그 친구 폴커의 당당한 풍채에 병사들이 겁먹는 바람에 실패로 돌아갔다.

크림힐트는 기어이 에첼의 아우 블뢰델을 설득했고, 그는 병사천 명을 이끌고 부르군트 측 수행원들을 급습했다. 수행원들의 지휘관은 하겐의 아우 당크바르트였다. 부르군트인들은 용맹하게 싸웠으나 중과부적으로 하나둘 쓰러지기 시작했다. 그 와중에도 용맹한 당크바르트는 블뢰델을 쳐 죽였지만, 부하들이 학살당하는 것까지 막을 수는 없었다. 결국 그는 피투성이가 된 채 하겐과 군터에게 달려가 변고를 알렸다.

소식을 접한 하겐은 몹시 화가 나서 에첼과 크림힐트 부부의 어린 아들을 단칼에 죽여버렸다. 이어서 부르군트인들과 훈족 병사들 사이에 전면전이 벌어졌다. 디트리히와 그 부하들은 에첼과 크림힐트를 데리고 빠져나가려 했지만, 이를 막으려는 부르군트인들과 정면으로 충돌했다. 훈족 병사들은 수적으로 우세했음에도, 목숨 걸고 싸우는 부르군트인들에게 차츰 밀려났다. 이에 크림힐트는 막대한 현상금을 내걸며 병사들을 독려했지만 상황은 달라지지 않았다.

쓰러지는 영웅들

초조해진 크림힐트는 급기야 궁전에 불을 지르는 극단적인 짓을 저질렀다. 그러나 뜨거운 열기와 매캐한 연기로 엄청난 고통을 겪으면서도 부르군트인들의 용기는 꺾이지 않았다. 그들은 시체에서 흘러내리는 핏물로 갈증을 달래가며 악귀처럼 싸웠다. 이에 질려버린 에첼과 크림힐트는 급한 나머지 뤼디거에게 도움을 청했다.

뤼디거는 난감했다. 에첼왕에 대한 충성을 택할 것인가, 하겐 등 부르군트인들과의 우정을 택할 것인가.

결국 뤼디거는 기사의 본분대로 충성을 택했다. 그는 할 수 없이 부르군트인들을 향해 칼을 겨눴다. 그런데 막상 망가진 방패를 들고 있는 하겐을 만나자 흔쾌히 자기 방패를 내어주고 자신은 방패 없이 싸웠다. 뤼디거의 이 이상한 행동에는 깊은 의미가 담겨 있다. 차차 이야기하기로 하자. 하겐도 일부러 뤼디거와 거리를 두며 맞대결을 피했다. 그러나 결국 뤼디거는 크림힐트의 막내오빠 게르노트와 마주쳤고, 그들은 치열한 승부 끝에 서로의 목숨을 빼앗았다.

횡액을 당하기는 디트리히도 마찬가지였다. 그와 노장 힐데브란트 단 둘을 제외한 모든 부하들이 쓰러진 것이다.

한편 부르군트인들도 돌이킬 수 없는 타격을 입었다. 당크바르트, 폴커, 기젤헤어 등 뛰어난 용사들이 차례로 모두 전사하고, 녹초가 된 군터와 하겐은 마침내 디트리히 손에 붙잡혔다. 디트리히는 그들을 포박해 크림힐트에게 넘겼다. 이십 년의 기다림 끝에 그녀는 드디어 복수의 순간을 맞이했다.

기쁨의 대가는 고통으로 치러지는 법

그러나 크림힐트는 단칼에 그들의 목숨을 빼앗는 대신 가만히 하겐에게 물었다. 니벨룽의 보물은 대체 어디에 숨겼는가? 하겐은 자신의 군주인 군터가 살아 있는 한 절대로 알려줄 수 없다고 뻗댔다. 그러자 그녀는 즉시 군터의 목을 베어 하겐 앞에 던지며 재차 물었다. 보물을 어디에 숨겨놨는가?

그러나 오라비의 목을 자른 순간, 그녀는 흑기사의 자멸적인 꾀에 넘어간 것이었다. 그는 크림힐트를 차갑게 비웃으며, 이제 보물의 위치를 아는 자는 신과 자신뿐이며, 당신 같은 마녀에게는 절대로 알려줄 수 없다고 말했다. 하겐의 냉소에 크림힐트는 마침내 이성의 마지막 한 조각마저 잃고 말았다. 그녀는 하겐이 차고 있던 전 남편의 보검 발몽을 뽑아 그의 목을 쳐버렸다.

그러나 그 순간이 바로 자신의 삶까지 마감하게 될 순간임을 크림힐트는 미처 알지 못했다. 하겐의 당당한 죽음과 그녀의 참혹한 만행은 노장 힐데브란트의 늙은 심장을 깨웠다. 하겐의 목이 땅에 떨어진 순간 그는 칼을 뽑아 소리높여 흑기사의 복수를 다짐했다. 그리고 곧 바로 크림힐트에게 달려들어, 새된 비명을 지르는 그녀의 가냘픈 목을 단칼에 날려버렸다.

이로써 마침내 소란은 가라앉았다. 수많은 영웅들과 가엾은 여인의 시체더미 앞에서, 에첼, 디트리히, 힐데브란트 등 몇 안 남은 생존자들은 목을 놓아 울었다. 그렇다. "크나큰 비탄 속에 왕의 축제는 끝맺음을 했던 것입니다. 기쁨의 대가는 언제나 고통으로 치러지는 법이죠."[*]

---

[*] 저자 미상, 『니벨룽겐의 노래』, 허창운 옮김(범우, 2014), 558쪽.

군터의 목을 잘라 하겐에게 보이는 크림힐트

『니벨룽의 노래』의 구성은 상당히 묘하다. 일 부와 이 부가 굉장히 다르다. 전혀 다른 이야기처럼 느껴질 정도다. 일단 일 부의 주인공 지그프리트가 이 부에서는 아예 나오지도 않잖은가? 브륀힐트도 마찬가지다. 그녀도 이 부에서 사라져버렸다. 지그프리트의 복수를 위한 크림힐트의 집념, 그것을 막기 위한 하겐의 노력, 지그프리트가 남긴 니벨룽의 보물 같은 몇 가지를 빼면 일 부와 이 부의 연결고리 자체가 매우 약하다.

자세히 따져보면 구성도 굉장히 다르다. 일 부는 소수의 인물들이 겪은 다양한 일화들이 소개된다. 얼핏 보면 일 부의 등장인물이 매우 많은 것 같지만, 실제로 이야기를 풀어가는 적극적인 역할은 지그프리트, 군터, 하겐, 크림힐트, 브륀힐트 다섯뿐이다. 하지만 벌어지는 일들은 다양하다. 지그프리트의 방문, 지그프리트와 크림힐트의 사랑, 지그프리트와 브륀힐트의 대결, 군터와 브륀힐트의 결혼 및 지그프리트와 크림힐트의 결혼, 브륀힐트의 비극적인 첫 경험, 브륀힐트와 크림힐트의 갈등, 하겐의 지그프리트 암살, 크림힐트의 비참한 몰락. 불과 다섯 명을 축으로 하여 이처럼 눈이 핑핑 돌아가는 이야기 전개가 펼쳐진다.

그러나 이 부는 전혀 다르다. 중요한 역할을 맡은 인물들 수는 많은 반면, 이야기 전개는 매우 단순하다. 이 부는 크림힐트가 복수를 실행에 옮긴 끝에 친정 식구들과 함께 몰락하는 이야기일 뿐이다. 그런데 여기에 에첼, 뤼디거, 디트리히 등이 대거 가세한다. 게다가 그들은 저마다 중요한 역할을 수행한다. 크림힐트의 복수를 가능케 해준 훈족 왕, 이야기의 비극성을 증폭시킨 의인(義人), 큰 비극의 마무리를 맡을 영웅. 이들 중 한 명이라도 빠지면 이야기가 성립되지 않는다.

이처럼 『니벨룽의 노래』 일 부와 이 부는 매우 다른 양상을 보인다. 하나의 이야기가 어떻게 이렇게 다를 수 있을까? 『니벨룽의 노래』가 만들어지기까지의 역사를 살펴보고 그 궁금증을 풀어보자.

게르만족
- 중세를 연 사람들

고대와 중세는 뚜렷한 차이를 보인다. 일단 분위기부터 상당히 달랐다. 고대는 도시가 성장하고 상공업이 발달한 역동적인 시대였다. 그에 반해 중세는 도시가 쇠퇴하고 농업의 의존도가 커진 정적인 시대였다. 또한 고대에는 문화와 사상이 자유롭게 꽃핀 반면, 중세는 엄격한 성경의 가르침만을 좇아야 하는 경직된 사회였다.

중세가 이처럼 고대와 판이하게 달라진 데는 두 가지 요소가 결정적인 영향을 미쳤다. 게르만족과 크리스트교가 바로 그것이다. 태양의 축복을 듬뿍 받은 지중해 연안의 그리스·이탈리아와 달리, 게르만족들이 살던 중·동부 유럽은 춥고 스산한 곳이었다. 그 지역에는 울창한 침엽수림이 많았다. 그것을 '검은 숲(Black Forest)'이라 한다. 햇빛을 가릴 정도로 숲이 너무 울창해서 낮에도 어둡다는 뜻이다.

살아온 환경만으로 특정 사람들에 대해 평가하는 것은 위험한 생각이지만, 그렇다고 환경을 아예 무시해서도 안 된다. 검은 숲에서 오래 살아왔기 때문인지, 게르만족은 그리스인이나 로마인에 비해 확실히 어두운 면이 있었다.

크리스트교 역시 중세의 분위기를 어둡게 만드는 데 한몫했다. 고대 그리스·로마인들이 섬겼던 신들은 자유분방하고 활기발랄했다. 그들은 장난도 치고 사고도 치고, 때론 웃고 때론 우는 마치 인간 같은 신들이었다. 그러나 크리스트교는 엄격한 유일신 신앙이고, 신자들에게 철저한 금욕과 참회를 권했다. 희로애락의 감정을 드러내는 것은 금기시되었다. 이는 분명히 중세의 어둡고 우울한 분위기에 영향을 줬을 것이다. 다만, 『니벨룽의 노래』에 크리스트교의 모습은 전혀 나타나지 않는다. 이는 작품의 시대적 배경이 아직 부르군트인들이 크리스트교로 개종하기 전인 중세 초이기 때문이다.

이쯤에서 독자 여러분은 궁금하실 수 있다. 대체 중세가 얼마나 어떻게 어두웠다는 걸까? 이건 간단해 보이지만 굉장히 답하기 힘든 질문이다. 나는 이 어려운 질문에 그림 한 장으로 답하려 한다.

다음의 그림은 19세기 영국 화가 존 W. 워터하우스의 작품이다. 얼핏 그림은 아름다워 보인다. 용감한 기사와 아름다운 공주의 사랑을 그린 낭만적인 작품으로 보인다. 그러나 실상은 다르다. 이 그림의 제목은 〈La Belle Dame Sans Merci〉(1893)로, '무자비한 미녀'라는 뜻이다.

워터하우스의 〈무자비한 미녀〉

이 아름다운 그림에 왜 이토록 섬뜩한 제목이 붙은 걸까? 이 그
림에는 숨겨진 이야기가 있다. 그림 속의 아름다운 처녀는 사람이
아니다. 어두운 숲속에 숨어 사는 사악한 요정이다. 그녀는 숲속에
도사리고 있다가, 기사가 지나가면 다친 척하며 도움을 청한다. 깜
빡 속은 기사가 다가오면 그녀는 달콤하게 속삭이며 품에 안긴다.
그리고 자신에게 푹 빠진 기사의 눈을 바라보며 슬며시 긴 머리카
락으로 그의 목을 조른다. 그림을 다시 유심히 보라. 기사의 목을

두르고 있는 것은 스카프가 아니다. 그녀의 머리카락이다. 그녀는 실로 '무자비한 미녀'다.

이 무시무시한 이야기는 유럽에서 널리 오랫동안 퍼졌던 것 같다. 이 이야기가 처음 기록된 것은 1424년의 일이었다. 프랑스 시인 알랭 샤르티에가 이 이야기를 소재로 시를 쓴 것이다. 약 사백 년 후인 1819년에는 영국의 낭만파 시인 존 키츠가 다시 민요풍의 시로 다듬었다. 그리고 그의 시를 접한 여러 화가들이 그림을 그렸다. 워터하우스도 그중 한 명이다.

'무자비한 미녀'를 소재로 삼은 그림들은 중세의 분위기를 상징적으로 보여준다. 얼핏 보면 꽤 낭만적이지만, 가만히 들여다보면 뭔가 음침하다. '무자비한 미녀' 이야기는 크게 두 가지 이유에서 섬뜩하다. 첫째, 그녀는 호의를 베푼 선한 기사를 살해 대상으로 삼았다. 둘째, 그녀가 그런 악행을 하는 이유를 알 수 없다. 선량한 대상에게 맹목적인 악행을 한 것이다. 그림 속 미녀는 너무 사악하다.

그리스 신화에서는 이토록 잔혹한 이야기를 찾기 힘들다. 물론 악녀가 나오는 끔찍한 이야기는 있다. 메데이아 이야기가 대표적이다. 그녀는 남편에게 복수하기 위해 친자식들을 손수 무참히 살해했다. 끔찍하기 이를 데 없는 일이다. 하지만 그녀에게는 나름의 사연이 있었다. 메데이아는 사랑하는 남편의 성공을 위해 자신의 모든 것을 버렸다. 그녀가 버린 것 중에는 공주라는 고귀한 신분도 있었다. 그러나 남편 이아손은 다른 여자에게 눈이 팔려 조강지처

헨리 메이넬 레엄의 〈무자비한 미녀〉

프랭크 딕시의 〈무자비한 미녀〉

메데이아를 헌신짝처럼 버렸다. 그 원한에 그녀는 이성을 잃고 말았다. 메데이아는 적어도 '무자비한 미녀'처럼 맹목적으로 악행을 한 것은 아니었다.

그런데 중세에는 이처럼 어둡고 무서운 이야기들이 드물지 않았다. 우리에게 친숙한 이야기들부터 그렇다. 『백설공주』나 『라푼젤』을 떠올려보자. 독사과를 먹이고, 탑에 가둬두고……. 결코 밝은 이야기는 아니다. 이처럼 어두운 이야기들이 유행한 것은 아마도 중세 유럽인들이 '검은 숲'에 살던 게르만족의 후예이기 때문일 것이다. 그리고 『니벨룽의 노래』에는 그런 면이 생생히 담겨 있다.

고대 게르만 신화

고대 게르만족의 어두운 분위기는 그들의 신화에서도 잘 드러난다. 사실 그리스 신화와 게르만 신화는 비슷한 면이 많다. 각자 다른 개성을 지닌 수많은 신들이 등장한다. 또한 그들 사이에는 주신인 제우스와 오딘을 중심으로 한 나름의 위계질서가 있다. 그리고 그들은 완벽한 존재와는 거리가 멀다. 마치 사람처럼 생각하고 행동하며 때로는 실수를 저지른다. 엄밀히 말해, 영원한 생명과 초월적인 능력을 빼면 인간과 별로 다를 바가 없다.

하지만 그리스 신화와 게르만 신화 사이에는 결정적인 차이점이 있다. 바로 분위기다. 그리스 신화는 밝고, 게르만 신화는 어둡다. 물론 그리스 신화도 마냥 밝기만 한 것은 아니다. 앞서 소개했던 아이스킬로스, 소포클레스, 에우리피데스는 모두 비극적인 작품들을 남겼다. 그럼에도 불구하고, 그리스의 신들은 근본적으로 유쾌하고 낙천적인 면이 있다. 그에 반해, 게르만 신들은 한없이 어둡고 우울하다.

두 신화의 이런 차이는 세계관의 차이에서 비롯된다. 그리스 신화는 세계의 종말을 이야기하지 않는다. 반면, 게르만 신화는 아주 뚜렷이 이야기한다. 그리스 신화가 어떻게 끝나는지 아는가? 아마 모를 것이다. 그리스 신화는 세상의 종말을 알려주지 않기 때문이다. 그러나 게르만 신화는 다르다. 아예 시작부터 세계의 종말을 이야기한다. 그리고 신들은 그것을 막기 위해 노력한다. 다시 말하자면, 게르만 신화는 미리 예정된 종말을 막기 위해 신들이 갖은 노력을 다하는 과정을 그린 거대한 이야기다.

그리스 신화를 보면, 비극은 순전히 인간들만의 몫이다. 신들은 이를 관망하며 초연한 입장을 유지한다. 아끼던 인간이 죽으면 슬퍼하고 안타까워할 뿐이다. 그러나 그것도 잠시다. 금세 일상으로 돌아가 유유자적하며 지낸다. 위에서 언급한 세 비극작가들의 작품을 잘 떠올려보라. 비극은 오로지 인간이 감당할 몫이다. 신들은 아니다.

이와 정반대로, 게르만 신들은 비극의 중심에 놓여 있다. 세계의 종말이라는 가장 큰 비극을 막아야 할 입장이기 때문이다. 게르만 신화에서는 그 종말을 '라그나뢰크(Ragnarök)'라 부른다. '신들의 황혼'이라는 뜻이다. 오딘을 비롯한 신들은 이 예정된 비극을 막기 위해 부단히 노력한다. 신들이 놀고 사랑하고 사고치는 이야기가 두서없이 나열되는 그리스 신화에 비해, 게르만 신화는 훨씬 일관성을 갖추고 있다고 할 수 있다.

그리스 신화의 밝은 분위기와 게르만 신화의 어두운 분위기는 제우스와 오딘이라는 두 주신에게서도 뚜렷이 드러난다. 우선 제우스는 대책 없는 바람둥이다. 신화 속에서 제우스가 하는 일은 바람 피우다 아내 헤라한테 걸리고, 그래도 또 피우고, 또 걸리는 게 거의 전부다. 가끔 주신으로서 무게를 잡는 장면이 나오는데, 그게 오히려 낯설게 느껴져 코웃음이 나올 정도다.

그런데 오딘은 이와 정반대다. 제우스와 오딘은 겉모습부터 매우 다르다. 제우스가 유쾌하고 호탕한, 풍채 좋고 넉살 좋은 부잣집 영감 같다면, 오딘은 우울하고 기괴한, 지혜롭지만 속을 알 수 없는 괴팍한 노인 같다. 심지어 오딘은 불구자이기도 하다. 애꾸눈인 것이다. 오딘도 풍채는 좋다. 키가 크고 범접할 수 없는 카리스마를 지녔다. 그러나 이것이 애꾸눈과 어우러져 오히려 더욱 음산한 느낌을 준다.

하는 행동은 더욱 다르다. 바람을 피우거나 떠들썩한 술자리로 세월을 낚는 제우스와 달리, 오딘은 왕좌에 홀로 앉아 사색을 즐긴다. 그의 어깨에는 까마귀 두 마리가, 왕좌 곁에는 늑대 두 마리가 앉아 있다. 상상해보자. 키가 훤칠한 애꾸 노인이 까마귀와 늑대만 곁에 둔 채 홀로 묵묵히 생각에 잠겨 있다. 이보다 더 음산하기란 쉽지 않다.

그런데 오딘은 대체 무슨 생각을 그리 곰곰이 하는 걸까? 간단하다. 예정된 비극적 종말을 막을 방법을 궁리하는 것이다. 무책임한 난봉꾼 제우스와 달리, 오딘은 헌신적이라 할 만큼 책임감이 강했다. 그는 종말을 막기 위해 모든 것을 바쳤다. 심지어 한쪽 눈까지. 그는 종말에 관한 약간의 지혜를 더 얻는 대가로 한쪽 눈을 포기했던 것이다.

그런데 오딘에게는 비열한 면도 있었다. 그는 세상의 종말을 막기 위해 악행마저 서슴지 않았다. 인간들을 이간질시켜 전쟁이 일어나게 만들곤 했던 것이 대표적인 예다. 쓰러진 용사들의 영혼을 모아, 최후의 전투에 투입할 군대를 키우려는 속셈이었다. 지극히 음험하고 잔인한 짓이었지만, 종말을 막아야 하는 오딘 입장에서는 어쩔 수 없는 선택이었을지도 모른다.

이처럼 오딘의 처절한 몸부림에도 불구하고, 결국 라그나뢰크는 다가왔다. 거인, 괴물, 악령 등 온갖 사악한 존재들의 공격에 맞서, 오딘은 천둥의 신 토르, 전쟁의 신 티르 등과 함께 최선을 다해 싸웠다. 그러나 역부족이었고, 신들과 악한 무리는 함께 멸망한다. 이것이 바로 라그나뢰크, 게르만 신들의 황혼, 비극적인 최후다. 그렇다. 게르만 신화는 어둡다.

게르만족의 대이동

마케도니아의 알렉산드로스 대왕은 위대한 정복자였지만, 서른넷의 젊은 나이에 객사하고 말았다. 그가 흠모했던 아킬레우스처럼 찬란하고도 덧없는 삶이었다. 아무튼 대제국은 그의 급사로 인해 갑자기 공중에 붕 뜨게 되었고, 오래 지나지 않아 마케도니아·시리아·이집트 세 덩이로 쪼개졌다. 그리하여 한동안 지중해 세계는 뚜렷한 지배자가 없는 세월을 보냈다. 그러나 마침내 새로운 강자가 나타나 패권을 잡았다. 그들은 아이네이아스를 조상으로 섬기며 스스로를 트로이인의 후손이라 여기는 사람들, 로마인들이었다.

이탈리아 중부의 작은 도시국가에 지나지 않던 로마는 기원전

509년 공화정을 수립한 후 무서운 속도로 세력을 키웠다. 물론 그 과정이 순탄치만은 않았다. 기원전 3세기와 2세기에는 천신만고 끝에 숙적 카르타고를 간신히 제압했다. 로마와 카르타고 사이의 기나긴 전쟁을 포에니전쟁이라고 부른다. 그 과정에서 카르타고의 명장 한니발(기원전 247~기원전 183)은 로마를 멸망 직전까지 몰아붙였다. 포에니전쟁 후 승승장구한 로마인들은 매우 현명하게도, 급속한 외적 팽창에 맞춰 내부를 정비하는 일도 잊지 않았다. 기원전 27년, 로마는 국가체제를 공화정에서 제정으로 바꾸었다.

오랫동안 로마는 지중해 세계를 안정적으로 지배했다. 이를 가리켜 '로마의 평화(Pax Romana)'라 부르며, 지중해는 '로마의 호수'라는 별명을 얻었다. 특히 다섯 명의 훌륭한 황제들이 줄지어 통치했던 '오현제시대(96~180)'는 황금기 중의 황금기였다. 그러나 그 후 로마는 거짓말처럼 몰락하기 시작했다. 야심가들이 황제가 되기 위해 서로 죽고 죽이는 극심한 정치적 혼란이 일어난 것이다. 특히 변방의 군사령관들이 로마로 쳐들어가는 쿠데타가 빈번했다. 이런 추태는 심각한 부작용을 낳았다. 변방의 전선에 공백이 생기자, 검은 숲에서 오딘과 토르를 섬기며 살던 용맹하고 호전적인 사람들이 본격적으로 밀고 내려오기 시작한 것이다. 그것이 바로 '게르만족의 대이동'이다.

게르만족은 까마득히 먼 옛날부터 중부와 동부 유럽에서 살아왔다. 그러나 그들이 역사에 본격적으로 모습을 보인 것은 기원전 1세

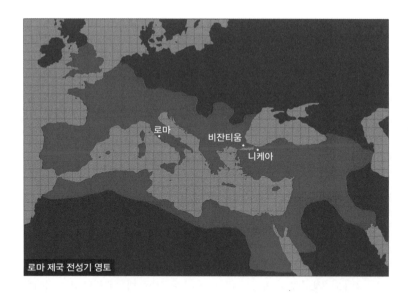

기의 일이었다. 당시 서유럽에 분포했던 갈리아족을 정복한 율리우스 카이사르는 '갈리아족보다 더 야만족'인 게르만족이 장차 로마의 화근이 될 가능성을 염려하는 기록을 남겼다. 과연 카이사르의 통찰력은 날카로웠다. 그의 후계자로 로마의 첫 황제가 된 아우구스투스 시대부터 게르만족은 로마의 새로운 골칫거리로 떠올랐다.

하지만 제국의 통치가 원활하게 이루어지는 동안은 게르만족의 위협을 잘 차단해왔다. 그러나 '오현제시대'가 끝난 후 극심한 정치적 혼란으로 국방이 소홀해지자, 게르만족은 물밀 듯이 로마 국경을 넘어오기 시작했다. 마치 과거에 도리아인들이 그리스를 휩쓸었던 것처럼.

특히 반세기 동안 무려 스물여섯 명의 황제가 즉위한 최악의 혼란기 군인황제시대(235~284)를 거치며, 게르만족의 이동은 이제 막아야 할 위협이 아니라 받아들여야 할 현실로 바뀌었다. 일찌감치 내려온 게르만 부족들은 이미 정착을 마쳤고, 그 가운데 일부는 용병으로 고용되어 로마군의 일원이 되기도 했다. 게르만족은 더 이상 외부의 적이 아닌 내부의 특정 세력이 된 것이다.

오랫동안 다른 방식으로 살아왔던 로마인들과 게르만족이 공존하기란 쉽지 않았고, 자연스레 혼란이 이어졌다. 이윽고 군인황제시대를 종식시킨 디오클레티아누스(재위 284~305)가 황제로 즉위하며 비로소 혼란의 수습책이 제시되었다. 그는 로마인들과 게르만족이 뒤섞여 너무 복잡해진 제국을 한 명의 황제가 통치하는 것은 불가능하다는 사실을 깨달았다. 그래서 제국을 사 등분했다. 제국에 네 명의 황제가 존재한 것이다.(물론 황제들 간의 서열 차이는 있었다.) 그리고 그는 로마가 아닌 동쪽의 니케아에 자신의 거처를 옮겼다. 이는 게르만족이 장악한 서부에 비해 훨씬 안전한 동부로 제국의 중심이 옮겨졌음을 보여준다.

디오클레티아누스의 방책은 콘스탄티누스 1세(재위 306~337)에 의해 수정되어 계승되었다. 그는 네 덩어리는 너무 많다 생각했는지, 제국을 동로마와 서로마 두 덩이로 다시 나눴다. 그리고 동방의 도시 비잔티움을 새로운 수도로 정하고 자신의 이름을 따 콘스탄티노폴리스(콘스탄티노플)라 불렀다.

그런데 동로마와 서로마는 동등한 관계가 아니었다. 정치·경제·

동로마 제국과 서로마 제국(400년경)

군사 등 거의 모든 면에서 동로마가 우위에 있었다. 서로마는 로마의
본토를 차지했다는 정통성을 제외하면 딱히 내세울 게 없었다. 게
르만족에 오래 시달린 탓에 토지는 황폐해졌고 경제는 위축되었
다. 재정이 열악하니 당연히 군사력도 약했다. 결국 황제의 순조로
운 통치는 거의 불가능했다.

 건실한 시민군을 꾸리는 게 불가능해진 서로마는 몇몇 게르만
부족을 용병으로 삼아 군대를 유지했다. 동로마도 게르만 부족들
을 고용하긴 했지만, 그 의존도가 서로마처럼 비정상적으로 높지
는 않았다. 게르만 부족을 고용하여 다른 게르만 부족을 막았으니
이이제이(以夷制夷)인 셈이지만, 고양이에게 생선을 맡긴 격이었다.
476년, 게르만 용병대장 오도아케르(433-493)가 마지막 황제 로물

루스 아우구스툴루스(재위 475~476)를 살해하면서 서로마 제국은 문을 닫았다. 그리고 역사가들은 이 사건을 고대가 끝나고 중세가 시작된 전환점으로 삼는다.

주요 게르만 부족들

게르만족은 수많은 부족들로 이루어져 있었다. 게르만족은 부족이 아닌 민족 개념이며, 크고 작은 부족들이 포함된 거대한 집합체라 할 수 있다. 그중에서 특히 중요한 몇 부족만 잠시 살펴보기로 하자.

가장 대표적인 게르만 부족은 고트족(Goths)이다. 가장 강력하고 가장 거대했다. 워낙 세력이 컸던 탓에 3세기에는 서고트족(Visigoths)과 동고트족(Ostrogoths)으로 분열했다. 그래도 둘 다 가장 강력한 부족들이었다.

처음에는 동고트족의 세력이 우위였다. 그러나 370년, 중앙아시아에서 갑자기 밀려온 훈족에게 크게 패해 세력이 위축되었다. 서고트족은 일부 동고트족을 흡수해 동로마 근처로 이주했고, 그로 인해 동로마 제국과 마찰을 빚었다. 378년, 오늘날 터키의 서부 지역인 아드리아노플에서 동로마군과 서고트군이 정면충돌했다. 결과는 서고트족의 대승이었다. 동로마는 황제가 전사할 정도로 궤멸에 가까운 타격을 입었다. 게르만족 역사에서 가장 빛나는 승리였다.

동로마에서는 다행히 현명한 테오도시우스 1세(재위 379~395)가 제위에 올라 신속하게 혼란을 수습했지만, 한동안 고트족에 강경한 입장을 취할 수 없었다. 한편, 서고트족은 점점 서쪽으로 이동했다. 종착지는 오늘날 에스파냐가 있는 이베리아반도였다. 그들은 그곳에 정착해 서고트 왕국(415~711)을 세웠다.

한동안 훈족의 지배를 받던 동고트족은 『니벨룽의 노래』 에첼의 모델인 훈족 왕 아틸라(406?~453)가 죽은 453년 후에야 비로소 자유를 되찾았다. 그들은 원래 강력한 부족이었으므로 금세 세력을 회복했다. 당시 동고트족을 이끈 사람 또한 『니벨룽의 노래』 디트리히의 모델 테오도릭왕(454~526)이었다. 테오도릭은 빠르게 이탈리아로 남하하여, 서로마 제국 마지막 황제를 살해한 오도아케르를 처치하고 동고트 왕국(493~555)을 세웠다. 고트족은 뜻밖에 우리에게도 매우 익숙하다. 건축 양식이나 글씨체 이름으로 자주 사용되는 고딕(Gothic)이란 단어는 그들에게서 비롯된 것이다.

이어서 반달족(Vandals) 이야기를 해야겠다. 원래 오늘날 폴란드 서부 일대에 살았던 반달족은 5세기 초부터 본격적으로 이동하기 시작했다. 그들은 순식간에 라인강 인근 지역을 휩쓸었고, 이내 이베리아반도까지 진출했다. 그러나 서고트족에게 밀려나 416년 북아프리카로 옮겨갔다. 그들이 터를 잡은 곳은 한때 카르타고의 터전이던 튀니지 일대였다. 그들은 그곳에 반달 왕국(429~533)을 세웠다. 반달족은 다른 게르만 부족들에 비해 유독 심한 파괴

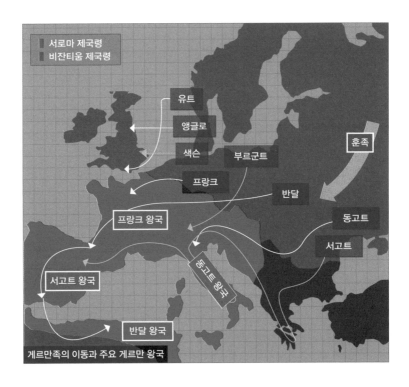

행위로 악명 높았다. 그들은 진정한 파괴자였다. 때문에 반달리즘 (vandalism)이란 단어가 생겨났다. '문화 파괴 현상'이란 뜻이다.

　마지막으로 소개할 부족은 『니벨룽의 노래』 주인공들인 부르군 트족(Burgundians)이다. 그들은 비교적 작은 부족에 속했다. 원래는 발트해 남쪽 해안 출신이지만, 점점 다른 큰 부족들에게 밀려나 로 마 국경지대까지 이르렀다. 따라서 꽤 이른 시기부터 로마 제국의 용병을 직업으로 삼는 맹방부족이 되었다. 그들은 아드리아노플 전투에도 로마군으로 참전했다.

그들은 4세기 말 쇠약해질 대로 쇠약해진 서로마 제국의 그늘에서 벗어나 독자적인 행보를 걷기 시작했다. 이어서 413년에는 군다하르왕(?~436)의 지도 아래 프랑스 동부 일대에 왕국을 세웠다. 이것이 일 차 부르군트 왕국이다. 그러자 서로마는 훈족을 고용하여 맹공격을 퍼부었다.(436년) 부르군트족은 용감히 맞섰지만 무시무시한 훈족을 당해낼 수 없었다. 게다가 당시 훈족을 이끌던 자는 악명이 자자한 '신의 재앙' 아틸라였다. 결국 일 차 부르군트 왕국은 무너졌고, 이는 『니벨룽의 노래』의 배경이 되었다. 부르군트 왕 군다하르는 군터로, 훈족 왕 아틸라는 에첼로 이름을 바꿔 『니벨룽의 노래』에 등장한다.

그러나 유민들은 군다하르의 손자 군디오크(?~473)를 중심으로 다시 뭉쳤고, 스위스 제네바에 이 차 부르군트 왕국을 세웠다.(443년) 그러나 한 세기도 채우지 못하고 멸망했다.(534년) 허망한 최후였다. 그러나 부르군트인들도 역사에 뚜렷한 흔적을 남겼다. 그들이 일 차 왕국을 세웠던 프랑스 동부 지역에 그들의 이름이 붙었다. 포도주 명산지 부르고뉴(Bourgogne)가 바로 그곳이다. 짙은 와인색을 가리키는 버건디(burgundy)라는 단어도 물론 그들에게서 비롯되었다.

『니벨룽의 노래』의 탄생

『뵐숭아 사가』

『니벨룽의 노래』 등장인물들은 묘한 공통점을 갖고 있다. 마치 무신론자인 양 신이나 신앙에 대해 이야기하는 일이 거의 없다. 이는 꽤나 특이한 일이다. 『일리아스』나 『오디세이아』 같은 고대의 작품들에서는 신들이 아예 직접 등장해 활동한다. 『아서 왕 이야기』나 『롤랑의 노래』 같은 중세 작품들에는 크리스트교적인 요소가 필수적으로 들어가 있다. 그러나 『니벨룽의 노래』에는 그런 게 없다. 왜 그럴까? 부르군트인들은 신을 믿지 않았던 걸까?

그럴 리 없다. 인류가 이성에 대한 확신을 갖기 시작한 근대 이전의 사람들은 모두 신을 믿으며 살았다. 『니벨룽의 노래』의 모델이 된 5세기의 부르군트족도 당연히 그랬을 것이다. 그렇다면, 그들이 믿은 신은 누구였을까? 하느님과 예수님? 아니면, 오딘과 토르? 5세기는 게르만 부족들이 서서히 크리스트교로 개종하던 시기였는데, 부르군트족은 아직 개종하지 않은 상태였다. 따라서 그들은 오딘과 토르를 섬기는 전통적인 게르만 신앙을 간직하고 있었을 가능성이 높다.

그리고 이런 추측에 확신을 심어주는 단서가 하나 있다.『뵐숭아 사가』라는 전승집(傳承集)이다.『뵐숭아 사가』는 아이슬란드에 전해 내려오던 옛 이야기들을 모은 것인데, 뵐숭(Volsung)이라는 위대한 왕의 후손들이 겪은 다양한 일화들이 담겨 있다. 그리고 그중에 시구르드라는 영웅에 관한 이야기가 있는데,『니벨룽의 노래』와 내용이 매우 비슷하다. 시구르드와 지그프리트는 동일인물로 보인다.

『뵐숭아 사가』에서 이슬란트의 왕자 시구르드는 원래 브륀힐트라는 처녀와 서로 사랑하는 사이였다. 그러나 부르군트 왕국의 왕비 그림힐트의 마법에 빠져 그녀의 딸 구드룬 공주와 결혼한다. 영문도 모른 채 연인을 빼앗긴 브륀힐트는 상심 끝에 구드룬의 오빠 군나르 왕과 결혼한다. 그러나 그녀는 어느 날, 모든 일이 부르군트인들의 계략이었음을 알게 되고 한바탕 복수극을 펼친다. 그 와중 시구르드가 목숨을 잃자, 완전히 이성의 끈을 놓아버린 브륀힐트는 시구르드와 구드룬의 어린 아들 시그문드를 직접 살해하기에 이른다. 그리고 시구르드와 시그문드를 화장하는 장작더미에 스스로 몸을 던진다.

이 또한 지독하게 우울한 이야기다. 그리고 구체적인 부분에서는 좀 차이가 있지만, 전반적으로 『니벨룽의 노래』와 거의 흡사하다. 두 이야기 모두 오래전부터 전해지는 동일한 게르만 전승에 뿌리를 두고 있는 것임이 분명하다.

『니벨룽의 노래』는 1200년경 신성 로마 제국의 궁정에서 탄생했고, 『뵐숭아 사가』는 13세기 후반 아이슬란드에서 완성된 것으로 알려졌다. 그런데 이야기의 원형은 수십 년 늦게 완성된 『뵐숭아 사가』에 더 고이 간직된 것으로 보인다. 이는 아마도 신성 로마 제국과 아이슬란드의 차이 때문일 것이다. 13세기 당시 신성 로마 제국은 크리스트교 세계의 중심으로서, 정치, 경제, 사회, 문화 등 모든 면에서 가장 발전한 곳이었다. 그러나 아이슬란드는 오지 중의 오지로, 가장 낙후된 지역이었다. 심지어 아이슬란드인들은 11세기나 되어서야 크리스트교로 개종했는데, 이는 유럽의 다른 지역들에 비해 5세기 이상 늦은 것이다. 발전이란 말은 큰 변화를 의미하며, 낙후되었다는 것은 변화가 없다는 뜻이다. 따라서 아이슬란드의 『뵐숭아 사가』에 고대 게르만 전승이 훨씬 원형에 가깝게 남아 있을 것이다.

그 대표적인 증거가 바로 오딘과 토르 같은 게르만 신들이다. 『뵐숭아 사가』에는 옛 게르만 신들이 곳곳에서 여과 없이 등장한다. 그러나 『니벨룽의 노래』에서는 흔적조차 찾을 수 없다. 전통 게르만 신앙 요소는 크리스트교의 수호자를 자처하던 신성 로마 제국

궁정에서 걸러졌을 가능성이 크다. 이제 하느님의 충실한 종이 된 사람들이 이미 수백 년 전에 작별한 옛 신들의 자취를 지워버린 것이다.

호엔슈타우펜 왕가

『니벨룽의 노래』는 중세 독일 문학의 최고봉이란 평을 받고 있다. 그런데 막상 1200년경 유럽에는 독일이란 나라가 없었다. 다만 신성 로마 제국(Holy Roman Empire, 962~1806)이 있을 뿐이었다. 신성 로마 제국은 오늘날의 독일과 오스트리아를 중심으로 방대한 영토를 차지한 제국이었다. 신성 로마 제국은 여러 왕조를 거치며 구백 년 가까이 유지되었는데,『니벨룽의 노래』가 만들어진 1200년경의 왕조는 호엔슈타우펜 가문이었다.

신성 로마 제국은 이름만 봐도 알 수 있듯 크리스트교 세계의 맹주이자 수호자였다. 제국의 역사를 꾸려간 모든 왕가들이 그 역할에 충실하고자 노력했지만, 호엔슈타우펜 왕가는 그중에서도 특별했다. 그들의 통치기에 십자군 운동이 활발하게 벌어졌기 때문이다. 호엔슈타우펜 왕조(1138~1254)는 십자군 시대(1096~1270)와 거의 궤를 같이했고, 콘라트 3세(재위 1138~1152), 프리드리히 1세(재위 1152~1190), 하인리히 6세(재위 1191~1197), 프리드리히 2세(재위 1215~1250)는 친히 십자군을 이끌었다. 호엔슈타우펜 왕조 이후로는 신성 로마 제국의 십자군 열기가 많이 식었고, 프랑스에게 주도권을

호엔슈타우펜 왕조 시대 신성 로마 제국 영토

완전히 내주었다. 『니벨룽의 노래』가 탄생한 곳은 이처럼 신앙의 열기가 한창 뜨거웠던 호엔슈타우펜 왕가의 궁정이었다.

이것이 『뵐숭아 사가』에는 버젓이 나타났던 게르만 신들이 『니벨룽의 노래』에서 거짓말처럼 종적을 감춘 이유다. 크리스트교 수호자의 '신성한 궁정'에 옛 신들이 설 자리는 없었다. 그렇다고 오딘, 토르를 섬기던 시대에 만들어진 이야기 속에 크리스트교 신앙을 억지로 끼워 넣을 수도 없는 노릇이었다. 그리하여 『니벨룽의 노래』에는 옛 게르만 신들도 새로운 크리스트교 신앙도 나타나지 않게 되었다.

호엔슈타우펜 왕가는 『니벨룽의 노래』를 완성한 덕분에 십자군 말고도 독일의 역사에 큰 족적을 남겼다. 중세 독일어에 기념비적인 발전이 이루어진 것이다. 그전까지 독일어는 일상적인 대화에 쓰이는 말일 뿐, 공식적인 문서에 사용되는 완숙한 언어가 아니었다. 문자로 사용되는 것은 라틴어의 몫이었다. 애초에 독일어라는 언어 자체가 매우 미숙한 상태였다. 그러나 이 시기에 이르러 독일어 고유의 언어 체계가 크게 발전했다. 그리고 서서히 문자로도 사용되기 시작했다. 이를 상징하는 작품이 바로 『니벨룽의 노래』다. 『니벨룽의 노래』 완성은 중세 독일어가 비로소 완연한 문학어로 자리 잡았음을 증명한다. 『니벨룽의 노래』는 중세 독일어로 작성된 최초의 장대한 작품으로, 오늘날 독일 문학사에서 독보적인 위치를 점하고 있다.

고대 게르만 문화의 비극성 - 『니벨룽의 노래』의 비극성

여태까지 고대 게르만 문화가 어둡고 우울하다는 이야기, 그리고 그것이 『니벨룽의 노래』에 영향을 줬다는 이야기를 여러 차례 했다. 그런데 어둡고 우울하다는 건 도대체 어떤 걸까? 구체적으로 무엇을 의미하는 걸까? 간단하게 두 가지만 이야기하자. '죽음의 미학'과 '복수에 대한 찬미'가 그 문화적 비극성에 해당한다. 먼저 '죽음의 미학'부터 이야기하자.

『니벨룽의 노래』에서는 어처구니없을 정도로 많은 사람들이 죽는다. 주인공 지그프리트를 시작으로, 군터, 하겐, 크림힐트는 물론 당크바르트, 기젤헤어, 게르노트 등이 떼죽음을 당한다. 죽은 사람보다 살아남은 사람을 헤아리는 편이 훨씬 쉽다. 살아남은 것은 부르군트 왕국에 남아 있던 브륀힐트 정도다. 그런데 브륀힐트가 이방인 출신이라는 점을 감안하면, 원래 군터의 궁정에 있던 부르군트인들은 몰살당했다 해도 과언이 아니다.

고대 그리스의 작품에도 비극이 많았다. 특히 아이스킬로스, 소포클레스, 에우리피데스 등이 남긴 작품들은 과연 비극적이었다. 가족 간의 끔찍한 패륜, 불운한 영웅의 자살, 망국(亡國)의 여인들 등을 그렸으니 말이다. 하지만 그리스 비극들은 『니벨룽의 노래』만큼 지독하지는 않았다. 쉽게 말해, 『니벨룽의 노래』처럼 등장인물들을 모조리 죽여버리는 경우는 없다. 오히려 끔찍한 비극을 겪은 생존자들이 새로운 희망을 꿈꾸는 대목이 많다.

이처럼 『니벨룽의 노래』에 유독 많은 죽음이 나오는 것은 고대 게르만족이 갖고 있던 '죽음의 미학'의 영향 때문이다. 라그나뢰크를 떠올려보자. 오딘, 토르 등 모든 신들이 사악한 존재들과 맞서 싸우다 함께 죽음을 맞는 처절한 결말 말이다. 이는 고대 게르만족이 죽음을 두려워하기보다는 당연한 일로 받아들였으며, 나아가 전사로서의 '장렬한 죽음'을 아름답게 여겼음을 짐작케 해준다. 크림힐트의 흉계에 빠진 부르군트 전사들이 훈족 병사들과 끝까지 싸우다 당당히 죽음을 맞는 슬픈 결말은 라그나뢰크에 담긴 '죽음의 미학'이 중세의 기사문학에서 재생된 것이다.

'죽음의 미학'은 고대 게르만족의 경제 및 사회 구조에서 비롯되었을 것이다. 게르만족이 살던 지역은 춥고 척박해 농경에 적합지 않았으므로 자연히 약탈경제가 발전했다. 그에 따라 약탈에 특화된 집단 즉 전사 계급이 존중받을 수밖에 없는 사회적 풍토가 조성되었다. 그에 따라 전사 계급의 필수 덕목인 '죽음을 두려워하지 않는 용기'를 중시했고, 그런 용기를 고취시키려는 차원에서 '죽음 자체를 미화하는 문화'가 형성되었을 것이다.

게르만 신화에는 당시 전사 계급의 위상을 잘 보여주는 대목이 있다. '발할라 궁전*'에 관한 이야기다. 오딘은 종종 인간 세계에 내려가 전쟁터에서 쓰러진 전사들의 영혼을 모았다. 그리고 그들을 발할라 궁전으로 데려가 마음껏 먹고 마시게 해주었다. 이것이 '발할라 궁전의 환락'이다. 전사들이 치러야 할 대가는 최후의 전쟁에서 신들을 도와 용감하게 싸우는 것뿐이었다. 이 '발할라 궁전'의 전설은 실제로 게르만 전사들에게 큰 영향을 끼쳤다. 게르만 전사들은 용감히 싸우다 죽으면 발할라 궁전으로 갈 수 있다고 굳게 믿었고, 따라서 죽음을 두려워하지 않았다. 이는 고대 게르만족의 '죽음의 미학'을 상징적으로 드러내는 예다.

'죽음의 미학'은 '복수에 대한 찬미'와 어우러져 더욱 극적인 효과를 낸다. 고대 게르만 전사들은 명예를 몹시 중시했고, 명예를

---

* 영화 〈매드맥스〉에 등장하는 발할라도 이와 같은 의미다.

발할라 궁전의 환락

라그나뢰크, 최후의 전투

잃으면 복수를 통해 반드시 회복해야 한다는 신념을 갖고 있었다. 죽음이 두려워 복수를 망설이는 것은 몹시 수치스러운 일이었고, 자기 목숨을 바쳐서라도 복수를 이루는 것이 가장 명예로운 일이었다.

『니벨룽의 노래』는 한 편의 거대한 복수극이라 할 수 있다. 일부에서는 크림힐트가 복수를 결심하게 된 이유를 보여주고, 이 부에서는 말 그대로 그녀의 처절한 복수극을 펼쳐 보이는 것이다. 물론 복수라는 것은 원래 문학작품에서 즐겨 사용되는 소재다. 하지만 『니벨룽의 노래』에는 분명 유별난 면이 있다. 복수의 규모도 거대하고, 그로 인한 결말 또한 매우 끔찍하다. 이는 그 복수가 '죽음의 미학'과 결부되었기 때문이다. 복수를 달성하기 위해서라면 죽음조차 기꺼이 감수하는 어두운 정서 말이다. 그리고 이처럼 '죽음의 미학'과 '복수에 대한 찬미'가 어우러진 고대 게르만족의 어두운 정서는 『니벨룽의 노래』에 생생한 흔적을 남겼다.

『니벨룽의 노래』 캐릭터 해부하기

『니벨룽의 노래』 등장인물은 각자 뚜렷한 개성과 상징성을 갖고 있다. 마치 『일리아스』의 등장인물들처럼. 게다가 『일리아스』 속 인물들과 묘하게 닮은 경우도 많다. 그런데 또 가만히 들여다보면, 꽤 다른 면도 있다. 아마도 고대와 중세라는 두 시대의 연속성과 차별성이 두 작품 속 인물들을 통해 나타난 것이 아닐까 싶다. 이제 『니벨룽의 노래』 등장인물들을 통해 중세라는 시대의 특징을 더 살펴보자.

지그프리트

『니벨룽의 노래』 최고의 영웅은 지그프리트다. 황당하게도 이야기 중간에 갑자기 빠져버리지만, 그가 가장 뛰어난 용사였다는 점은 분명하다. 그는 다른 영웅들과는 차원이 다른 무용담을 뽐낸다. 니벨룽족의 막대한 보물을 손에 넣었고, 사악한 용을 물리쳤으며, 무서운 여전사 브륀힐트를 굴복시켰다. 그는 『니벨룽의 노래』의 아킬레우스다.

능력뿐 아니라 성격에 있어서도 그는 아킬레우스와 많은 공통점이 있다. 그들은 최고의 영웅답게 언제 어디서나 당당했다. 때문에 오만하게 비춰져 원한을 사는 경우도 많았다. 직선적이면서 다혈질적인 성격의 소유자인 점도 같다. 그리고 그들이 맞이한 비참한 최후는 가장 중요한 공통점이다.

그러나 조금만 자세히 들여다보면, 아킬레우스와 지그프리트는 다르다는 사실을 알 수 있다. 아킬레우스에겐 있지만 지그프리트에겐 없는 결정적인 요소가 있기 때문이다. 그것은 고귀한 성품이다. 아킬레우스는 매우 고귀한 인물이었다. 그는 오만하고 무모했지만, 그런 단점을 상쇄시키고도 남을 훌륭한 성품을 갖고 있었다. 엄청난 공감 능력과 측은지심이 그것이다. 그는 상대의 마음을 이해하고 타인의 불행에 슬퍼할 줄 아는 인물이었다. 늙은 프리아모스와 함께 눈물을 흘린 것은 대표적인 장면이다.

그러나 지그프리트에게는 그런 게 없었다. 그는 오로지 자신의 이익과 욕망에만 충실했다. 약자를 동정하고 남의 불행에 안타까워하는 일은 없었다. 그의 활약상도 대부분 지극히 이기적인 동력에서 발생했다. 보물을 차지하기 위해 니벨룽족을 괴롭혔으며, 명성을 높이고자 용을 죽였고, 마음에 드는 여자와 결혼하려고 다른 여자를 불행 속에 밀어 넣었다. 그의 졸렬한 인성은 브륀힐트를 통해 뚜렷이 드러난다. 그는 가엾은 그녀를 두 번 속였으며, 그중 한 번은 겁탈로 이어졌다. 지그프리트는 추한 속물이었다. 아킬레우스는 이런 추태를 보인 적이 없다.

이처럼 아킬레우스와 지그프리트가 다른 이유는 뭘까? 그 해답은 고대와 중세의 시대적 차이에서 찾아야 할 것이다. 고대 그리스인들은 인간의 품성에 대한 관심이 많았다. 소크라테스, 플라톤, 아리스토텔레스 등은 인간에 대한 본질적인 의문에 이미 놀라운 수준의 해답을 제시했다. 그러나 중세에 접어들면서 인간에 대한 관심은 현저히 줄어들었다. 중세를 만든 두 가지 중요한 요소, 즉 게르만족과 크리스트교가 함께 영향을 끼친 탓이다.

본래 그리스에 비해 훨씬 척박한 삶을 영위해야 했던 게르만족은 그리스인들 같은 정신적 여유를 누릴 수 없었다. 늘 약육강식의 압박을 받던 그들에게는 힘이 최고의 미덕이었고 인간의 품성 같은 것들은 사치에 불과했다. 가장 힘센 자가 최고의 영웅이었으며, 그에게 다른 미덕은 요구되지 않았다. 그런 면에서, 지그프리트는 전형적인 게르만 영웅의 모습 그대로라 할 수 있다.

또한 크리스트교는 오로지 신을 위해 헌신하기를 요구할 뿐, 인간의 감정은 무시하거나 부정적으로 여기는 경향이 있었다. 크리스트교에서 인간에게 요구하는 것은 자신이 죄인임을 인정하고 회개하는 데 평생을 바치는 것이었다. 인간이 얼마나 섬세하고 복잡한 감정을 지녔는지에 대해서는 별로 관심이 없었다. 선한 자는 선하고, 악한 자는 악하다. 용감한 자는 용감하며, 비겁한 자는 비겁하다. 중세 사람들은 스스로를 이처럼 단순한 시각으로 봤다.

이런 점들이 아킬레우스와 지그프리트의 차이를 낳았다. 그리고 그 차이는 고대 그리스 작품 속 인물들과 중세 기사문학 속 인물들에게서도 공통적으로 나타난다. 인간을 다양한 시각에서 관찰하고 인간성을 에워싼 껍질들을 하나씩 벗겨내려 애썼던 시대에 만들어진 작품들과, 인간에게 용기와 신앙심 외에는 별로 요구하는 게 없던 시대에 만들어진 작품들 사이에서 나타나는 당연한 차이였다. 따라서 지그프리트는 그저 용감하고 힘만 셀 뿐, 아킬레우스처럼 섬세하고 사랑스러운 영웅이 되지 못했다. 이는 아킬레우스와 지그프리트의 역량 차이 때문이 아니라, 고대 그리스와 중세 유럽 사이에서 나타나는 시대적인 역량 차이 때문일 것이다.

군터

역시 『일리아스』에서 군터와 비슷한 인물을 찾아볼 수 있다. 바로 아가멤논이다. 부르군트의 왕, 그리스군의 총수. 이들은 최고 권력자라는 커다란 공통점을 가졌다. 물론 지그프리트가 아킬레우스보다 못했듯, 군터 또한 아가멤논에 미치지 못한다.

아가멤논이 누구였는가? 자신의 성공을 위해 딸을 희생시키고, 부하의 여자를 빼앗으려 들고, 유능한 부하들을 시기했던, 이기적이고 탐욕스럽고 오만한 사람 아니었던가? 그런데 군터는 그보다도 못하단 말인가? 그렇다. 아가멤논도 높은 지위에 어울리지 않는 용렬한 위인이었지만, 그래도 군터보다는 나았다. 지그프리트가 아킬레우스의 '고귀한 성품'을 갖지 못했듯, 군터도 아가멤논의 한 가지 미덕을 갖지 못했다. 바로 '강한 자존심'이었다. 그런데 자존심 센 것을 과연 미덕이라 할 수 있을까? 경우에 따라 다르겠지만, 지위가 높은 사람에게는 반드시 필요하다. 지위가 높을수록 품위를 지켜야 하는데, 이는 반드시 '강한 자존심'이 뒷받침되어야 하기 때문이다.

아가멤논과 군터의 차이는 그들이 각각 아킬레우스와 지그프리트를 대했던 태도에서 뚜렷이 드러난다. 아가멤논은 아킬레우스와 줄곧 긴장 상태에 있었다. 특히 미녀 브리세이스를 둘러싼 충돌은 상징적인 장면이다. 이때 아가멤논이 총사령관의 권위를 내세우며 아킬레우스를 겁박한 것은 지극히 비열한 행위였다. 게다가 아킬레우스의 이탈로 패색이 짙어지자 전전긍긍하던 모습은 차라리 애처롭기까지 하다. 하지만 그는 적어도 총사령관으로서의 품격은 지켰다. 이 지점은 의외로 중요하다. 한 집단의 총수가 품위를 잃으면 집단 전체가 흔들리기 때문이다. 아가멤논은 결점투성이었지만, 이 점에서만큼은 총사령관 자격이 있었다.

훈족 왕국으로 떠날 차비를 하는 군터왕

그러나 군터는 달랐다. 『니벨룽의 노래』를 아무리 읽어봐도 군터의 품위에 감탄하게 되는 장면은 없다. 그는 아랫사람들에게 아쉬운 소리를 하는 게 주특기였다. 군터는 어려운 일만 생기면 언제나 지그프리트나 하겐을 찾아 하소연을 해댔다. 근엄한 왕으로서의 자각도 없는지, 낮은 지위의 인물들에게 하소연함에 추호의 망설임도 없었다. 그는 브륀힐트와의 결혼 과정에서 어려움을 겪을 때마다 지그프리트의 바짓가랑이를 붙잡았다. 그리고 지그프리트가 거북하게 느껴지자 하겐에게 매달렸다. 심지어 의리조차 없었던 것이다. 물론 늘 성과는 만족스러웠다. 지그프리트는 결혼을 도와줬고, 하겐은 지그프리트의 어깨에 창을 꽂아줬다. 하겐은 분명 악인이었다. 목적을 위해서라면 비열한 수단도 마다 않는 악당이었다. 그러나 사악한 그에게도 동정하고 싶은 점이 있다. 군터의 신하였다는 점이다. 만약 하겐이 군터보다 훨씬 정의롭고 유능한 왕을 섬겼으면 어땠을까?

하겐

하겐은 『니벨룽의 노래』에서 가장 독특한 인물이다. 가장 주목해야 할 인물일 수도 있다. 단순한 인물들만 가득한 『니벨룽의 노래』에서 가장 함축적인 인물이기 때문이다. 그는 마치 그리스 신화의 야누스처럼 두 얼굴을 지니고 있다. 하겐은 최고의 악당인 동시에 탁월한 기사이기도 하다.

하겐은 특히 일 부와 이 부의 마지막 부분에서 각각 인상 깊은 모습들을 보이는데, 그것이 완전히 극과 극이다. 일 부가 끝날 즈음 그는 최고의 영웅 지그프리트를 살해한다. 동료를 죽인 자체만으로도 문제지만, 살해 방식이 그야말로 최악이었다. 등 뒤에서 몰래 찔러버린 것이다. 이는 정정당당한 대결을 중시하는 중세 기사도에 완벽히 위배되는 행위였다. 즉 기사 자격이 없는 짓이며, 따라서 하겐은 악당일 수밖에 없다.

그러나 이 부 마지막 부분에서는 전혀 다른 모습을 보인다. 자기 목에 칼을 들이대는 적을 호탕하게 비웃으며 당당하게 목이 잘린 것이다. 이는 고대 게르만 전사들과 중세 기사들이 가장 찬미하는 죽음의 방식이었다. 다시 말해, 하겐은 죽음마저 두려워 않는 용사로서 기사도의 꽃을 피운 것이다. 악당과 용사. 어느 쪽이 하겐의 진면목인 걸까? 물론 둘 다 하겐의 모습이다. 그러나 그의 진면목은 따로 있다. 그것은 '군주의 가신'이다.

하겐은 『니벨룽의 노래』에서 가장 중요한 인물임에 틀림없다. 중세 봉건제도를 상징하는 인물이기 때문이다. 가장 중세적인 인물이라 할 수도 있을 것이다. 중세 유럽의 봉건제도는 매우 복잡하지만, 아주 간단하게 말하면 '쌍무적인 계약관계'로 상징된다 할 수 있다. '쌍무적'이란 쌍방이 서로 의무를 지닌다는 뜻이다. 군주는 신하에게 토지와 보호를 보장하고, 신하는 군주에게 충성과 군대를 제공해야 한다. 하겐은 처음 등장할 때 '트론예의 하겐'으로 소개된다. 이는 그가 트론예라는 지역의 영주이며, 그곳의 소유권을 군터 왕에게 보장받았다는 의미다. 그 대가로 그는 군터에게 최대한 충성을 바쳐야 했다.

하겐이 저지른 크고 작은 악행들을 가만히 살펴보자. 군터와 지그프리트가 브륀힐트를 속이는 것을 도운 일, 지그프리트를 뒤에서 찌른 일, 크림힐트에게서 니벨룽의 보물을 빼앗은 일 등. 하겐의 악행들을 살펴보면, 한 가지 뚜렷한 일관성을 발견할 수 있다. 그것은 '군주를 위한 충성'이다. 그는 군터를 위해 한 여성의 파멸을 묵인했으며, 동료를 살해했고, 과부의 재산을 빼앗았다. 모두 군주인 군터를 위해서였다. 중세 기사들은 서약을 맺은 군주에게 충성을 바쳐야 할 의무를 항상 지니고 있었다. 하겐은 이런 중세적인 봉건 질서를 대변하는 중세적인 인물이다.

『뵐숭아 사가』의 시구르드 이야기를 떠올려보자. 그 이야기에는 『니벨룽의 노래』 주요 인물들이 거의 다 등장한다. 지그프리트는 시구르드, 군터는 군나르, 브륀힐트는 브륀힐트, 크림힐트는 구드룬이었다. 그런데 하겐은 없다. 하겐과 대칭되는 인물은 보이지 않는다. 왜일까? 그 이유는 간단하다. 하겐은 지극히 중세적인 인물이기 때문이다. 따라서 고대의 전승이 많이 보존된 시구르드 이야기에는 보이지 않다가, 중세적으로 대폭 각색된 『니벨룽의 노래』에 새롭게 등장한 것이다. 군주에게 충성을 바치는 기사의 모습을 보여주기 위해서.

흑기사, 트론예의 하겐

　재미있는 사실은 『니벨룽의 노래』 마지막 순간에 이런 봉건적 신분 질서에서 해방된 하겐의 모습이 잠깐 나온다는 점이다. 하겐이 크림힐트에게 죽임을 당하기 직전 상황을 떠올려보자. 그녀는 하겐을 협박하기 위해 그 앞에 군터의 목을 잘라 던졌다. 자, 군터가 죽었다. 이는 늘 그의 발목을 잡고 있던 봉건적인 신분질서의 굴레에서 해방되었음을 의미한다. 그렇다면, 비로소 완전한 자유를 맞은 하겐이 보인 행동은 무엇이었는가? 크림힐트를 마음껏 비웃으며 진정한 용사답게 죽음을 맞은 것이었다. 진정한 용사, 나는 그것이야말로 하겐의 진짜 모습이라고 생각한다. 어쩌면 신분질서에 구속되어 살아왔던 중세 기사가 마지막 순간에야 비로소 자유로운 고대 게르만 전사로 돌아간 것인지도 모른다.

크림힐트와 브륀힐트

수많은 남성들이 등장하는 『니벨룽의 노래』에 두드러진 모습을 보이는 두 명의 여성이 있다. 크림힐트와 브륀힐트. 이 두 여인은 지독한 앙숙이다. 속된 말로 서로 못 잡아먹어서 안달이다. 그런데 그녀들은 어찌 보면 상당히 비슷한 운명인 것 같기도 하다. 이제 두 여인의 이야기를 시작해보자.

중세 유럽에서 여성의 위상은 몹시 낮았다. 중세 여성의 사회적 지위는 고대보다 더 낮아졌다. 중세를 암흑시대라 폄하하는 사람들은 다양한 측면에서 나타난 퇴보를 지적하는데, 여성의 위상 약화도 그중 하나다. 물론 오늘날과 비교하면 고대에도 여성의 권리가 충분히 보장된 것은 아니었지만, 그래도 중세에 비하면 나았다.

중세 유럽에서 여성의 권위와 사회적 지위가 낮아진 것은 크리스트교의 영향일 가능성이 크다. 크리스트교에는 본질적으로 여성을 부정적으로 보는 관점이 있다. 그리스 신화에서는 그렇지 않았다. 남신들과 여신들의 관계가 대단히 평등했다. 지혜의 여신 아테나, 사랑의 여신 아프로디테는 신화의 실질적인 주인공이라 할 만큼 웬만한 남신들보다 더 많은 활약을 펼친다. 게르만 신화도 마찬가지다. 적어도 남신들과 여신들 사이에 수직적인 관계는 눈에 띄지 않는다.

그러나 크리스트교는 다르다. 이는 성경의 시작인 창세기부터 이미 뚜렷이 나타난다. 최초의 여성 하와(이브)가 최초의 남성 아담의 갈비뼈로 만들어진 것부터 그렇다. 이는 여성이 남성에게 종속된 존재임을 의미한다. 게다가 하와는 아담에게 선악과를 권한 장본인으로, 후손들이 영원히 짊어져야 할 원죄의 책임도 더 크게 갖고 있다. 여성을 종속적인 존재이자 죄의 원천으로 삼는 크리스트교의 여성관은 중세 유럽 사회에 큰 영향을 끼쳤다.

중세의 부정적인 여성관은 『니벨룽의 노래』의 두 여인, 브륀힐트와 크림힐트를 통해 엿볼 수 있다. 우선 『니벨룽의 노래』의 그 비극적인 결말의 원인이 무엇인지 따져보자. 왜 그토록 많은 사람들이 죽어야 했는가? 크림힐트가 잔혹한 복수극을 펼쳤기 때문이다. 그녀는 왜 복수를 했는가? 남편 지그프리트가 하겐에게 암살당했기 때문이다. 하겐이 지그프리트를 죽인 이유는? 크림힐트와 브륀힐트가 말다툼을 하는 과정에서 군터의 감추고픈 비밀이 드러났기 때문이다. 평화롭던 부르군트 왕국이 두 여인의 말다툼으로 인해 파국으로 치닫게 된 셈인데, 이는 뱀의 유혹에 빠진 하와가 아담에게 선악과를 권함으로써 에덴동산에서 쫓겨나게 된 일을 연상케 한다. 여성이 파멸의 근원이라는 것이다.

또한 크림힐트와 브륀힐트는 중세 여성의 종속적인 모습 또한 담고 있다. 이슬란트의 여왕 브륀힐트가 부르군트 왕국으로 시집오며 겪었던 그 숱한 고초를 떠올려보자. 이는 고대 여전사의 당당한 모습을 갖고 있던 그녀가 남성 위주의 중세적 질서에 강제로 편입되었음을 의미한다. 마침내 군터와 지그프리트에게 굴복해 초능력을 잃고 평범한 여인네 신세가 되자 그녀의 시련도 끝난다. 때문에 그녀는 이 부에서 등장하지 않는다. 평범한 여인의 무난한 일상은 이야깃거리가 되지 못한다. 더 이상 특별한 존재 가치가 없어진 것이다.

크림힐트는 브륀힐트와 정반대의 길을 걸었다. 그녀는 세 오라비의 보호와 사랑을 받는 아름다운 공주로서 행복하고 평화로운 삶을 누려왔다. 게다가 최고의 영웅과 결혼했으니, 그 행복과 평화는 영원할 것 같았다. 그러나 브륀힐트와 쓸데없는 말다툼을 벌인 게 화근이었다. 그로 인해 남편은 목숨을 잃고, 그녀는 왕국에서 냉대 받는 처지가 되었다. 그녀의 삶은 느닷없이 나락으로 떨어졌다. 그리고 그 복수를 하려다가 급기야 목숨까지 잃고 만다. 마녀라고 비난받으면서.

이처럼 파란만장했던 두 여인에게는 한 가지 공통점이 있다. 남성들의 권위를 받아들이느냐 아니냐에 따라 삶이 급격히 요동친 것이다. 브륀힐트는 적극적으로 저항하다가 마침내 받아들인 경우였다. 온갖 곤욕을 치르던 그녀의 삶은 막상 굴복하자 평온을 되찾았다. 반면, 크림힐트는 원래 순응했지만 뒤늦게 격렬히 거부한 경우였다. 순응한 대가로 고작 남편의 죽음을 맞게 된 그녀는 분노의 복수를 펼치던 끝에 자기 목숨마저 잃고 말았다. 만약 지그프리트의 죽음에도 복수를 꿈꾸지 않았다면, 크림힐트의 삶은 어찌 되었을까? 아마 고독하고 억울하지만 조용하고 평화로운 삶을 오래 이어갔을 것이다. 남성들의 권위에 도전하지 않았으니까.

물론 그녀들만 고통을 겪은 것은 아니었다. 지그프리트, 군터, 하겐도 비극적인 최후를 맞았다. 하지만 그들은 그럴 만했다. 지그프리트는 오만했고, 군터는 비겁했고, 하겐은 사악했다. 그들은 대가를 치른 것이다. 누구도 탓할 수 없는 자기 업보였다. 하지만 브륀힐트와 크림힐트는 다르다. 그녀들은 남편을 믿고 오빠를 믿었을 뿐이다. 하지만 그 신뢰에 대한 보답은 너무 끔찍했다. 남편과 오빠에 대한 신뢰가 그토록 큰 죄란 말인가? 물론 아니다. 그녀들에게 정말 죄가 있다면, 중세의 여인이었다는 사실 그 자체였을 것이다.

당크바르트와 뤼디거

마지막으로 두 명만 더 이야기하자. 그들은 하겐의 동생 당크바르트와 변경백 뤼디거다. 이 두 사람은 몹시 뛰어난 용사들이지만, 사실 비중이 큰 주연급 인물들은 아니다. 하지만 나름대로 중요한 의미를 갖고 있다.

당크바르트는 『니벨룽의 노래』에서 가장 과묵한 인물이다. 그는 언제나 등장하지만 존재감을 드러내는 법이 거의 없다. 마치 형 하겐의 그림자 같았다. 브륀힐트에게 청혼하러 이슬란트로 갈 때도 따라갔고, 크림힐트의 초청을 받은 부르군트인들이 훈족 왕국으로 향할 때도 동행했다. 결국 그는 훈족 사람들과 격전을 치르다 장렬히 전사했다.

당크바르트는 언제나 존재하지만 존재감이 없는 침묵의 인물이었다. 그는 자기주장을 내세우는 법 없이, 그저 군터와 하겐의 지시에 충실할 뿐이었다. 그래서 당크바르트는 어쩌면 가장 현실적인 인물일지 모른다. 조용히 군주의 명령과 자기 직분에 충실한 것이야말로 중세 기사들에게 요구된 첫 번째 덕목이었다. 당크바르트의 과묵하고 헌신적인 모습은 중세 기사들의 모습 그대로다.

당크바르트가 현실적인 기사의 모습을 나타냈다면, 뤼디거는 이상적인 기사의 모습을 상징한다. 뤼디거는 아주 잠깐씩 모습을 드러내는데, 그 짧은 등장들이 매우 인상적이다. 특히 그의 장렬한 최후는 압권이었다. 그는 크림힐트에게 했던 맹세와 부르군트인들에 대한 우정 사이에서 크게 고뇌한다. 마침내 그는 하겐에게 자기 방패를 내어주고, 맨몸으로 부르군트인들과 싸우다 쓰러졌다. 이는 사실 간접적인 자살이었다. 맹세와 우정 중 하나만 택할 수 없던 그는 마침내 자기 목숨을 버려 그 두 가지를 모두 지켜낸 것이다. 그리하여 궁극적으로 기사로서의 명예를 지켜냈다. 죽음을 감수하면서까지 명예를 지켰으니, 그야말로 가장 이상적인 기사의 모습이었다. 때문에 뤼디거를 『니벨룽의 노래』에서 가장 고결한 인물로 꼽는 사람들이 많다.

당크바르트와 뤼디거. 그들은 지그프리트, 군터, 하겐만큼 비중이 크지는 않았지만, 중세의 가장 대표적인 신분이었던 기사의 현실과 이상을 상징한다.

『니벨룽의 노래』의 계승

오늘날 『니벨룽의 노래』는 중세 독일 문학의 최고봉이라는 빛나는 위상을 지니고 있지만, 정작 중세에는 꽤 오랫동안 사람들에게 잊혀져 있었다. 용감한 기사와 아름다운 공주의 사랑, 영웅들의 치열한 갈등과 비극적인 최후 등 매력적인 이야깃거리로 가득한 점을 감안하면 실로 뜻밖의 일이다. 어쩌면 크리스트교의 모습이 없는 점 때문에 외면당한 것 아닌지 모르겠다. 하지만 근대에 접어들며 『니벨룽의 노래』는 재조명되기 시작했다. 심지어 독일인들의 정신적 지주 역할을 하기에 이르렀다. 어떻게 된 것일까? 그리고 『니벨룽의 노래』가 독일 후손들에게 준 영향은 어떤 것일까?

나폴레옹전쟁과 『니벨룽의 노래』의 부활

중세 독일 문학의 정수 『니벨룽의 노래』에 부활의 계기를 마련해 준 것은 공교롭게도 프랑스였다. 19세기 초, 나폴레옹 보나파르트 (1769~1821)가 이끄는 프랑스군은 혁명을 방해했던 유럽 열강들을 차례로 격파했다.[*] 독일 또한 프랑스 앞에 무릎 꿇은 열강들 중 하나였다.

『니벨룽의 노래』가 만들어진 호엔슈타우펜 왕조 시절만 해도 신성 로마 제국의 중추는 독일 지역이었다. 그러나 13세기 중반에 호엔슈타우펜 왕가의 대가 끊겼고, 극심한 혼란 끝에 오스트리아·스위스 지역의 합스부르크 가문에서 황제가 배출되었다.(1273) 이후 제국의 무게중심은 점점 오스트리아 쪽으로 넘어갔다. 특히 유럽 최대의 종교전쟁인 30년전쟁(1618~1648) 동안 주된 전쟁터였던 독일 지역은 심각하게 황폐해졌고, 이후 조그마한 영방국가들의 이합집산으로 전락해 과거의 영예를 상실했다.

30년전쟁 이후 독일 지역의 강자로 우뚝 선 것은 북부의 프로이센이었다. 프로이센은 일관성 있는 군국주의 정책을 통해 빠르게 부국강병을 이루었고, '계몽군주'로 유명한 프리드리히 2세(재위 1740~1786) 때에는 종주국인 신성 로마 제국(오스트리아)을 압도하기에 이르렀다. 그러나 프리드리히 대왕 사후 불과 이십 년 만에

---

[*]　예외는 영국으로 나폴레옹은 끝까지 영국을 굴복시키지 못했고, 그로 인해 몰락하게 되었다.

독일

폴란드

프랑스 제국

이탈리아

에스파냐

나폴레옹 시대 프랑스 세력권

거짓말처럼 프랑스에 굴복한 것이다.(1806)[†]

30년전쟁 이후 패배를 몰랐던 프로이센 사람들이 받은 수치심과 굴욕감은 엄청났다. 그것은 그들의 독일 민족주의에 불을 댕기는 계기가 되었다. 그들은 프랑스인들에게 무릎 꿇으며 자신들이 독일인이라는 사실을 강하게 자각했다. 그리고 자신들의 정체성을 진지하게 탐구하기 시작했다.

그리하여 한동안 사람들 기억에서 잊혔던 『니벨룽의 노래』가 재조명되기 시작했다. 프로이센 등 독일 사람들은 『니벨룽의 노래』라

[†] 한편, 오스트리아가 겪은 수모는 더 컸다. 1804년 황제로 즉위한 나폴레옹은 오스트리아를 굴복시킨 후 1806년 공식적으로 신성 로마 제국이라는 간판을 떼어버렸다. 유럽에 황제는 자기 한 명뿐이라고 생각했기 때문이었다.

는 옛 영웅담으로 쓰라린 마음을 달랬다. 국가 또한 이를 적극적으로 장려했다. 1810년 베를린대학교(지금의 베를린훔볼트대학교)를 세운 프로이센 왕 프리드리히 빌헬름 3세(재위 1797~1840)는 『니벨룽의 노래』 개정판을 펴낸 하인리히 폰 데어 하겐에게 첫 독일어 수업을 맡겼다. 불과 반세기 전에 프리드리히 대왕이 『니벨룽의 노래』를 읽고 '한 푼의 값어치도 없다'며 혹평했던 일을 떠올리면 실로 놀라운 변화였다.

제2제국과 바그너 오페라

이후 『니벨룽의 노래』는 독일 민족주의와 제국주의의 중요한 선전 도구가 되었다. 베를린대학교에서 첫 독일어 강좌를 맡았던 하인리히 폰 데어 하겐은 사실 보잘 것 없는 학자였다. 그러나 원래 난세는 시시한 인물이 대중의 감정에 호소하여 득세하기 쉬운 때다. 그는 『니벨룽의 노래』 등장인물들과 독일인들을 억지로 동일시하여 인기를 끌었다. 그는 "죽음도 불사하는 충성심, 우의, 인간애와 온유함, 임전무퇴의 용기, 영웅적인 마음, 불굴의 지조, 초인적인 용맹과 대담함, 명예와 의무와 정의를 위한 자발적 희생 같은 덕목들이 조국과 민족에 대한 자부심과 신뢰를 고취시킨 끝에 독일의 영광이 되살아나 세계를 지배하리라는 희망으로 충만케 한다"[*]는 장

---

* 허창운, 「중세 영웅문학으로서의 『니벨룽겐의 노래』」, 『니벨룽겐의 노래(상)』(서울대학교출판부, 1996), 106쪽에서 재인용.

황한 말로 박수 받았다. 이런 열기는 언제 광기로 연결될지 모르는 법이다.

이런 현상은 1848년 이후 한층 심화되었다. 1789년 프랑스혁명으로 시작된 유럽의 자유주의 열기는 1848년을 지나며 차갑게 식었다. 프로이센도 마찬가지였다. 당시 왕실을 비롯한 기득권 우익 세력은 대중의 자유주의 열기를 식히는 데 민족주의를 이용했다. 민족의 영광이라는 대업 앞에서 개인의 자유를 주장하는 것은 이기적이라고 몰아간 것이다. 대를 위해 소를 버리라는 식의 논리였다. 아무튼 이 논리는 아주 잘 먹혔다. 이후 프로이센에는 민족주의를 앞세운 우익 정부가 꾸준히 집권했다. 1862년에 성립된 비스마르크 내각이 대표적이다. '철혈정책'이라는 극단적인 군국주의 정책을 택한 비스마르크(1815~1898)는 독일 민족의 영광을 명분 삼아 개인의 자유를 철저히 억압했다. 이는 마침내 독일 통일과 제2제국 성립이라는 쾌거를 낳았다.(1871) 그 과정에서 『니벨룽의 노래』가 큰 역할을 했다. 지그프리트는 독일의 영광을 상징하는 인물로, 하겐은 국가에 대한 무조건적인 충성을 상징하는 인물로 각각 그려졌던 것이다.

이처럼 『니벨룽의 노래』를 선전도구로 만드는 움직임에 문화계가 앞장섰다. 가장 대표적인 인물은 유명한 오페라 작곡가 리하르트 바그너(1913~1883)였다. 원래 자유주의자였던 바그너는 1848년 이후 자유주의가 설 자리를 잃자 과감하게 민족주의자로 돌변했다.

그의 민족주의적 면모가 유감없이 발휘된 작품은 〈니벨룽겐의 반지〉다. 제목만 봐도 알 수 있듯 『니벨룽의 노래』에서 영감을 얻은 작품이다. 그는 이 오페라를 통해 게르만족의 우월성을 웅장한 음악으로 노래했다.

리하르트 바그너

바그너의 오페라들은 세계적인 성공을 거뒀다. 게르만 민족주의가 우세한 지역에서는 특히 엄청난 인기를 끌었다. 독일과 오스트리아 청년들은 그의 오페라를 보며 게르만족의 우월성을 입증하겠다는 포부에 젖었다. 1907년 오스트리아 수도 비엔나에는 그림 공부에 열중하던 가난한 청년이 한 명 있었다. 그 청년도 바그너의 열성적인 팬이었다. 훗날 그는 극단적인 민족주의자로 성장했다. 그 가난한 화가 지망생의 이름은 아돌프 히틀러(1889~1945)였다.

빌헬름 2세와 제1차 세계대전

독일 제2제국의 민족주의 색채는 빌헬름 2세(재위 1888~1918)의 즉위 후 더욱 선명해졌다. 젊은 황제는 곧 비스마르크를 실각시키고 국가를 직접 운영하기 시작했다. 그는 비스마르크보다 더 지독한 팽창주의자였다. 비스마르크와 그의 결정적인 차이는 영국을 대하는 태도에 있었다. 비스마르크는 되도록 대영제국과 갈등을 빚지 않는 신중한 외교를 펼쳤으나, 빌헬름 2세는 노골적으로 그들의 패권을 뺏으려 했다. 영국 입장에서 이는 결코 좌시할 수 없는 일이었다. 결국 두 강대국의 갈등은 제1차 세계대전이라는 비극을 낳았다.

제1차 세계대전 동안 『니벨룽의 노래』는 어김없이 다시 가동되었다. 국가는 국민들에게 지그프리트처럼 찬란한 영광을 위해, 하겐처럼 묵묵히 충성할 것을 요구했다. 특히 하겐의 충성심을 독일인이 마땅히 본받아야 할 미덕으로 권장했다. 1915년 베를린대학교 교수 구스타프 뢰테는 "하겐의 충성이야말로 이성과 감정의 숙명적인 완고함 아니었던가? 이런 충성은 독일인의 위대함을 나타내는 얼마나 값진 지참금이란 말인가!"[*]라며 입대하는 청년들을 독려했다.

그러나 독일 제2제국은 부르군트 왕국처럼 비극적인 종말을 맞았다. 독일은 시간이 지날수록 수세에 몰렸고, 마침내 1918년 11월 9일 황제 빌헬름 2세가 퇴위를 선언하기에 이르렀다. 집착이 강한 그는 사실 프로이센 왕위라도 유지하겠다며 버텼지만, 내각이 일방적으로 그의 퇴위를 선포해버렸다. 강제로 끌어내려진 셈이다. 뭐라 말할 수 없는 추태였다. 이후 그는 네덜란드로 망명했고, 이십삼 년을 더 살다가 생을 마감했다. 이것이 『니벨룽의 노래』를 악용한 군국주의 황제의 최후였다.

---

[*] 앞의 논문 109쪽에서 재인용.

바이마르 공화국

빌헬름 2세의 퇴위 이틀 후인 11월 11일, 중도좌파 사회민주당(사민당) 중심의 임시정부가 휴전에 동의함으로써 제1차 세계대전은 비로소 막을 내렸다. 사민당은 일찍이 빌헬름 2세로부터 '독일인이라 불릴 자격도 없는 자들'이라는 비난을 받았는데, 이제 그들이 빌헬름 2세가 벌여놓은 전쟁을 끝냈으니 실로 상전벽해였다. 아무튼 이로써 독일 제2제국은 반세기만에 문을 닫고 공화국으로 거듭날 준비를 마쳤다. 이를 '독일 11월 혁명'이라 부른다.

1919년 1월에는 총선이 실시되었고, 사민당 총수 프리드리히 에베르트(1871~1925)가 대통령으로 당선되었다. 사민당 정부는 '바이마르 헌법'이라는 지극히 민주적인 헌법을 채택했고, 그에 따라 새로운 공화국에는 바이마르 공화국이라는 이름이 붙었다.

바이마르 공화국은 희망차게 출범했지만, 최악의 상황에 직면해 있었다. 쫓겨난 황제가 일으킨 전쟁의 뒷수습을 떠맡게 된 것이다. 패자 독일과 승자 연합국 사이에 파리강화조약이 체결되었다. 여기서 프랑스가 말썽을 부렸다. 사실 프랑스는 독일이 강력해지면서 시종 불편한 관계로 지내왔다. 특히 1871년의 프로이센-프랑스전쟁 참패는 견디기 힘든 수모였다. 당시 프랑스인들의 굴욕감은 알퐁스 도데의 단편 「마지막 수업」에 잘 형상화되었다. 그런 프랑스인들에게 제1차 세계대전의 승리는 놓칠 수 없는 설욕의 기회였다.

따라서 파리강화조약은 매우 가혹한 내용으로 채워졌다. 그 가

혹함은 경제적인 배상에서 두드러졌다. 프랑스인들은 독일에 천문학적인 전쟁배상금을 요구했다. 그 집요함에 같은 연합국인 영국과 미국 측도 고개를 저을 정도였다. 미국 대표단에서는 '독일이 백 년 동안 갚아도 다 못 갚을 것'이라는 탄식까지 나왔다. 이제는 독일 국민들이 분노할 차례였다.

바이마르 정부는 강화조약을 완화시키려고 최선을 다했지만, 국민들의 성난 마음을 달래기에는 역부족이었다. 국민들은 슬슬 정부에 짜증을 내기 시작했다. 게다가 1920년대에 세계를 강타한 대공황이 또 하나의 악재로 다가왔다. 대공황은 바이마르 정부 책임이 아니었지만, 당시 독일 국민들의 생각은 달랐다. 그들은 정부에 노골적인 불만을 표출했고, 폭동과 파업이 거의 매일 일어났다. 상황은 점점 최악으로 치달았다.

진짜로 패전의 책임이 있는 독일 극우 세력이 그 기회를 놓치지 않았다. 패전 후 한동안 숨죽이고 있던 그들은 슬슬 다시 목소리를 내기 시작했다. 극우 세력은 비열하게도 패전의 책임을 좌파들에게 떠넘기기 시작했다. 전쟁에 반대했던 좌파 세력이 연합국에 군사기밀을 빼돌린 탓에 독일이 패하고 말았다는 거짓말까지 서슴지 않았다.

그 구심점 역할을 한 것은 역전의 노장 파울 폰 힌덴부르크(1847~1934)였다. 그는 제1차 세계대전 당시 참모총장을 지낸 인물이었다. 그는 독일 좌파가 내부의 적이라고 규탄하며 『니벨룽의 노래』

의 하겐에 비유했다. "잔인한 하겐의 음험한 투창 아래 지그프리트가 쓰러졌듯이 우리의 지친 전선도 그렇게 무너졌다."* 여기서 묘한 점은 한때 충성의 상징이었던 하겐이 이제 배신자라는 새 역할을 맡게 된 것이었다. 이는 앞서 이야기했던 하겐의 양면성이 역사적으로 반영된 대표적인 사례였다. 아무튼 이런 악의에 찬 여론전은 효과를 거뒀다. 좌파 정부에 대한 독일 국민의 혐오감은 점점 깊어졌다. 『니벨룽의 노래』는 이렇게 또 다시 악용되었다.

나치와 제2차 세계대전

위태로운 바이마르 정부를 가까스로 지탱해가던 에베르트 대통령이 1925년 2월 급사했다. 이는 사민당에게 치명타였다. 곧이어 부랴부랴 치러진 대선에서 힌덴부르크가 당선되었다. 이윽고 독일 우파 세력은 부활에 성공했다.

하지만 힌덴부르크의 정치력은 한계가 분명했다. 전쟁영웅 출신이라 대중적 인기는 높았지만, 정계에 세력이 없었던 것이다. 결국 그는 1933년 초 새로 떠오르기 시작한 극우 정당과 손잡았다. 그 당은 국가사회주의독일노동자당(Nationalsozialistische Deutsche Arbeiterpartei)이라는 매우 긴 이름을 갖고 있었는데, 보통 '나치

---

* 앞의 논문 111쪽에서 재인용.

(Nazi)'라 줄여 부른다. 힌덴부르크와 손잡은 나치 당수는 총리로 임명되었다. 그가 바로 아돌프 히틀러, 한때 오스트리아에서 그림을 그리며 바그너에 열광했던 그 가난한 청년이었다.

히틀러는 기가 막히게 운이 따르는 사내였다. 1934년 8월, 고령의 힌덴부르크가 사망하자, 총리였던 그는 대통령을 겸하게 되었다. 이때부터 '총통(Führer)'이라 불렸다. 이것이 독일 제3제국의 성립이다. 그리고 얼마 뒤, 제3제국은 제2제국의 복수에 나선다. 제2차 세계대전을 일으킨 것이다.

히틀러와 나치의 성공 비결은 패전과 공황으로 몸과 마음이 탈진 되었던 독일인들의 감정을 자극하고, 호소한 데 있었다. 그들은 위대한 게르만의 후손인 독일 국민이 다시 똘똘 뭉쳐 내부의 적(유대인, 좌파)을 응징하고 외부의 적(연합국)에게 복수해야 한다고 주장했다. 이처럼 터무니없는 감정적 호소에 독일 국민들은 사상 유례없는 열광적인 지지로 화답했다. 제2차 세계대전 발발은 필연적인 결과였다.

전쟁 전에도, 전쟁 중에도, 나치는 독일인들의 감정에 호소하는 과정에서 어김없이 『니벨룽의 노래』를 활용했다. 1942년 저명한 민속학자 한스 나우만은 『니벨룽의 노래』에 담긴 충성과 용맹을 극찬하는 유명한 강연을 했다. 그러나 그는 『니벨룽의 노래』의 어두운 결말에 대해서는 경계심을 드러냈다. 당연히 그 비극을 떠올리고 싶지 않았을 것이다.

그러나 점점 패색이 짙어지자, 그 비극적 결말에 대한 인식도 바뀌었다. 장렬한 최후까지 각오해야 할 상황에 몰린 것이다. 대표적인 히틀러의 심복 헤르만 괴링(1893~1946)은 악명 높은 스탈린그라드 전투(1941~1944)의 패배에 직면하자 "진지 한 채, 돌멩이 한 개, 참호 하나, 심지어 무덤 하나까지 지키기 위해 막강한 적군과 맞서 싸우고 있다. 우리는 이처럼 비할 바 없이 영웅적인 투쟁에 관한 노래를 알고 있다. 그것이 바로 『니벨룽의 노래』다. 그들 역시 불구덩이 지옥 속에서 피로 갈증을 달래며 끝까지 싸웠다. 오늘날의 전선에서도 바로 그런 전투가 벌어지고 있다. (……) 군인정신의 가장 탁월한 덕목 중에는 우정이나 의무감 외에 희생정신도 있다는 사실을 결코 잊어서는 안 되리라. 다른 사람들을 위해, 더욱 위대한 무엇인가를 위해, 아낌없이 자신을 희생한 사람들은 언제나 존재해왔다"고 부르짖었다.

결국 제2차 세계대전은 또 다시 독일의 패배로 끝났다. 나치의 제3제국도 부르군트 왕국처럼 무너졌다. 패배를 직감한 히틀러는 1945년 4월 30일에 권총으로 자살했다. 제3제국의 군터는 제2제국의 군터(빌헬름 2세)보다 더 처참한 최후를 맞은 것이다. 마침내 5월 8일에는 독일이 항복했다.

히틀러의 심복 괴링은 군터의 충복 하겐과 비슷한 최후를 맞았다.

---

* 앞의 논문 109~110쪽에서 재인용.

『니벨룽의 노래』에서 하겐은 크림힐트의 협박에 비웃음으로 맞서다 죽음을 맞았다. 이는 비록 악인이었지만 기사의 품격만은 지키고 싶었던 군터의 선택이었다. 전범재판에서 괴링은 교수대에 대롱대롱 매달리는 것이 군인의 수치라 여겨 총살형을 요구했지만 거부당했다. 그러자 그는 그날 밤 몰래 숨겨두었던 청산가리 캡슐을 삼켰다. 이는 군인으로서 한 조각 긍지나마 지키고 싶었던 악당 괴링의 마지막 애처로운 선택이었다.

그리하여 『니벨룽의 노래』를 통해 게르만의 영광을 실현하겠다는 원대한 포부를 품었던 제2제국과 제3제국 모두 마침내는 그 작품의 마지막 구절을 재현하고 말았다.

"크나큰 비탄 속에 왕의 축제는 끝맺음을 했던 것입니다. 기쁨의 대가는 언제나 고통으로 치러지는 법이죠."

III. 롤랑의 노래

『니벨룽의 노래』는 5세기에 있었던 1차 부르군트 왕국의 멸망(436)을 소재로, 고대 말과 중세 초 게르만족 사회가 어떠했는지를 잘 보여준 작품이다. 우리는 부르군트인들의 모습을 통해 그 대단했던 로마 제국이 무너지는 과정과 유럽 땅 여기저기에 자리잡았던 게르만족들의 모습이 어땠는지를 살펴볼 수 있었다.

하지만 『니벨룽의 노래』는 1200년경에 완성된 작품임에도 불구하고, 그 이야기의 시대 배경이 5세기 중반이었던 까닭에, 중세의 무르익은 모습을 다 보여주지는 못한다. 특히 중세 유럽에서 가장 큰 비중을 차지하고 있던 크리스트교의 모습은 전혀 나타나지 않는다는 한계를 지니고 있다.

하지만 괜찮다. 우리에겐 또 하나의 걸출한 중세 기사문학 『롤랑의 노래(La Chanson de Roland)』가 있으니까. 『니벨룽의 노래』가 중세 독일을 대표하는 기사문학이라면, 『롤랑의 노래』는 중세 프랑스가 낳은 최고의 기사문학이다. 『롤랑의 노래』는 『니벨룽의 노래』보다 약 한 세기 빠른 12세기 초에 만들어진 것으로 알려졌다. 하지만 『니벨룽의 노래』의 배경인 5세기보다 약 삼백 년 뒤인 8세기 후반을 배경으로 한 덕분에 크리스트교로 상징되는 중세 유럽의 독특한 분위기가 훨씬 강하게 드러난다.

누누이 이야기한 바지만, 중세 유럽의 가장 큰 정체성은 크리스트교였다. 그리고 크리스트교에 관한 언급이 전혀 없던 『니벨룽의 노래』와 달리, 『롤랑의 노래』는 작품 내내 크리스트교의 색채를 강렬하게 내뿜고 있다. 이제 그 모습을 살펴보자.

『롤랑의 노래』 읽기

프랑스군이 철수하고 롤랑이 계략에 빠지다

프랑스의 위대한 황제 샤를마뉴는 크리스트교 세계의 수호자로서 히스파니아 지역(에스파냐)을 장악하고 있던 사라센인(이슬람교도)들과 칠 년에 걸쳐 수차례 격전을 치른다. 마침내 프랑스군을 당할 수 없음을 깨달은 사라센 왕 마르실은 막대한 조공과 인질을 바치겠다며 강화를 요청한다.

　마르실왕의 강화 요청에 프랑스인들의 여론은 둘로 나뉜다. 이교도와 타협은 없다는 강경론과 힘든 전쟁을 굳이 계속할 필요가 없다는 온건론이 맞선 것이다. 강경론의 대표자는 샤를마뉴의 조카이자 가장 뛰어난 용사 롤랑이고, 온건론의 대표자는 롤랑의 의붓아버지 가늘롱이다. 오랜 전쟁에 지친 탓인지 온건론을 지지하는 신하들이 더 많았고, 마침내 샤를마뉴는 마르실의 투항을 받아들이기로 한다.

샤를마뉴는 강화를 위해 사라센 진영에 파견할 사절을 고른다. 이에 롤랑 등 충신들 몇 명이 용감히 지원했지만, 샤를마뉴는 모두 자신이 각별히 아끼는 자들이라 허락지 않는다. 그러자 롤랑이 가늘롱을 추천했고, 샤를마뉴는 선뜻 허락한다. 그런데 가늘롱은 롤랑이 일부러 자신을 사지로 몰아넣는다고 여겨 깊은 원한을 품는다.

사라센 진영에 도착해 마르실왕과 그 신하들을 만난 가늘롱은 교묘한 화술로 샤를마뉴를 칭송하는 동시에 롤랑을 헐뜯는다. 샤를마뉴는 인자하고 위대한 왕이지만, 호전적이고 난폭한 롤랑 때문에 전쟁이 끝나지 않는다는 식으로 이야기한 것이다. 이에 가뜩이나 굴욕감에 젖어 있던 마르실왕은 롤랑에 대한 증오심을 키운다.

롤랑이라는 공공의 적을 둔 가늘롱과 마르실 사이에 은밀한 거래가 성사된다. 가늘롱은 프랑스의 군사기밀을 마르실에게 누설한다. 강화가 체결되면 프랑스군이 철수할 텐데, 샤를마뉴는 가장 용감한 롤랑에게 후미를 맡기리라는 것이다. 마르실은 꼭 후위부대를 들이쳐서 롤랑을 죽이라는 가늘롱의 충고를 받아들인다. 마르실왕은 가늘롱에게 많은 선물을 주며, 일이 성공할 경우 더 많이 선물하겠다고 약속한다. 그리하여 가늘롱은 의붓아들 롤랑의 목숨과 주군 샤를마뉴에 대한 충성을 함께 팔아먹은 것이다.

샤를마뉴와 그의 군대

가늘롱은 마음속에 흉계를 감추고 돌아와 샤를마뉴에게 강화가
잘 체결되었다며 보고한다. 프랑스인들은 모처럼 고향에 돌아간다
는 생각에 마음이 들뜬다. 샤를마뉴는 철수를 준비하면서, 가장
위험한 후위부대를 누구에게 맡길지 고민한다. 가늘롱은 계획대로
롤랑을 추천하지만, 롤랑을 아끼는 샤를마뉴는 몹시 망설인다. 롤
랑은 가늘롱의 악한 의도를 눈치챘지만, 최고의 용사답게 기꺼이

위험한 임무를 떠맡는다. 그리하여 롤랑을 비롯한 프랑스 최고의 12용사가 이만 병력을 거느리고 프랑스군의 뒤를 지킨다.

롤랑과 프랑스군이 이교도 군대와 크게 싸우다 전멸하다

한편 마르실 왕과 사라센인들은 롤랑이 이끄는 프랑스 후위부대를 공격할 준비를 한다. 그들은 프랑스 12용사에 못지않은 12명의 용사를 선발하여 십만 병력을 동원한다. 그들은 급히 추격하여 프랑스군 후미를 거의 따라잡는다. 롤랑은 사라센군의 추격을 눈치 채고 전투를 준비한다. 충실한 벗 올리비에는 롤랑이 지닌 뿔피리를 불어 샤를마뉴에게 도움을 요청하라고 여러 번 권하지만, 롤랑은 무장으로서의 자존심 때문에 이를 거부한다.

롤랑은 결국 자기 병력만으로 사라센 십만 대군에 맞선다. 그의 이만 군대도 그를 닮아 사기가 충천하다. 이윽고 전투가 시작된다. 프랑스 12용사와 사라센 12용사가 각자 일대일 결투를 벌인다. 그러나 사라센 용사들은 프랑스 용사들의 적수가 되지 못한다. 순식간에 열 명이 목숨을 잃는다. 그러자 사라센군은 인해전술로 프랑스군을 밀어붙인다. 그러나 프랑스 12용사는 놀라운 활약을 펼치고, 이만 군대도 그들을 따라 "몽조와"의 함성을 지르며 무섭게

---

*   munjoie, montjoie, monjoie. '조국 수호', '기쁨의 산', '나의 기쁨' 정도의 뜻으로 보인다.

싸운다. 치열한 싸움 끝에 프랑스군도 많은 피해를 입었지만, 사라센군은 전멸하고 만다.

하지만 그들이 무찌른 것은 선봉부대에 불과했다. 곧이어 마르실왕이 무려 스무 개의 군단을 거느리고 도착한다. 마르실은 선봉군의 궤멸에 분노하여 총공격 명령을 내린다. 12용사와 프랑스군은 이전보다 훨씬 힘겨운 전투에 직면한다. 이윽고 가스코뉴의 앙젤리에가 12용사 중 처음으로 목숨을 잃는다. 이에 분노한 프랑스인들은 더욱 격렬하게 맞서지만 중과부적이다. 그토록 용맹한 12용사도 하나둘 쓰러지기 시작한다.

길고도 괴로운 싸움 끝에 롤랑의 프랑스군이 붕괴한다. 12용사 대부분이 전사했고, 남은 병력도 예순 명 정도다. 하지만 그들은 쓰러지기 전에 각자 수십 명의 적군을 죽였으므로, 마르실왕의 사라센군도 매우 심각한 타격을 받았다.

전멸 직전에 이르러서야 비로소 롤랑은 올리비에에게 뿔피리를 불지 않은 일을 사과한다. 올리비에는 롤랑의 경솔함을 나무란다. 용맹한 종군 성직자 튀르팽 수석사제가 그들을 화해시키고, 롤랑은 마침내 관자놀이가 터지고 입에서 피를 쏟을 정도로 힘껏 뿔피리를 분다.

샤를마뉴가 우렁찬 뿔피리 소리를 듣고 군대를 되돌리려 한다. 그러자 가늘롱은 교묘한 말로 진군을 막으려 한다. 그러나 이미 가늘롱이 배신자임을 확신한 샤를마뉴는 그를 체포하고 뿔피리

소리가 들려오는 곳을 향해 대군을 이동시킨다.

그동안 롤랑, 올리비에와 예순 명의 병사들은 마지막 힘을 다해 이교도들과 싸운다. 여러 신하들은 물론 조카와 아들까지 잃은 마르실왕은 완전히 전의를 상실하여 도주한다. 하지만 마르실을 돕기 위해 멀리 북아프리카에서 온 숙부 마르가니스왕은 후퇴하지 않고 휘하의 오만 병력을 지휘하여 나머지 프랑스인들을 공격한다. 롤랑과 동료들은 순교를 각오하고 최후의 전투에 임한다.

마지막 전투에서 올리비에와 마르가니스는 맞대결을 펼친 끝에 치명상을 주고받는다. 마르가니스는 즉사했고, 올리비에는 한바탕 더 싸운 뒤 마침내 롤랑의 품에 안겨 숨을 거둔다. 이제 전장에 남

롤랑의 죽음

은 프랑스인은 롤랑과 튀르팽, 그리고 고티에라는 용사 셋뿐이다. 하지만 이내 고티에와 튀르팽도 차례로 목숨을 잃는다. 롤랑은 믿을 수 없는 용기와 힘으로 마침내 사라센군을 모두 몰아내는 데 성공한다. 하지만 그도 치명상을 입었다. 그는 열한 명 용사들의 시체를 가지런히 정리한 후 쓰러진다. 그가 마지막 기도를 마치자 천사 가브리엘이 내려와 그의 영혼을 데려간다.

샤를마뉴가 이교도들을 섬멸하고 배신자를 처형하다

그 직후 샤를마뉴가 대군을 이끌고 도착한다. 그는 애타게 12용사의 이름을 하나하나 불러보지만 대답이 없다. 격노한 샤를마뉴는 대군을 휘몰아 퇴각하는 사라센군을 들이쳐 무자비한 살육을 감행한다. 한바탕 전투가 끝나고 날이 어두워지자 프랑스군은 전쟁터에서 숙영한다. 샤를마뉴는 밤새 악몽에 시달린다.

한편, 마르실왕은 본거지 사라고사의 궁전에 도착하고, 패전의 소식을 접한 이교도들은 비탄에 잠긴다. 급기야 이교도들은 그들이 섬기는 신들의 동상을 부수며 원망한다. 때마침 이교도들의 대제국 바빌로니아 황제 발리강이 대군을 이끌고 에스파냐에 도착한다. 오래전부터 마르실은 그들에게 구원을 요청했는데, 이제야 도착한 것이다. 발리강은 마르실을 위로하며 샤를마뉴와 프랑스인들을 끝장내겠다고 호언장담한다.

이튿날 아침 샤를마뉴는 롤랑과 용사들의 시체를 발견하고 큰 슬픔에 잠긴다. 간신히 슬픔을 이겨내고 용사들을 매장하는데, 발리강의 전령이 선전포고를 전해온다. 샤를마뉴는 십만 대군을 열 개 군단으로 편성하고 전투 준비를 한다.

얼마 후, 발리강이 이끄는 이교도 군대가 도착한다. 그들은 프랑스군보다 병력 수가 많은 대군으로 무려 서른 개의 군단이다. 발리강은 몹시 오만한 태도로 전투에 임한다. 이내 치열한 전투가 벌어진다. 이교도 군대는 숫자가 훨씬 많지만, 프랑스군은 훨씬 용맹하다. 전투는 하루가 다 가도록 결판이 나지 않고, 샤를마뉴의 충신들은 크고 작은 부상을 입는다. 하지만 이교도 군대의 타격은 더 크다. 발리강의 아들과 동생은 이미 목숨을 잃었다. 마침내 샤를마뉴와 발리강이 맞대결을 펼친다. 그리고 천사 가브리엘의 가호 아래 샤를마뉴는 발리강의 목숨을 끊는다. 그 모습에 모든 프랑스인들이 "몽조와!"를 외친다.

이교도 군대는 허겁지겁 도망치지만, 프랑스군이 그들을 추격하여 또 한바탕 살육을 펼친다. 사라고사에서 기다리던 마르실왕은 그 모습에 충격을 받아 즉사하고, 샤를마뉴는 텅 빈 사라고사를 접수한다. 프랑스인들은 그곳의 유대 교회와 이슬람 교회들을 파괴하고, 이교도들을 강제로 개종시키며, 따르지 않는 자들은 처형한다. 샤를마뉴는 용사들의 장례를 치른 후 프랑스로 귀국하자마자 가늘롱의 재판을 준비한다.

샤를마뉴가 궁전에 돌아오자 롤랑의 약혼녀 오드가 찾아와 롤랑의 안부를 묻는다. 그녀는 롤랑의 죽음을 듣자 충격을 못 이겨 쓰러져 죽는다. 가늘롱의 재판에 참석하기 위해 프랑스 전역의 영주들이 속속 도착한다. 재판이 시작되자 가늘롱은 뛰어난 언변으로 무죄를 주장하여 많은 이들의 동의를 얻는다. 오직 앙주 공작 조프르와의 아우 티에리만이 끝까지 그의 유죄를 주장한다.

결국 가늘롱의 죄는 결투를 통해 가리기로 한다. 그의 유죄를 주장하는 티에리와 그를 대변하는 피나벨이 결투를 갖는다. 가늘롱의 친구 피나벨은 체격이 당당한 반면, 롤랑의 친구 티에리는 여위고 볼품없는 몸집의 기사다. 하지만 티에리는 있는 힘을 다해 싸워 마침내 피나벨을 죽인다.

피나벨이 패함으로써 가늘롱은 유죄로 판명난다. 따라서 가늘롱은 물론 그의 친척 삼십여 명이 모두 처형당한다. 가늘롱의 처벌을 마친 샤를마뉴는 비로소 휴식을 취하기 위해 편안히 잠자리에 든다. 그러나 천사 가브리엘이 찾아와 다른 이교도들을 정벌하라는 신의 뜻을 전한다. 이에 샤를마뉴는 눈물을 글썽이며 크게 탄식한다. "신이여. 제 일생은 얼마나 고달픈 것입니까!"

『롤랑의 노래』 줄거리는 매우 단순하다. 최고의 용사 롤랑이 이교도들과 배신자의 계략에 빠져 장렬하게 죽고, 위대한 황제 샤를마뉴가 이교도 군대를 격파하고 배신자를 처형함으로써 그 복수를 완수하는 이야기다.

이 이야기의 묘한 점은 여러 인물들 사이의 복잡한 갈등관계, 남녀의 애절한 로맨스, 특정 인물의 고뇌 등이 거의 나타나지 않는다는 사실이다. 다만 선과 악이라는 매우 극단적인 이분법이 나타날 뿐이다. 그리고 그 선악 구도는 종교적 색채를 띤다. 크리스트교도들은 선하며, 이슬람교도들은 악하다. 이처럼 선악의 대립이 있을 뿐, 『일리아스』의 아가멤논과 아킬레우스, 오디세우스와 아이아스처럼, 혹은 『니벨룽의 노래』의 지그프리트와 하겐, 크림힐트와 브륀힐트처럼 집단 내부의 구성원들 사이에 나타나는 복잡한 갈등이 없다. 가늘롱과 롤랑의 대립이 있긴 하지만, 이는 복잡한 갈등이 아니라 선악의 단순한 대치일 뿐이다.

로맨스도 없다. 여성이 거의 등장조차 않다시피 한다. 마르실의 왕비 브라미몽드가 있지만, 어디까지나 이교도 왕비에 지나지 않는다. 또 롤랑의 약혼녀 오드가 막판에 나오는데, 등장하기 무섭게 죽는다. 그녀는 롤랑의 죽음을 미화하기 위한 소품에 불과하다. 『일리아스』의 헬레네, 브리세이스, 안드로마케, 그리고 『니벨룽의 노래』의 크림힐트와 브륀힐트는 매우 중요한 존재였다. 하지만 『롤랑의 노래』에는, 냉정히 말해 '여성'이 없다.

또한 『롤랑의 노래』의 인물들은 지극히 평면적이다. 아킬레우스처럼 각성하는 인물도, 크림힐트처럼 타락하는 인물도, 하겐처럼 양면적인 인물도 없다. 샤를마뉴는 줄곧 위대하며, 롤랑은 늘 용맹하고, 올리비에는 항상 현명하며, 이교도들은 언제나 사악하다.

『롤랑의 노래』는 왜 이리 단순한 것일까? 그것은 크리스트교의 영향 때문일 것이다. 우리는 『니벨룽의 노래』를 통해 호전적이고 단순한 게르만족의 영향을 확인할 수 있었다. 그러나 크리스트교는 그보다 훨씬 더 강렬한 단순함을 『롤랑의 노래』에 선사했다. 이제 그에 대해 천천히 살펴보도록 하자.

롱스보 전투와 프랑크 왕국

롱스보 전투

롤랑은 실존 인물일 가능성이 있다. 다만, 『롤랑의 노래』에서 소개한 대로 샤를마뉴(재위 768~814)의 친조카는 아닐 것이다. 실제로는 브르타뉴 지역의 변경백 정도로만 알려져 있다. 그래도 한 부대를 이끌고 중요한 임무를 맡았던 것을 보면, 실력을 인정받았거나, 큰 총애를 받은 인물일 가능성은 있다.

　롤랑의 모델이 된 인물이 안개 속에 숨어 있는 반면, 『롤랑의 노래』의 배경이 된 사건은 분명한 실제 사건이다. 『일리아스』의 배경 트로이전쟁과 『니벨룽의 노래』의 배경 1차 부르군트 왕국의 멸망이 실제 사건이었던 것처럼 말이다. 중요한 사건은 두고두고 사람들 입에 오르내리다가 장대한 문학작품으로 다듬어지곤 하는 모양이다.

『롤랑의 노래』의 배경이 된 것은 778년에 있었던 롱스보 전투다. 롱스보 전투는 의미가 매우 큰 사건이었다. 위대한 정복자 샤를마뉴 인생 최고의 흑역사이기 때문이다. 다시 말해, 평생토록 샤를마뉴는 수많은 군사 원정을 성공리에 이끌었는데, 그가 가장 참담한 실패를 맛본 것이 바로 이 롱스보 전투였다.

당시 샤를마뉴가 통치하던 프랑크 왕국의 영토는 매우 넓었다. 오늘날의 프랑스는 물론, 독일과 오스트리아의 대부분 지역, 그리고 북이탈리아까지 그의 수중에 있었다. 이는 왕국이라기엔 너무 커서 차라리 제국이라 부를 만했다. 그리고 샤를마뉴는 800년에

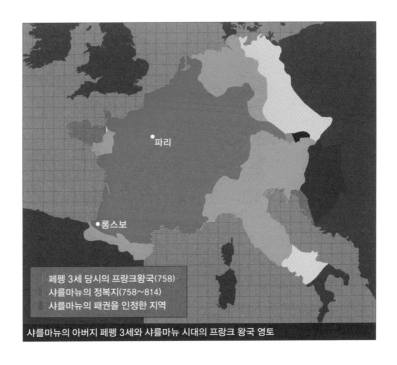

파리

롱스보

페펭 3세 당시의 프랑크왕국(758)
샤를마뉴의 정복지(758~814)
샤를마뉴의 패권을 인정한 지역

샤를마뉴의 아버지 페펭 3세와 샤를마뉴 시대의 프랑크 왕국 영토

정말 황제로 즉위한다. 이 이야기는 조금 나중에 하자. 아무튼 당시 샤를마뉴는 유럽의 서부, 중부, 남부에 걸쳐 엄청난 영토를 확보했지만, 그의 강력한 위엄이 미치지 못한 곳이 있었다. 그곳은 오늘날 에스파냐와 포르투갈이 있는 이베리아반도였다. 당시 이베리아반도는 유럽에서 매우 독특한 정체성을 가진 지역이었으며, 샤를마뉴 입장에서는 반드시 정복해야 할 곳이었다. 이슬람교도의 점령하에 있었기 때문이다.

이베리아반도는 샤를마뉴가 태어나기도 전에 이미 이슬람의 수중에 떨어졌다. 원래 그곳에는 크리스트교 국가인 서고트 왕국이 약 삼백 년 동안 자리 잡고 있었지만, 711년에 이슬람 세력의 침입으로 멸망했다. 이후 이베리아반도는 이슬람의 수중에 놓였다. 따라서 이는 프랑크 왕국에 심각한 위협이 되었고, 프랑크 왕들은 이를 격퇴해야 할 의무를 지니게 되었다. 샤를마뉴도 마찬가지였다.

실제로 샤를마뉴는 이들을 물리치기 위해 노력을 기울였다. 하지만 쉽지 않았다. 우선 프랑크 왕국의 영토는 지나치게 넓었고, 지배력은 그에 미치지 못했다. 영토는 넓었지만 왕의 권력은 그만큼 강력하지 못했던 것이다. 왕국의 도처에서 왕권에 대한 도전이 일어났다. 특히 오늘날 독일 쪽의 작센 공국은 공공연히 샤를마뉴에 반기를 들었고, 그는 이를 진압하기 위해 수차례 전투를 치러야 했다.

이베리아반도를 장악한 이슬람 세력(732년경)

가스코뉴와 롱스보의 위치

이베리아반도 쪽에도 그런 존재가 있었다. 그것은 가스코뉴 공국이었다. 가스코뉴 공국은 오늘날 프랑스 남서부 쪽에서 피레네산맥과 접한 지역에 있었다. 가스코뉴 공작들은 이미 오래전부터 걸핏하면 프랑크 왕들의 권위에 도전해왔으며, 그 과정에서 이교도인 이슬람 세력과 손잡는 것도 마다하지 않았다.

『롤랑의 노래』의 배경이 된 롱스보 전투 또한 그런 맥락에서 일어난 사건이었다. 778년 당시 가스코뉴 공국은 겉으로는 프랑크 왕국에 굴복했지만, 속으로는 앙앙불락하고 있었다. 그런 상황에서 샤를마뉴가 이슬람 세력을 응징하기 위해 이베리아반도로 원정을 내려왔다. 하지만 이베리아반도의 이슬람 세력은 녹록한 상대가 아니었다. 그들은 완강히 저항했고, 샤를마뉴는 별 재미도 보지 못한 채 철수를 결심하기에 이르렀다. 그때 가스코뉴 공국이 뒤통수를 쳤다. 철수 중인 프랑크군의 후위부대를 기습하여 롱스보 계곡에서 전멸시킨 것이다. 그 후위부대를 이끈 장수가 바로 브르타뉴의 변경백 롤랑이었다고 하며, 이 비극적인 롱스보 전투를 소재로 훗날 『롤랑의 노래』가 만들어진 것이다.

가스코뉴의 고대 로마 시절 이름은 바스코니아(Vasconia)였다. 때문에 훗날 그곳 사람들을 바스크(Basque)인들이라 부르게 되었다. 오늘날 에스파냐 북동부에 바스크라는 지역이 있는데, 과거 가스코뉴에 살던 사람들과 같은 부류로 짐작된다. 가스코뉴라는 지명은 지금은 쓰이지 않는다. 그 지역은 프랑스혁명 이후 여러 개로 나뉘었다. 아무튼 롱스보 전투에서 프랑크군을 무찌른 사람들은 이베리아반도의 사라센인들이 아니라, 프랑스 남서부의 바스크인들이었다.

그렇다면 『롤랑의 노래』 작가가 실제로 롱스보에서 싸웠던 바스크인들을 굳이 사라센인들로 바꾼 이유는 무엇일까? 간단하다. 작품 속에서 샤를마뉴와 그의 군대는 크리스트교 세계의 수호자들로 묘사되어 있다. 그렇다면 같은 종교를 믿는 바스크인들과 싸웠다고 하면 아무래도 볼썽사납지 않겠는가? 그리하여 이교도인 사라센인들에게 바스크인들의 역할을 대신 맡겼을 것이다.

크리스트교와 프랑크 왕국, 그리고 이슬람

크리스트교 최초의 분열

크리스트교가 매우 오랫동안 로마 제국의 탄압을 받아왔음은 익히 알려진 사실이다. 그러나 게르만족의 이동에 시달리던 로마 제국이 동서로 분열하며 반전의 계기가 마련되었다. 로마를 동서로 나눈 장본인 콘스탄티누스 1세 황제가 밀라노칙령을 통해 크리스트교를 공인해준 것이다.(313) 심지어 팔십 년 뒤에는 테오도시우스 1세에 의해 국교로 지정되기에 이르렀다.(392) 그야말로 상전벽해였다. 그러나 오랫동안 박해에 신음하던 크리스트교는 그토록 갈망하던 신앙의 자유를 얻기 무섭게 분열을 일으켰다. 그것은 콘스탄티누스 1세 때 이미 조짐을 드러냈다.

문제의 발단은 크리스트교가 약 삼백 년이라는 긴 시간 동안 지하종교로 명맥을 이어왔다는 점이었다. 제국의 박해를 피해 암암리에 신앙을 지켜오느라 통일된 교단과 교리가 만들어지지 못했고, 그에 따라 다양한 지역에 다양한 교리가 존재했다. 콘스탄티누스 1세의 밀라노칙령은 음지에 있던 종교를 양지로 꺼내준 셈이었는데, 그에 따라 통일된 교단과 교리를 갖춰야 할 필요성이 대두되었다. 하지만 이는 결코 쉽지 않은 일이었다. 교리의 해석을 두고 수많은 주장들이 첨예하게 대립했다.

초기의 가장 대표적인 대립은 아타나시우스(296?~373)와 아리우스(250~336)의 논쟁이었다. 두 사람은 삼위일체의 당위성 및 성부와 성자의 관계를 두고 격돌했다. 아타나시우스는 성부(하느님)와 성자(예수 그리스도)가 동등한 관계이며, '성부-성자-성령'의 삼위일체는 유효하다고 주장했다. 이것이 오늘날까지 크리스트교에서 채택하고 있는 일반적인 주장이다. 반면, 아리우스는 아들인 성자가 아버지 성부에게 종속된다고 주장하여 '성부-성자-성령'을 대등한 관계로 보는 삼위일체에 의문을 제기했다. 두 사람 모두 이름 높은 신학자들이었으며, 특히 아리우스는 엄청난 언변과 카리스마의 소유자였다. 따라서 둘의 논쟁은 쉽게 끝날 성질의 것이 아니었다.

결국 황제가 개입하기에 이르렀다. 325년 콘스탄티누스 1세는 니케아에서 공의회를 열고 아타나시우스와 아리우스를 불러 공식적으로 논쟁을 붙였다. 둘은 어김없이 치열한 논쟁을 벌였고, 판정은 황제의 몫이었다. 황제는 아타나시우스의 손을 들어주었다. 그러나 신앙은 황제의 판정에 따라 쉽게 좌우될 단순한 문제가 아니었고, 여전히 아리우스의 해석을 믿는 자들을 일일이 바로잡기에 동로마 제국은 너무 넓었다. 아리우스파는 콘스탄티누스 황제와 아타나시우스, 그리고 아리우스가 숨을 거둔 후에도 한동안 큰 세력을 떨쳤다.

묘한 점은 4~5세기에 곳곳에서 왕국을 세우던 게르만 부족들이 크리스트교로 개종하는 과정에서 너나 할 것 없이 아리우스파를 택했다는 것이다. 특히 게르만족 중에서 가장 강력했던 세 부족이 세운 왕국, 이베리아반도의 서고트 왕국(415~711), 옛 카르타고의 영토이자 오늘날 튀니지의 영토와 겹치는 북아프리카의 반달 왕국(429~533), 그리고 이탈리아의 동고트 왕국(493~555)이 그들이었다. 이 세 왕국은 동로마 제국의 정통교회에 맞서 아리우스파의 수호자를 자처했다. 아타나시우스의 정통교회와 아리우스파, 이 두 교파의 대립은 향후 약 백 년간 지속되었다.

프랑크 왕국의 등장

이 지루한 대치 상황에 큰 변화를 일으킨 것은, 천 년이 넘는 동로마 제국 역사상 가장 위대한 명군으로 칭송받는 유스티니아누스 1세(재위 527~565)였다. 그의 휘하에는 마찬가지로 기나긴 동로마 역사상

유스티니아누스 1세(중앙)와 신하들. 유스티니아누스 좌측 인물이 벨리사리우스로 추정된다.

최고의 명장으로 꼽히는 벨리사리우스(505~565)가 있었다. 벨리사리우스는 유스티니아누스 1세의 명을 받들어 반달 왕국과 동고트 왕국을 차례로 무너트렸다. 이로써 아리우스파의 세력은 심각하게 훼손되었다. 이제 그들의 수호자는 이베리아반도에 남아 있던 서고트 왕국이 유일했다. 하지만 서고트 왕국의 형편도 위태롭기는 매한가지였다. 그들은 북쪽에서 프랑크 왕국의 강력한 압박을 받고 있었다. 그리고 프랑크 왕국은 다른 게르만 왕국들과 달리 정통교회에 속해 있었다.

프랑크 왕국의 역사에서 가장 먼저 언급해야 할 인물은 클로비스

1세(재위 481~511)다. 그는 수많은 작은 부족들의 집합체였던 프랑크족을 통합하고 왕위에 올랐다. 그의 치세에 프랑크 왕국은 선배 게르만 국가들인 서고트 왕국과 동고트 왕국의 압박을 좌우에서 받고 있었다. 아마도 이처럼 고달픈 국제관계가 그로 하여금 정통 교회로 개종하게 된 결정적인 계기가 아니었나 싶다. 두 이단 국가 사이에 정통교회를 믿는 왕국이 성립하자, 동로마 제국은 전폭적인 지지를 보냈다. 심지어 클로비스를 제국 최고 관직인 집정관으로 임명할 정도였다. 아무리 허울뿐인 직책이라도 이는 대단한 명예였다. 실제로 그 후 프랑크 왕국의 세력은 급속히 팽창했다. 클로비스의 치세 초기만 해도 프랑크 왕국은 서고트 왕국에 조공을

클로비스 1세 시대의 프랑크 왕국

해야 하는 처지였지만, 그의 치세 말기에 이르자 두 왕국의 관계
는 역전되어 서고트 왕국이 열세에 놓였다.

클로비스로부터 시작된 왕조를 메로빙거 왕조(481~751)라 한다.
메로빙거 왕들의 통치하에 프랑크 왕국은 꾸준히 성장했다. 특히
6세기 중엽 유스티니아누스 1세의 정복사업으로 동고트 왕국이
무너지며 이탈리아 정세가 크게 요동친 것은 프랑크 왕국에게 매우
좋은 기회가 되었다. 이때 프랑크 왕국은 중부 유럽 쪽으로 팽창
할 수 있었다.

프랑크왕국의 시선이 독일과 이탈리아 쪽을 향한 덕분에 이베리
아반도의 서고트 왕국은 한숨 돌릴 수 있었다. 하지만 그들에게도
기어이 최후의 순간이 다가왔다. 그런데 그것은 프랑크 왕국 때문
이 아니었다. 이슬람교도들 때문이었다.

이슬람교의 성립

611년, 아라비아반도의 작은 도시 메카의 상인 무함마드(570~632)는
어느 날 문득 천사를 통해 신의 계시를 받고 새로운 종교를 창시했
다. 그것이 바로 이슬람교다. 그는 메카에서 열심히 포교활동을 했지
만, 기득권의 탄압으로 많은 어려움을 겪었다. 이윽고 622년 그는 다
시 새로운 계시를 받고 메카를 떠나 메디나라는 다른 도시로 향한
다. 핍박을 견디지 못해 근거지를 옮긴 것인데, 이 사건을 헤지라
(Hegira)라 부른다. 헤지라는 성천(聖遷) 즉 '성스러운 옮김'이라는

메디나

사우디아라비아

메카

메카와 메디나

뜻이다. 메디나로 옮긴 이후 무함마드의 이슬람교가 기적적인 급성
장을 이루었던 까닭에 그런 이름이 붙은 것이다. 헤지라는 이슬람
달력에서 그 기원으로 삼을 정도로 중요한 사건이다.

헤지라 이후 이슬람교는 그야말로 불처럼 일어났다. 그들은 불과
이 년 만인 624년에 오히려 메카를 공격했고 630년에 함락시켰
다. 무함마드와 이슬람교의 거짓말 같은 역전승이었다. 무함마드는
632년에 세상을 떠났지만, 이슬람교의 기세는 멈출 줄 몰랐다.

이슬람교가 발생한 아라비아 지역은 엄밀히 말해 오지였다. 지
중해와 멀리 떨어진 탓에 고대 오리엔트 문명의 충분한 세례를 받
지 못했고, 문명권에 속한 사람들로부터 업신여겨지던 곳이었다.
유럽으로 치면, 로마인들이 경멸한 게르만족의 터전 게르마니아
와 비슷하다. 로마인들이 게르만족을 야만인이란 뜻의 '바바리안

(Barbarian)'이라 불렸던 것처럼, 오리엔트 사람들은 아라비아인들을 가리켜 '사라센(Saracen)'이란 경멸에 찬 말로 불렀다. 사라센은 '사막의 아들', 혹은 '사막 사람'이란 뜻인데, 문명의 혜택을 받지 못해 사막에서 천막이나 치고 사는 사람들이라고 얕보는 말이었다. 그런데 게르만족이 중세 유럽의 주인이 된 것처럼, 아라비아인들 또한 비슷한 시기에 오리엔트를 장악했으니, 우연이라기엔 참 묘한 데가 있다. 그리고 게르만족이 크리스트교로 정신 무장을 한 것처럼, 아라비아인들은 이슬람교에 스스로를 맡겼으니, 이 또한 묘하다.

우리는 『니벨룽의 노래』를 이야기하면서 게르만족의 호전성에 관해 알게 되었다. 그런데 아라비아 사람들도 그에 못지않게 용맹하고 호전적이었다. 그들의 용맹성은 동로마 제국의 숙적이었던 사산조 페르시아와의 오랜 대립을 통해 널리 알려졌다. 그 점을 주목한 동로마 황제들은 그들을 자주 용병으로 고용하곤 했다.

게르만족의 경우와 마찬가지로, 아라비아인들의 용맹성은 사실 그들이 덜 문명화되었다는 점에 기인했다. 그런데 그 점은 동시에 그들의 한계로 작용하기도 했다. 아라비아반도 전역에 흩어진 수많은 부족들을 하나로 묶을 뚜렷한 종교나 사상이 없었던 것이다. 그래서 그들은 고대부터 중세까지 오리엔트 지역을 거쳐 간 숱한 왕국, 제국들의 들러리 신세에 만족할 수밖에 없었다. 그런데 7세기에 접어들며, 이슬람교가 비로소 그런 통합과 결집의 구심점 역할을 맡게 된 것이다.

두 종교의 충돌

무함마드 사후에도 그 후계자들의 지도 아래 이슬람 세력은 눈부신 팽창을 거듭했다. 무함마드의 후계자들에게는 칼리프라는 칭호가 붙었다. 칼리프는 '선지자의 대리인'이라는 뜻인데, 신이 내려 보낸 최후의 선지자 무함마드를 대신하는 사람이라고 할 수 있다. 초기의 칼리프들은 회의를 거쳐 선출되었으나, 6세기 후반부터 우마이야 가문이 세습하기 시작했다. 이것이 최초의 칼리프조인 우마이야조(661~750)다.

우마이야 칼리프조 시대에도 이슬람의 팽창은 꾸준히 이루어졌다. 오리엔트 지역을 접수한 그들은 북아프리카 일대를 석권한 후, 유럽까지 넘보기 시작했다. 그 관문이 된 것은 지브롤터해협의 좁은 바다를 건너면 바로 도착하는 이베리아반도였다.

우마이야 칼리프조의 침입이 본격적으로 시작된 711년 이베리아반도에는 여전히 서고트 왕국이 버티고 있었다. 그러나 그들은 비록 크리스트교라도 아리우스파였으므로, 동로마 제국은 물론 인접한 프랑크 왕국과 심각한 갈등관계에 있었다.* 이슬람 세력의 침입이 이런 서고트 왕국의 외교적 고립까지 염두에 두고 이루어졌는지는 확실하지 않다. 그러나 워낙 기울어가던 서고트 왕국이 속절없이 무너진 것은 분명한 사실이다. 이슬람 군대는 순식간에 이베

---

* 서고트 왕국도 590년에 정통교회로 뒤늦게 개종하기는 했다. 하지만 여전히 크리스트교 세계의 변방으로 취급받았다.

레오 3세 시대의 동로마 영토(연한 색깔이 이슬람의 침입이 있었던 곳)

리아반도를 통째로 접수했다.

하지만 그토록 거침없던 우마이야 칼리프조의 팽창은 두 차례 큰 좌절을 겪는다. 첫 번째 좌절은 718년 소아시아에서 일어났다. 그들이 서고트 왕국을 멸망시킨 지 불과 칠 년 만의 일이었다. 그 좌절을 선사한 것은 역시 동로마 제국이었다. 이슬람의 팽창은 동로마 제국의 국경을 향해서도 거침없이 이루어지고 있었다. 이윽고 칼리프의 군대는 제국의 중추인 소아시아로 향했다. 하지만 제국의 저력은 아직 무시할 수 없는 것이었고, 당시 황제인 레오 3세(재위 717~741)는 상당히 뛰어난 통치자였다. 그는 흩어져 있던 제국 군대를 모아 매서운 반격을 시도했고 큰 성공을 거두었다. 이슬람 군대는 박살난 채 도주했다. 그리고 그들은 한동안 소아시아를 넘보지 못했다.

두 번째 좌절은 그로부터 십사 년 뒤인 732년 프랑스 남부에서 맛보았다. 이베리아반도의 이슬람 군대는 피레네산맥을 넘어 프랑크 왕국을 본격적으로 침공했다. 그러자 프랑크 왕국에서는 재상 샤를 마르텔(688~741)이 병력을 모아 이를 요격하러 나섰다. 당시 메로빙거 왕조의 왕권은 매우 약해졌고, 실권은 대대로 재상직을 세습하던 카롤링거 가문이 쥐고 있었다. 샤를 마르텔 또한 카롤링거 가문 출신의 재상이었다.

샤를 마르텔은 투르에서 벌어진 전투에서 이슬람 군대를 물리치는 데 성공했다. 이 승리는 두 가지 중요한 결과를 낳았다. 이슬람 군대를 계속 이베리아반도에 묶어놓은 것이 그 하나고, 그의 아들 대에 이르러 왕좌를 차지하는 발판을 마련해준 것이 나머지 하나였다. 샤를 마르텔은 재상 자리에 만족했지만, 아들 페펭 3세(재위 751~768)는 그러지 않았다. 751년, 페펭은 메로빙거 왕조의 마지막 왕을 왕좌에서 끌어내리고 스스로 그 자리에 올랐다. 이로써 카롤링거 왕조(750~887)가 시작된 것이다.

711년과 732년에 겪은 두 실패는 우마이야 칼리프조에 치명상을 입혔다. 그들의 권위는 땅에 떨어졌고, 750년에는 급기야 압바시야 가문에 칼리프 자리마저 빼앗겼다. 우마이야 칼리프조의 멸망은 그 세력권의 끄트머리였던 이베리아반도에도 파장을 일으켰다. 그러나 이베리아반도는 끝내 압바시야 칼리프조의 수중에 넘어가지 않았다. 756년 우마이야 가문의 일원인 아브드 알 라흐만(731~788)

이 그곳으로 건너가 코르도바를 거점으로 후기 우마이야 칼리프
조(756~1031)를 세웠던 것이다. 『롤랑의 노래』의 배경이 된 샤를마
뉴의 이베리아 원정을 막아낸 것도 후기 우마이야 칼리프조였다.
이 칼리프조는 1031년까지 이베리아반도에 남아 있었다.

교회의 새로운 분열

크리스트교는 공인되자마자 정통교회와 아리우스파로 분열한 바
있다. 그러나 6세기 중반 유스티니아누스 대제에 의해 반달 왕국과
동고트 왕국이 잇달아 멸망하면서 아리우스파 세력은 급속히 몰락
했다. 비록 서고트 왕국이 남아 있었지만, 그 존재감과 영향력은 미
미했다. 교회는 사실상 통일 상태나 마찬가지였다. 그러나 8세기 초
에 또 한 번의 심각한 분열이 발생했다.

크리스트교의 새로운 분열은 또 한 명의 걸출한 동로마 황제 레
오 3세로부터 비롯되었다. 그는 틀림없이 명군이었다. 황제가 되기
전에는 뛰어난 학자로 유명했으며, 제위에 오른 후에는 군사적 재
능까지 과시했다. 718년 소아시아에 침입했던 이슬람 대군을 격파
한 것이 바로 그였다. 종교적으로도 매우 독실했던 레오 3세는 실
로 완벽한 황제처럼 보였다. 그러나 그의 지나친 신앙심이 화근이
되었다.

레오 3세는 당시 교회를 장식하고 있던 예수 그리스도와 성모
마리아의 수많은 조각상들에 몹시 못마땅한 눈길을 보내고 있었

다. "우상을 숭배하지 말라"는 십계명의 한 구절을 대놓고 위반했다고 봤기 때문이다. 이윽고 그는 모든 우상을 파괴하라는 '우상파괴령'을 선포하기에 이른다.(726) 그의 명이 직접적인 영향력을 발휘하던 제국 내의 수많은 교회들에서 대대적인 성상(그의 입장에선 우상)파괴가 행해졌다. 이는 오늘날의 학자들이 가장 크게 탄식하는 대목이기도 하다. 그로 인해 동로마의 찬란한 문화유산들이 대거 소멸했기 때문이다.

그러나 우상파괴령은 제국의 국경 밖에서는 잘 먹히지 않았다. 교황이 있던 이탈리아도 마찬가지였다. 당시 교황 그레고리우스 2세(재위 715~731)는 공식적으로 우상파괴령을 거부했다. 황제는 노발대발했지만 딱히 어쩔 도리가 없었다. 이슬람 세력과 대치중이던 동쪽 전선에 병력이 집중된 탓에, 서쪽 국경 너머에 있던 교황까지 응징할 여력은 없었던 것이다. 결국 황제는 크게 체면을 구겼다. 우상파괴령은 현자(賢者)로 이름 높던 레오 3세의 가장 큰 패착으로 남았다.

황제와 교황의 대립은 개인적인 문제가 아니었다. 로마 제국이 동서로 나뉘고 서로마가 멸망한 후에도, 동쪽과 서쪽에는 아직 남은 연결고리가 있었다. 그것은 바로 교회였다. 명목상 정통교회의 최고 수장은 황제고, 교황은 그 바로 아래에 있는 존재였다. 때문에, 로마라는 도시가 제국의 영토에서 완전히 벗어났음에도, 황제는 교황의 든든한 보호자이자 성가신 상급자로서 영향력을 행사하고 있었다. 하지만 레오 3세의 우상파괴령으로 인해 그 연결고

211

리마저 끊어진 것이다. 이것은 동쪽과 서쪽의 완벽한 단절을 의미했다. 이후 동로마 쪽의 교회를 정통교회라는 의미에서 정교(正敎, Orthodox)라 부르고, 서유럽 쪽의 교회를 로마 카톨릭(Roman Catholic)이라 부르게 되었다.

샤를마뉴, 황제가 되다

우상파괴령을 둘러싼 갈등으로 피해를 입은 건 교황도 마찬가지였다. 좋건 싫건 동로마 황제는 교황의 유일한 보호자였다. 당시 이탈리아에는 게르만족 출신의 귀족들이 넘쳐났다. 그들의 지적 수준은 형편없었고, 게르만족의 후예답게 매우 난폭했다. 크리스트교 신자이면서도 힘없는 교황을 업신여기기 일쑤였다. 수틀리면 교황을 위협하는 일이 예사였고, 심지어 폭력을 행사하기까지 했다. 그나마 황제의 보호를 받던 동안에는 그들이 마지막 선만은 넘지 않았지만, 이제는 그조차 장담할 수 없게 된 것이다. 군사력을 갖지 못한 교황이 새로운 보호자를 물색하게 된 것은 자연스런 일이었다.

이때 교황의 눈에 띈 것이 바로 프랑크 왕국의 야심만만한 재상 페펭이었다. 실력으로는 이미 왕이나 다름없던 그는 정통성 때문에 차마 왕위에 오르지 못하고 있었다. 그런 그에게 당시 교황 자카리아스(재위 741~752)가 접근했다. 실력은 있지만 권위가 없던 페펭과, 권위는 있지만 실력이 없던 교황의 결속은 매우 절묘했다. 결국 교황의 전폭적인 지지를 받은 페펭은 메로빙거 왕조를 끝장내

샤를마뉴의 서로마 황제 대관식

고 카롤링거 왕조 시대를 열었다. 그 대가로 교황은 북이탈리아의 엄청난 토지를 받았다. 이것이 바로 교황령이다.

카롤링거 왕실과 로마 교황청의 밀월관계는 페펭 3세와 자카리아스 이후로도 한동안 지속되었다. 페펭의 아들 샤를마뉴는 왕위에 오른 뒤 왕국의 영토를 무려 두 배 가까이 넓혔다. 그리고 그 찬란한 군사적 업적 뒤에는 늘 교황들이 있었다. 교황들은 언제나 하느님의 이름으로 그의 야심찬 정복사업들을 축복해줬다. 그리고 그 대가로 막대한 토지를 받았다.

샤를마뉴의 정복사업은 거의 매번 종교적 임무란 이름으로 포장되었다. 실제로 그의 원정은 주로 이단이나 이교도를 처벌하는 형태를 띠었다. 『롤랑의 노래』의 배경이 된 이베리아반도 원정은 당연히 그 대표적 사례 중 하나다. 그리고 롱스보 전투의 패배는 샤를마뉴에게 무척 창피한 일이었겠지만 치명타는 결코 아니었다. 그 후로도 샤를마뉴의 프랑크 왕국은 어마어마한 세력을 과시했다. 이는 마침내 교황으로 하여금 샤를마뉴에게 서로마 황제의 관을 바치는 엄청난 결과를 낳았다.(800) 서로마 제국이 멸망한 지 이백 이십여 년 만에 새로운 황제가 출현한 것이다. 샤를마뉴에게 황제의 관을 바친 교황의 이름은 레오 3세(재위 795~816)였다. 74년 전 우상파괴령을 억지로 밀어붙인 끝에 교회 분열의 빌미를 제공한 동로마 황제와는 동명이인이다. 이 또한 참으로 묘한 우연이다.

『롤랑의 노래』속 중세 세계관 분석

『롤랑의 노래』는 늦어도 12세기 초에 완성된 것으로 알려진 프랑스의 무훈시다. 앞서 살펴봤던 독일의 『니벨룽의 노래』, 그리고 영국의 『아서 왕 이야기』와 함께 중세 기사문학을 대표하는 작품 중 하나로 꼽힌다.

　『롤랑의 노래』는 1200년경 완성된 『니벨룽의 노래』보다 수십 년 먼저 완성된 작품이지만, 오히려 수백 년 뒤에 있었던 일을 다루었다. 때문에 『니벨룽의 노래』보다 농익은 중세의 향취가 배어 있다. 간단하게 말하자면, 『니벨룽의 노래』는 고대와 중세의 과도기적 작품인데 비해 『롤랑의 노래』는 완연한 중세적 작품이라는 뜻이다.

크리스트교적 세계관이 드러나는 선명한 이분법적 묘사

『롤랑의 노래』의 가장 큰 특징은 놀라울 정도로 뚜렷한 이분법적 세계관이다. 그리고 그 이분법의 기준은 종교다. 다시 말해, 크리스트교 세력과 비 크리스트교 즉 이슬람교 세력으로 양분한 것이다. 그리고 이 기준에 따라 선악과 강약까지 극명하게 나누고 있다. 즉 크리스트교도들은 선하고 강하며, 이슬람교도들은 악하고 약하게 묘사된 것이다.

이는 앞선 시대의 작품들과는 분명 다른 점이다. 『일리아스』는 그리스 대 트로이라는 두 진영으로 나뉘어 있음에도 불구하고, 선악과 강약이 뚜렷이 갈리지는 않았다. 예를 들어, 헥토르는 트로이 사람임에도 고결한 영웅이었고, 아가멤논은 그리스군 총수였지만 탐욕스러운 소인배였다. 그 외에도 아이네이아스를 비롯한 트로이 장수들이 그리스 장수들에 비해 용렬하게 그려지는 일은 없었다.

중세 초 작품인 『니벨룽의 노래』는 더욱 그렇다. 『니벨룽의 노래』는 아예 진영 구분조차 명확하지 않다. 이 부에서는 그나마 훈족 왕국이 부르군트 왕국과 대척점에 놓여 있지만, 일 부는 부르군트 왕국 안에서 일어나는 이야기일 뿐이다. 또한, 이 부에서 나타나는 부르군트인들과 훈족의 대립구도도 딱히 선명하지 않다. 부르군트인들은 선하고 강하며 훈족 사람들은 악하고 약하다는 식의 서술은 이루어지지 않는다. 물론 부르군트인들을 가리켜 최고의 용사들이라 말하지만, 뤼디거, 디트리히, 힐데브란트도 그에 못지않은 훌륭한 영웅들로 그려진다. 최고 악역은 당연히 하겐인데, 앞서 살펴보았듯 그 또한 맹목적으로 악행을 반복하는 단순한 악당은 아니다. 더불어 크림힐트 또한 하겐 뺨치게 선악을 넘나드는 인물이다.

하지만 『롤랑의 노래』는 다르다. 크리스트교냐 아니냐에 따라 진영을 깔끔히 둘로 나누고, 선악과 강약을 반으로 뚝 잘라 한쪽에 몰아준다. 예를 들어, 샤를마뉴 휘하의 12용사들은 천하에 비할 데 없는 영웅들이다. 여기서 우리는 12라는 숫자에 주목해야 한다. 샤를마뉴와 12용사는 예수 그리스도와 12제자를 본 딴 것임에 틀림없다. 그리고 또 재미있는 점은, 이슬람 진영에도 똑같이 12명의 용사가 등장한다는 사실이다. 그러나 사라센 12용사들은 프랑스 12용사들과 마주치자 추풍낙엽처럼 쓰러진다. 결국 그들은 크리스트교 용사들의 영웅성을 돋보이게 하기 위한 소모품에 지나지 않은 것이다. 이는 『일리아스』에 그려진 트로이인들의 용맹, 그리고 『니벨룽의 노래』의 훈족 사람들이나 하겐의 영웅성과 비교하면 굉장히 다른 묘사다.

크리스트교와 이슬람교 양측 군주들에 대한 묘사도 극과 극이다. 샤를마뉴는 티끌만 한 흠도 찾아볼 수 없으리만치 완전무결한 사람이다. 그에 반해, 이슬람 군주들의 모습은 실로 형편없다. 마르실왕은 항복하는 척해놓고는 배신자 가늘롱과 배가 맞아 간사한 계략이나 꾸미다가 일이 잘못되자 겁에 질린 나머지 스스로 목숨을 끊는 비열하고 한심한 작자다. 마르실을 도와주러 온 발리강도 마찬가지다.『롤랑의 노래』작가는 그와 샤를마뉴가 일대일 대결을 벌이는 차마 웃지 못할 장면까지 끼워 넣었다. 그 역시 처음에는 대단한 기세를 뽐냈으나, 샤를마뉴의 손에 비참하게 죽는 용렬한 위인이다.

이처럼 극단적인 이분법적 묘사는 크리스트교 세계관에서 비롯된 것임이 틀림없다. 크리스트교가 장악하기 전의 유럽에는 그런 극단적인 세계관이 없었다. 고대 유럽을 장악하고 있던 두 세계관, 그리스·로마 신화와 게르만 신화의 세계관은 그토록 이분법적이지 않았다. 그리스·로마 신화에도 신들과 대립하는 티탄족이 나오긴 하지만 그들의 존재는 매우 약하다. 따라서 그리스·로마 신들은 자유롭고 여유롭게 생활한다. 게르만 신화는 그보다는 약간 이분법적인 면이 강하긴 하다. 오딘과 토르를 비롯한 신족에 맞서는 거인족이 등장한다. 하지만 그 양상은 그리 극단적이지 않다. 신족과 거인족 외에도 제삼 세력이 있으며, 신족과 거인족의 대립 자체도 치열하진 않다. 게르만 신화 곳곳에서는 신들과 거인들이 교감하거나 소통하는 장면이 나온다. 특히 말썽쟁이 로키는 신과 거인의 혼혈로, 양측을 넘나들며 온갖 장난을 친다.

반면, 크리스트교의 세계관은 뚜렷하게 이분법적이다. 그 기준은 간단하다. 신의 말씀을 따르는 자와 따르지 않는 자. 더 쉽게 말하면, 하느님과 예수님을 믿는 자와 믿지 않는 자. 더더욱 쉽게 말하자면, 크리스트교도와 이교도다. 이는 진영 논리라 할 수도 있다.

우리 편이냐 아니냐 하는 것 말이다. 이런 진영 논리는 그 진영에 속한 구성원들에게 강력한 소속감을 주며, 거기서 이탈한 구성원에게는 엄청난 박탈감을 준다.

크리스트교의 이분법적 논리를 상징하는 대표적인 사례가 유명한 '카노사의 굴욕'(1075)이다. 이 사건은 신성 로마 제국 황제 하인리히 4세(재위 1056~1105)와 교황 그레고리우스 7세(재위 1073~1085)의 갈등에서 비롯되었다. 둘은 서임권 즉 성직자 임명권을 두고 날카롭게 대립했다. 특정 지역의 성직자를 임명할 권한을 갖는 것은 황제나 교황의 권위를 강화하거나 과시할 수 있는 좋은 수단이었기 때문이다. 이탈리아 북부의 대도시 밀라노 주교를 황제가 멋대로 임명하자 교황은 매우 분노했다. 이때 교황이 황제를 응징하기 위해 택한 방법은 파문이었다. 황제를 더 이상 크리스트교도로 간주하지 않겠다는 뜻으로, 크리스트교 진영에서 추방한 셈이었다. 크리스트교 국가에서 크리스트교도 백성들을 다스려야 할 황제를 불구자로 만든 것이다. 고립무원이 된 황제는 순식간에 심각한 정치적 위기를 맞았고, 이내 교황을 찾아가 부디 파문을 철회해달라고 빌었다. 당시는 매우 추운 겨울이었는데, 황제는 교황이 있던 카노사라는 곳을 찾아가 사흘간 차가운 눈밭에서 맨발로 빌었다. 결국 황제를 용서한 교황은 파문을 취소했다. 중세 후기의 교황권이 얼마나 강력했는지 잘 보여준다.

카노사의 굴욕 사건에서 교황이 황제를 쉽게 굴복시킬 수 있었던

REX ROGAT ABBATEM MATHILDIM SUPPLICAT ATQ.;

카노사의 굴욕

비결은 바로 크리스트교의 이분법적 세계관에 있다고 할 수 있다. 세상을 크리스트교 진영 안과 밖으로 나누고, 그 밖에 있는 자들에게 강렬한 적개심을 품는 관점 말이다. 그것이 하인리히 4세가 눈밭에서 싹싹 빌게 만든 이유였던 동시에, 『롤랑의 노래』에서 프랑스인들과 사라센인들의 인품과 능력에 엄청난 차이가 나타난 이유이기도 하다.

수많은 오류들

『롤랑의 노래』는 나름대로 매력적인 작품이지만, 역사학적인 측면에서 보면 크고 작은 오류가 많다. 그 오류들은 크게 두 종류로 나눌 수 있다. 고의적인 것과 실수로 저질러진 것. 물론 고의인지 실수인지 분명치 않은 것들도 있다. 아무튼 고의이건 실수이건 오류들은 또 오류 나름의 의미가 있다. 그런 오류가 나타난 배경 또한 그 시대의 역사적 배경이기 때문이다.

황제 샤를마뉴

『롤랑의 노래』에서 샤를마뉴는 때로는 황제로 때로는 왕으로 묘사된다. 그렇다면, 실제로 샤를마뉴는 황제였을까, 왕이었을까? 엄밀히 말하면, 둘 다 맞다. 그는 원래 왕이었지만 황제 자리에까지 올랐다. 샤를마뉴는 768년에 프랑크 왕국의 왕으로 즉위했다. 그리고 800년에는 서로마 제국 황제 대관식을 치렀다. 즉 왕에서 황제로 그 신분이 격상되었던 것이다. 따라서 그는 왕이기도, 황제이기도 했다.

　하지만 『롤랑의 노래』에서는 원칙적으로 그를 왕이라 칭하는 것이 옳다. 이야기의 배경인 롱스보 전투는 샤를마뉴가 아직 황제가 되기 전인 778년의 일이기 때문이다. 다만, 『롤랑의 노래』 작가는 이렇게 변명할 수도 있다. 『롤랑의 노래』는 샤를마뉴가 죽은 지 삼백 년가량 지난 후에 완성된 작품이므로, 샤를마뉴의 최종적 지위였던 황제라 칭한 것이라고. 그러나 이 변명도 반박의 여지가 있다. 만약 본문의 서술 속에서만 황제라 했다면 그럴 수도 있겠지만, 등장인물들의 대사 속에서도 황제라 부르는 경우가 많다. 이는 변명의 여지가 없다.

　그렇다면, 이런 오류는 왜 나온 것일까? 둘 중 하나로 볼 수 있다. 작가가 샤를마뉴를 황제로 기억하고 있는 후세 사람이므로 무의식중에 황제라 한 것이거나, 아니면 크리스트교 세계의 수호자를 최대한 드높이기 위해 일부러 의도한 것이거나.

아름다운 프랑스

『롤랑의 노래』에서 프랑스는 그냥 프랑스로 불리지 않는다. 거의 매번 '아름다운' 프랑스라 수식된다. 아름답다는 것은 'dulce'의 번역이다. 'dulce'는 아름답다, 향기롭다, 즐겁다, 달콤하다 등의 뜻을 가진 단어다. 따라서 향기로운 프랑스, 즐거운 프랑스 등으로 번역해도 옳다. 재미있는 사실은 작품 속 이슬람교도 역시 '아름다운 프랑스'라 말하는 경우가 많다는 것이다. 프랑스를 미화하려는 의지가 너무 강했던 모양인데, 오히려 사라센인들을 적국을 칭찬하는 신사적인 사람처럼 보이게 만들었다.

정작 문제의 소지가 있는 건 오히려 '프랑스'라는 명칭 자체다. 샤를마뉴 시대에는 아직 프랑스가 아닌 프랑크 왕국이라 하는 게 옳다. 당시 프랑크 왕국은 오늘날의 프랑스는 물론, 독일, 오스트리아, 북부 이탈리아에 걸친 어마어마한 영토를 자랑하고 있었다. 샤를마뉴가 괜히 서로마 제국 황제로 추대된 게 아니다. 그리고 프랑크 왕국은 샤를마뉴가 사망한 지 오래 지나지 않아 자손들의 영토 분쟁 끝에 서프랑크, 동프랑크, 중프랑크 세 덩이로 분열되었다. (843, 베르됭조약) 그중 서프랑크 왕국이 현재 프랑스의 영토와 거의 일치한다. 그리고 서프랑크 왕국은 카롤링거 왕조가 끊기고 카페 왕조(987~1328)가 들어선 지 꽤 지난 후에야 서서히 프랑스라 불리기 시작했다.

프랑크 왕국을 굳이 프랑스라 부른 것은, 『롤랑의 노래』가 프랑크 왕국이 분열된 지 삼백 년 가까이 지난 시점에서 완성되었기 때문이라 짐작된다. 서프랑크의 후손인 프랑스인들이 동프랑크와 중프랑크의 후손인 독일(신성 로마 제국)이나 북부 이탈리아와 더 이상 큰 동질감을 갖지 않았으므로, 위대한 샤를마뉴를 독점하고 싶었던 것이 아닐까.

'알 칼리파' 마르가니스

『롤랑의 노래』에서 가장 아쉬운 점은 곳곳에서 나타나는 이슬람교에 대한 잘못된 서술이다. 일부러 이슬람교를 폄훼하려는 의도가 있는 부분이 보이기도 하고, 당시 유럽인들이 가진 이슬람 세계에 대한 잘못된 상식도 보인다. 『롤랑의 노래』가 완성된 12세기 전반이 십자군전쟁을 통해 좋든 싫든 이슬람 세계와의 접촉이 본격적으로 시작된 후라는 점을 감안하면, 당시 유럽인들의 이슬람교에 대한 무지에 더욱 놀라지 않을 수 없다.

『롤랑의 노래』에서 당시 이슬람에 대한 유럽의 무지가 드러나는 가장 대표적인 대목은 마르실왕의 숙부에 관한 것이다. 허구의 인물이지만, 그는 마르가니스라는 이름을 갖고 있는데, 그 이름보다는 '알 칼리파' 혹은 '칼리파'라는 직함으로 불리는 경우가 많다. 여기서 눈여겨봐야 할 것은 그 '칼리파'라는 직함이다. 앞서 살펴봤듯 선지자 무함마드가 죽은 후 이슬람교도들은 지도자를 칼리프(Caliph), 혹은 칼리파(Khalifah)라 불렀다. 칼리프는 '선지자의 대리인'이라는 뜻으로, 수백 년 뒤 '술탄(Sultan)'이 이슬람권의 최고 정치 지도자를 일컫는 말로 사용되기 전까지, 정치와 종교를 아우르는 이슬람 세계 최고 지도자를 칭하는 단어로 쓰였다.

그런데 『롤랑의 노래』에서 소개하는 마르가니스는 특정 지역의 영주 혹은 태수 같은 존재다. 적어도 이슬람 세계의 총지도자는 아니다. 그런 사람에게 '칼리파'는 너무 과분한 칭호다. 차라리 본문에서 '왕'으로 묘사되는 마르실이나, 처음 등장할 때 '모든 이슬람교도들의 우두머리'로 소개된 발리강에게 그 칭호를 주는 것이 옳다. 이 사소해 보이지만 중요한 오류 속에 딱히 이슬람을 폄하하려는 의도는 보이지 않는다. 이슬람 세계에 대한 유럽의 무지의 소치가 드러난 부분이라 할 수 있다.

양측의 병력

『롤랑의 노래』에서 롤랑은 이만 병력을 이끌었고, 이를 공격한 마르실왕의 사라센 군대는 무려 사십만에 달하는 대군으로 묘사된다. 그러나 이는 심하게 부풀려진 수치다. 배경이 된 롱스보 전투에서 프랑스군은 실제로 약 삼천 명이었다. 적군은 그저 대군이었다고만 전해질 뿐 확실치 않다. 하지만 사십만이라는 숫자가 터무니없는 것은 확실하다. 우선 롱스보 전투에서 프랑크군과 싸운 것은 이베리아반도의 사라센이 아닌 가스코뉴 공국의 바스크족이다. 왕국도 아닌 일개 공국에서 사십만이라는 엄청난 병력을 동원할 수 있었을 리 없다. 당시 가스코뉴 공국의 전체 인구가 사십만이나 되었을지조차 의심스럽다.

사십만이라는 숫자가 얼마나 얼토당토않은 것인지 구체적으로 살펴보자. 중세 유럽의 세 가지 중요한 전투들을 예로 들자. 첫 번째는 1071년에 있었던 만지케르트 전투다. 만지케르트 전투는 동로마와 셀주크투르크라는 두 제국이 소아시아의 패권을 두고 싸운 큰 전투였다. 당시 동로마는 약 칠만 병력을 동원했고, 실제로 전투에 투입한 병력은 이, 삼만이었다고 한다. 셀주크 측도 이, 삼만 병력을 투입했다고 한다.

두 번째는 1187년에 있었던 하틴 전투다. 이는 예루살렘의 십자군 왕국과 살라딘이 이끄는 이슬람 군대가 격돌한 사건이었다. 이 전투에서 살라딘은 삼만 병력을 동원했고, 예루살렘 측의 병력은 이만을 조금 넘은 것으로 알려졌다.

마지막은 백년전쟁 초기인 1415년에 있었던 아쟁쿠르 전투다. 이때 프랑스는 이만에서 삼만육천의 병력을 동원했고, 영국은 겨우 육천 명에 불과했다. 이처럼 11세기, 12세기, 15세기에 제국과 왕국이 국운을 걸고 동원한 병력이 고작 이 정도였는데, 인구가 훨씬 적었던 8세기에 일개 공국이 사십만을 동원한다? 아무리 옛날이야기 속의 허풍이라지만, 너무 심한 과장이다. 가스코뉴 공국이 아니라 이베리아반도 전체의 사라센 군대라 해도 과장이 심하긴 매한가지다.

심지어 바빌로니아의 발리강이 이끌고 온 병력은 무려 백만에 가깝다. 서른 개의 군단을 이끌고 왔는데, 그중 가장 작은 군단이 삼만 명이라고 했다. 백만이라⋯⋯. 이는 설명도 필요 없을 정도로 터무니없는 숫자다.

무함마드, 아폴린, 테르바강

『롤랑의 노래』 전체에서 가장 황당한 부분은 이슬람교도가 무려 세 명의 신을 섬기는 설정이다. 이는 정말 말도 안 되는 서술이다. 이슬람교는 크리스트교처럼 오직 하나의 신만 섬기는 유일신교다. 오히려 크리스트교보다 더 엄격한 유일신교라 할 수도 있을 것이다. 크리스트교가 창시자 예수 그리스도를 성자로 신격화하여 성부 하느님과 동등하게 보는 반면, 이슬람교는 창시자 무함마드를 그저 선지자에 머물게 했다. 무함마드는 어디까지나 그저 인간에 지나지 않는다. 비록 가장 '특별한 인간'이긴 하지만.

『롤랑의 노래』에서 사라센인들이 섬기는 신들을 구체적으로 살펴보면 더욱 황당하다. 첫 번째 신은 바로 무함마드다. 방금 서술했다시피, 이슬람교도는 창시자 무함마드에게 신의 지위를 주지 않았다. 그들이 섬기는 유일한 신은 바로 '알라(Allāh)'다. 알라라는 말 자체가 '지극히 높은 존재'로서 곧 신을 의미한다. 따라서 한국에서 가끔 사용되는 '알라신'이란 말도 잘못된 것이다. 뜻을 풀이하면, '신신'이 된다. '신작로길' '역전 앞' 등과 마찬가지 경우다. 그런데 『롤랑의 노래』에서 '알라'라는 말은 단 한 번도 나오지 않고, 선지자 무함마드가 사라센인들이 섬기는 신으로 나온다.

또 다른 신들인 아폴린과 테르바강도 황당하기는 마찬가지다. 일단 아폴린의 정체가 대체 뭔지 짐작하기가 어렵다. '사탄의 아버지'라는 뜻의 아블라인, 혹은 '사탄의 아들'이라는 뜻의 이븐알라인의 변형이라는 설도 있지만 확실치 않다. 심지어 그리스 신화의 아폴론(로마에서는 아폴로)이라는 설도 있다. 얼핏 들으면 황당하지만 나름 설득력 있는 구석도 있다. 그리스 신화에서 아폴론은 태양신이었다. 즉 빛의 신이었던 셈이다. 그런데 크리스트교에는 루시퍼라는 악마가 있다. 원래는 하느님께 가장 총애 받는 '빛의 천사'였는데 타락하여 악마가 되었다고 한다. 유럽이 크리스트교 세상이된 후 이교의 거짓 신으로 전락한 아폴론과 성경 속 타락천사 루시퍼를 '빛'이라는 공통분모로 연결시켜, 사라센인들이 섬기는 신들중 하나로 『롤랑의 노래』에 등장시킨 것은 아닐까?

실제로 그리스와 로마의 옛 신들이 중세에 접어들며 저열한 지위로 떨어진 사례들이 있다. 『롤랑의 노래』에도 유피테르(제우스)가지옥으로 안내하는 사자처럼 묘사된 대목이 나온다. 분명한 것은, 『롤랑의 노래』 속 아폴린이 악마와 결부된 존재로서 사라센인들의사악함을 상징하는 데 쓰였다는 점이다.

가장 황당한 것은 테르바강이다. 테르바강은 도대체 어디서 비롯된 신인지 그 근원조차 짐작하기 어렵다.

마지막으로 황당한 점은 이슬람교도들이 이 세 신의 동상을 만들었다는 것이다. 이는 '우상을 섬기지 말라'는 교리도 크리스트교도들보다 더 철저하게 지킨 이슬람 입장에서는 정말 당혹스러워할 만한 묘사다. 가톨릭에서는 예수수난상이나 성모마리아상을신성시하지만, 이슬람교에는 그런 게 전혀 없다. 심지어 『롤랑의 노래』속 이슬람교도들은 마르실왕이 대패하고 돌아오자 동상들을 파괴하기까지 한다. 신들이 영험하지 못하다고 비난하면서. 정말 어처구니없는 대목이다.

『롤랑의 노래』의 작가는 이슬람교도를 우상을 섬기는 다신교도로 만들었다. 그만큼 당시 유럽에서 이슬람교의 본 모습을 알지 못했기 때문에 비롯된 실수였을까, 아니면 알면서도 이슬람교를 모욕하기 위해 의도적으로 날조를 저지른 것일까?

롤랑의 눈부신 전공

롤랑은 매우 장렬한 최후를 맞는다. 중상을 입고도 눈에 띄는 적들을 모두 물리친 그는 본격적으로 죽음을 맞을 준비를 한다. 특히 그는 자신의 명검 뒤랑달을 적의 손에 뺏기지 않고자 일부러 부러트리려 한다. 그는 검으로 바윗돌을 힘껏 내리치지만, 워낙 훌륭한 검인 탓에 부러지기는커녕 이도 나가지 않는다. 그러자 롤랑은 마치 검과 대화를 나누듯 독백한다.

"아, 뒤랑달, 그대 참으로 아름답고, 맑고, 눈부시도다! 햇빛 아래 불타듯 번쩍이는 모습이여! (……) 그대 덕분에 내가 앙주와 브르타뉴를 그분(샤를마뉴)께 복속시켰고, 그대의 도움으로 프와티에와 멘느를 그분께 바칠 수 있었노라. 자유의 땅 노르망디와 프로방스, 아키텐, 롱바르디아, 루마니아, 바이에른, 플랑드르, 부르고뉴 (……) 콘스탄티노플 (……) 작센 (……) 스코틀랜드와, (……) 잉글랜드 역시,

그대의 힘을 빌려 얻을 수 있었노라."*

롤랑은 뒤랑달을 들고 샤를마뉴를 위해 정복했던 수많은 지명을 열거한다. 글로 다 옮기기도 힘들 정도로 많은 곳들이다. 그런데 뒤로 갈수록 황당한 지명들이 나온다. 대표적으로 콘스탄티노플, 스코틀랜드, 잉글랜드 세 곳을 예로 들 수 있다.

콘스탄티노플이 어디인가? 위대한 두 황제 콘스탄티누스 1세와 유스티니아누스 1세가 세우고 가꾼 곳이며, 오랜 세월 도시 중의 여왕으로 군림했던, 동로마 제국의 수도 아닌가? 롤랑이 그곳을 정복했다는 것은 샤를마뉴의 프랑크 왕국이 동로마 제국을 무너트렸다는 말이 된다.

그야말로 얼토당토않은 얘기다. 롱스보 전투가 벌어졌던 778년경의 동로마는 유스티니아누스 1세의 전성기에는 미치지 못했지만, 여전히 당대의 최강국이었다. 반세기 전에는 레오 3세가 이슬람 군대의 침공을 막아냈고, 롱스보 전투 직전까지 제위를 지켰던 콘스탄티누스 5세(재위 743~775) 또한 당시 가장 위협적이던 두 세력, 즉 북쪽의 불가르족과 동쪽의 이슬람교도들을 성공적으로 막아냈다. 그 후계자인 레오 4세(재위 775~780) 때에는 심지어 제국의 황태자와 프랑크 왕국 공주(샤를마뉴의 딸) 사이에 혼담이 오가기도 했다. 그런데 롤랑이 콘스탄티노플을 정복한다? 코웃음이 절로 나

---

*　저자 미상, 『롤랑전』, 이형식 옮김(궁리출판, 2005), 137쪽.

오는 이야기다. 롤랑은 물론 샤를마뉴조차 콘스탄티노플의 삼중성벽 안에 발을 디딘 적도 없다.

황당하기는 스코틀랜드와 잉글랜드도 마찬가지다. 샤를마뉴는 긴 통치기간 내내 정력적인 정복활동을 펼쳤고, 어마어마한 영토 확장을 이루었지만, 그의 군대가 향한 곳은 주로 중부 유럽이나 남부 유럽이었다. 그는 서쪽의 브리튼섬에는 별로 관심을 두지 않았다. 아마 별로 영양가 없는 척박하고 미개한 땅이기 때문이었을 것이다. 아무튼 샤를마뉴와 그의 군대는 도버해협을 건넌 적이 없다.

이런 터무니없는 구절이 들어간 이유도 뻔하다. 아마도 프랑스를 향한 애국심에 불타는 작가가 샤를마뉴의 위엄과 롤랑의 용맹을 조금이라도 더 부풀리기 위해 자신이 알고 있던 유럽의 모든 지명을 읊어댄 것이리라.

바빌로니아의 발리강

발리강은 큰 위기를 맞은 마르실 왕을 돕고자 대군을 이끌고 바다를 건너왔다가 샤를마뉴와의 치열한 일대일 대결 끝에 목숨을 잃은 바빌로니아 황제다.

그런데 뭔가 이상하다. 바빌로니아 황제라니? 8세기에 바빌로니아라는 나라가 존재했을까? 물론 아니다. 오늘날 이라크 쪽인 메소포타미아에서 발생한 바빌로니아라는 나라는 역사상 두 차례 존재했다. 구(舊) 바빌로니아는 기원전 20세기에 세워졌다가 기원전

16세기 초 히타이트에 의해 멸망했다. 그리고 기원전 7세기에 신(新)바빌로니아가 일어나 세력을 크게 떨쳤으나, 불과 한 세기만에 페르시아에게 멸망했다. 그 후 바빌로니아라는 이름을 쓴 국가는 존재한 적이 없다. 다시 말해, 바빌로니아는 롱스보 전투가 벌어지기 약 천사백 년 전부터 존재하지 않은 나라인 것이다. 덧붙이자면, 당시 이슬람 세계였던 중동 쪽은 우마이야 칼리프조를 격파한 압바시야 칼리프조가 꽉 잡고 있었다. 그리고 그들의 광대한 영토에는 바빌로니아의 옛 땅도 포함되어 있었다.

『롤랑의 노래』에는 왜 하필 바빌로니아 황제가 등장하는 것일까? 혹시 지명으로 사용된 것일까? 실제로 바빌로니아는 메소포타미아 남동쪽 지역을 가리키는 지명이기도 했다. 그리고 바빌로니아의 수도였던 바빌론은 압바시야 칼리프조의 수도 바그다드와 꽤 가까운 거리에 있었다. 하지만 이 역시 설득력이 강하지는 않다. 메카, 메디나 같은 성지도 아니고, 당시 수도도 아니었던 곳의 이름을 군이 사용할 이유가 없다. 발리강은 그저 일개 영주가 아니라, 이슬람교의 총지도자로서 백만에 달하는 대군을 이끌고 온 실력자였다. 그런데 왜 그는 바빌로니아 황제라는 명함을 들고 등장했을까?

추측에 불과하긴 하지만 『롤랑의 노래』 작가가 무려 천팔백 년 전에 사라진 바빌로니아가 아직 존재한다고 착각했을 것 같지는 않다. 다른 의도가 있었을 것이다. 그렇다면, 그 의도는 대체 무엇이었을까? 성경에 등장하는 수많은 이교도들 중에서도 가장 불량한 민족이 바빌로니아인들이었기 때문 아닐까? 쉽게 생각하면 된다. 바벨탑을 떠올려보라. 시건방진 바빌로니아인들이 그야말로 하늘 높은 줄 모르고 쌓아올리다가 하느님의 노여움을 사 하루아침에 무너져버린 공든 탑 아니던가? 하느님의 군대를 이끄는 샤를마뉴에게 맞서다가 비참하게 죽는 인물을 일부러 바빌로니아 출신으로 묘사한 것은 종교적 이유임에 틀림없다.

샤를마뉴의 통쾌한 복수극

『롤랑의 노래』에서 치열한 대결 끝에 발리강을 죽인 샤를마뉴는 그 여세를 몰아 곧바로 사라고사에 들이친다. 이슬람 대군은 박살이 나서 도망치고, 샤를마뉴의 군대는 유유히 사라고사를 점령한다. 마르실왕은 충격을 받아 죽어버리고, 왕비 브라미몽드는 포로로 잡힌다. 샤를마뉴는 군대를 시켜 사라고사 안의 모든 유대 교회와 이슬람 교회들을 장악한다. 특히 이슬람 교회의 모든 우상들을 파괴하고 이슬람교의 흔적을 지운다. 그리고 성안의 모든 이교도들에게 크리스트교로 개종할 것을 강요한다. 거부하면 사형에 처해버린다. 결국 십만 명 이상이 개종하고, 왕비 브라미몽드도 프랑스에 끌려간 후 개종한다.

　이 모든 것이 전부 사실이면 크리스트교인들 입장에서 얼마나 좋을까? 그러나 이 통쾌한 복수극은 전혀 사실이 아니다. 샤를마뉴는 비극적인 롱스보 전투 후에도 무려 삼십육 년을 더 통치했고, 무수한 전공을 더 쌓았으며, 이베리아반도의 이슬람 세력에 몇 차례 승리를 거두기도 했지만, 사라고사를 점령한 적은 단 한 순간도 없다. 심지어 사라고사는 샤를마뉴가 죽은 후에도 오랫동안 이슬람 수중에 있었다. 사라고사가 크리스트교의 품에 들어온 것은 1118년의 일로, 롱스보 전투 후 삼백사십 년 뒤의 일이며, 샤를마뉴가 죽은 후 삼백사 년 뒤의 일이다.

오드와 결혼할 뻔한 루이

이야기의 막바지에 아주 잠깐 나오는 대목이다. 사라고사를 점령하고 프랑스로 돌아온 샤를마뉴는 롤랑의 약혼녀 오드에게 비보를 전하면서 롤랑 대신 자기 아들 루이와 결혼시켜 주겠다고 달랜다. 하지만 오드는 슬픔을 못 이겨 그 자리에서 죽고 만다. 참 슬픈 대목이다.

하지만 이 짧은 대목에 큰 오류가 있다. 샤를마뉴의 아들로 프랑크 왕국의 후계자가 된 인물의 이름은 루이가 맞다. 바로 경건왕 루이 1세(재위 813~840)다. 하지만 롱스보 전투가 벌어졌던 778년 당시 그는 결혼하기에 너무 어렸다. 그해가 그가 태어난 해다.

롤랑과 올리비에 등 12용사들 자체가 허구에 가까우므로, 올리비에의 여동생 오드 또한 허구의 인물일 수밖에 없다. 루이 1세의 나이를 스무 살쯤 올려치는 것은 『롤랑의 노래』 작가에게는 일도 아니었을 것이다. 게다가 작가는 이미 더 심한 나이 올려치기를 손쉽게 해치운 바 있다. 『롤랑의 노래』에서 샤를마뉴를 묘사할 때 툭하면 '나이 많은' '백발의' '흰 수염' 같은 표현들을 자주 써먹는데, 778년 당시 샤를마뉴는 삼십 대 중후반의 한창때였다. 자세히 살펴보면 새치는 좀 있었을지 모르겠으나, 적어도 백발이 성성할 나이는 아니었다.

『롤랑의 노래』캐릭터 해부하기

사실 『롤랑의 노래』는 등장인물들에 대해 따로 이야기할 게 별로 없다. 등장인물의 수는 많지만 평면적이고 정형화된 인물이 대부분이다. 독특하거나 유동적인 성격을 지닌 인물이 거의 없다는 뜻이다. 샤를마뉴와 12용사를 비롯한 프랑스인들은 대체로 용감하고 충직하다. 사라센인들은 둘 중 하나다. 나름대로 용맹하고 충직하지만 프랑스인만 못하거나, 아예 비열하고 사악하거나.

하지만 몇몇 인물들은 그 성격을 곰곰이 뜯어봐야 할 필요가 있다. 중세 후기라는 시대적 특징을 각자 간직하고 있기 때문이다. 우리가 가장 먼저 살펴봐야 할 인물은 황제 샤를마뉴다.

샤를마뉴

황제 샤를마뉴, 그는 『롤랑의 노래』의 수많은 등장인물 중 거의 유일한 실존인물이다. 그는 768년에 프랑크 왕국의 왕으로 즉위했고, 사십 년을 훌쩍 넘긴 긴 재위 기간 동안 정력적인 정복활동을 펼쳐 프랑크 왕국의 영토를 배 이상 넓혔다. 그가 통치한 지역은 오늘날의 프랑스, 독일, 오스트리아, 스위스, 북 이탈리아, 동유럽 일대에 걸칠 정도로 몹시 광활했다.

그는 다양한 이름으로 불린다. 프랑스어로는 샤를, 영어로는 찰스, 독일어로는 카를, 에스파냐어로는 카를로스, 그리고 라틴어로는 카롤루스. 그는 '대왕'이란 말에 매우 잘 어울리는 인물이었으므로, 라틴어로 카롤루스 마그누스(Carolus Magnus)라는 칭호를 얻었으며, 이를 프랑스어로 바꾼 것이 바로 샤를마뉴(Charlemagne)다. 실제 이름과 훗날에 붙여진 칭호가 하나로 결합된 매우 독특한 사례라 할 수 있다.

그는 『롤랑의 노래』의 배경 롱스보 전투 당시에는 아직 왕의 신분이었지만, 이십이 년 뒤에는 제위에 오를 만큼 엄청난 인물이었다. 어쩌면 그는 기나긴 중세를 통틀어 가장 위대한 인물이었을지도 모르며, 최소한 가장 중세적인 인물이었음에 틀림없다.

그렇다. 그의 생애는 지극히 중세적이었다. 게르만 왕국들 중 하나인 프랑크 왕국의 왕으로 즉위하여, 여러 지역의 제후들을 정벌하여 충성을 이끌어냈고, 유럽 본토를 넘보던 사라센인들을 막아

루이 1세에게 가르침을 전하는 샤를마뉴

냈으며, 교회에 드넓은 토지를 선사한 대가로 서로마 황제의 관을 머리에 얹었다. 게르만족 출신, 봉건적인 충성 서약, 이슬람교와의 대립, 크리스트교의 수호자. 그보다 더 중세적일 수는 없다.

따라서 『롤랑의 노래』 같은 낭만적인 기사 이야기 속에서 그가 전형적인 인물로 그려지지 않는다면 오히려 이상할 것이다. 유럽과 교회의 수호자로서, 그는 완벽하고 숭고한 인물이어야 한다. 지극히 선하고, 지극히 용맹하고, 지극히 사려 깊고, 지극히 신실하고, 지극히 고귀한 인물. 샤를마뉴는 그런 인물로 묘사될 수밖에 없다.

그로 인해 오히려 독자들은 『롤랑의 노래』를 읽으며 샤를마뉴 때문에 많은 답답함을 느낄 것이다. 거의 전지전능하게 느껴질 정도로 지혜로운 인물인데, 롤랑이 죽을 것을 뻔히 예상하면서도 사지로 보내기 때문이다. 심지어 눈물까지 흘리면서 말이다. 이런 답답함은 『아서왕 이야기』의 아서 왕이나 『삼국지연의』의 유비를 볼 때 느끼는 답답함과 비슷할 것이다. 옛 이야기 속에서 가장 고귀한 인물은 답답하게 느껴지기 마련이다. 그들은 아는 게 많은 반면, 체면이나 명예 같은 것들 때문에 행동에 많은 제약을 받기 때문일 것이다.

아무튼 샤를마뉴는 완벽한 인물로 그려진다. 심지어 천사 가브리엘과 수시로 소통하고 도움을 받기도 한다. 실제 나이보다 두 배 이상 많은 노인으로 그려진 점만 빼면 완벽 그 자체다. 어쩌면 당연한 일이다. 『롤랑의 노래』 작가 또한 프랑스인이었을 텐데, 어찌 프랑스 역사에서 가장 위대한 왕에 흠집을 낼 수 있겠는가? 입장을 바꿔 생각해보자. 만약 우리나라에서 세종대왕을 부정적으로 다룬 이야기가 만들어진다면, 누가 환영하겠는가?

롤랑

롤랑은 최고의 벗 올리비에와 더불어 프랑스군 최고의 용사다. 그들은 『일리아스』의 아킬레우스와 파트로클로스를 연상케 한다. 롤랑은 올리비에의 누이인 오드와 약혼했으니, 어쩌면 그보다 더 가까운 사이일 수도 있다.

롤랑은『롤랑의 노래』에서『일리아스』의 아킬레우스나『니벨룽의 노래』의 지그프리트와 같은 위치를 점하고 있다. 고귀한 혈통, 최고의 용맹, 당당하고 거침없는 성격, 그리고 비극적인 최후까지……. 그는 아킬레우스, 지그프리트와 많은 공통점을 갖고 있다. '영웅'이란 단어는 그들을 하나로 묶을 수 있는 거대한 공통분모가 될 터이다.

하지만 그 품격에서는 아무래도 차이가 난다. 냉정히 말해, 롤랑의 품격은 지그프리트보단 낮지만, 아킬레우스에는 미치지 못한다. 이에 관해 이야기하기 위해서는 먼저 롤랑의 성품을 자세히 뜯어볼 필요가 있다. 먼저 그의 장점부터 떠올려보자. 롤랑은 자타가 공인하는 최고의 용사였다. 이는 사라센인들도 인정하는 바였다. 그리고 독실한 신앙심과 샤를마뉴에 대한 충성심으로 똘똘 뭉친 사람이었다. 이는 그의 가장 탁월한 점이다. 더불어 그는 동료들을 배려하고 병사들의 사기를 북돋을 줄 아는 좋은 지휘관이기도 했다.

하지만 단점도 있다. 오만하고 독선적이며 무모한 성격의 소유자였다는 점이다. 이런 면모는『롤랑의 노래』곳곳에서 드러난다. 사실 첫 등장부터 롤랑은 성격적 결함을 유감없이 드러냈다. 마르실 왕의 화친 제의를 무턱대고 의심하며 강경론을 고집한 것이다. 이에 맞서 온건론을 펼치며 화친을 맺자고 주장한 것은 바로 그의 의붓아버지 가늘롱이었다. 당사자들이 주인공과 악역이라는 점을 잊고 두 주장을 액면 그대로 살펴보면 가늘롱의 온건론이 합리적이었다. 샤를마뉴의 오른팔 넴므 공도 그때는 가늘롱을 지지했다.

롤랑은 애초부터 편협하고 무모한 인물이었다.

　롤랑의 이런 좋지 못한 성격은 자기 한 몸을 그르쳤을뿐더러 프랑스군에도 액운을 몰고 왔다. 『롤랑의 노래』 첫 부분을 다시 살펴보자. 사라센인들의 화친 제의는 분명 속임수였지만, 그저 코앞에 닥친 프랑스군을 돌려보내려는 수준이었을 뿐이다. 적어도 화친을 맺고 철수할 때 뒤통수를 치려는 악독한 발상은 아니었다. 그들의 하찮은 속임수를 가공할 기만술로 바꾼 것은 롤랑 자신이었다. 사이 나쁜 가늘롱을 굳이 사신으로 추천함으로써 그로 하여금 원한을 품고 사악한 계획을 짜도록 부추긴 것이다. 그 결과, 롤랑 본인은 물론 애꿎은 프랑스군 이만 명까지 덩달아 목숨을 잃었다.

　아주 재미있는 점은, 작가가 롤랑의 성격적 결함을 숨기기는커녕 오히려 노골적으로 드러낸다는 사실이다. 이는 롤랑이 마르실에게 가는 사자로 자원했을 때, 그의 벗 올리비에가 적극 반대하는 말에서 나타난다. "그대가 가서는 결코 아니 되오! 그대의 성정 혹독하고 오만하여, 그곳에 이르러 싸움박질을 피할 수 없으리니, 내가 두려워하는 것은 바로 그 점이오."* 가장 친한 벗의 입에서 저런 말이 나올 정도면 말 다한 것이다.

　의붓아버지 가늘롱과의 불편한 관계도 다시 생각해봐야 한다. 그들의 관계는 왜 그토록 악화된 것일까? 누구 책임이 더 큰 것일까?

---

*　앞의 책, 25~26쪽.

이는 앞으로 더 이야기하겠지만, 일단 가늘롱이 왜 악인인지 알려주는 설명이 전혀 없다는 점은 분명히 해두자. 롤랑은 툭하면 가늘롱을 욕하지만, 그 근거를 제시하지는 못한다. 그냥 나쁜 사람이라는 식이다. 이런 식으로 남의 험담을 해도 되는지 모르겠다. 만약 가늘롱에 대한 롤랑의 증오가 오로지 의붓아버지와 의붓아들이라는 불편한 관계에서 비롯된 것이라면, 나쁜 사람은 가늘롱이 아닌 롤랑이다.

롤랑의 성격적 결함은 뿔피리를 불지 않은 장면에서 가장 선명하게 드러난다. 그는 올리비에가 그토록 간절하게 호소했는데도 고집을 부리다가, 마침내 동료와 병사들이 거의 다 쓰러진 후에야 비로소 분다. 뿔피리를 불지 않은 이유는 무엇이었던가? 간단하다. 본진의 도움을 받으면 최고 용사라는 자기 명성에 흠집이 나기 때문이었다. 이는 용맹이 아니다. 만용이다.

오히려 그는 지독한 겁쟁이였다. 또한 이기주의자이기도 했다. 그가 진정으로 두려워해야 할 것은 자기 명성이 깨지는 것이 아니었다. 자신을 믿고 따른 병사들이 목숨을 잃는 일이었다. 그의 만용과 이기심이 무고한 이만의 생명을 앗아갔다. 동시에 그는 신하로서도 낙제점을 받아야 마땅하다. 진정한 충신은 자기 명예와 만용 때문에 주군에게 그토록 큰 손실을 입히지 않는다.

오만하고 독선적이고 무모하다. 그리고 이기적이다. 이는 어쩌면 옛 이야기 속 영웅들의 공통된 특징이라 할 수 있다. 아킬레우스와 지그프리트도 마찬가지였다. 아킬레우스와 지그프리트가 아가멤논과 군터를 진심으로 상관이나 군주로 여긴 적이 단 한 번이라도 있었을까? 롤랑도 절대적인 존재인 샤를마뉴를 제외하고는 누구에게도 고개를 숙이지 않았다. 아킬레우스는 여자 문제로 총사령관과 대립한 나머지 파업을 감행했으며, 지그프리트는 자기 목적(크림힐트와의 결혼)을 위해 온갖 기행(사실은 악행)을 서슴지 않았다. 롤랑은 어땠나? 그는 자기 명예를 위해 동료와 병사들을 희생시켰다. 이처럼 세 영웅은 많이 비슷하다. 아니 비슷한 성격적 결함들을 공유하고 있다.

그런데 이들의 품격에서 차이가 난다는 것은 무슨 말일까? 간단하게 말하자면, 그들의 품격은 자신의 잘못이나 실수를 인정하고 바로잡기 위해 얼마나 노력했는가에 달려 있다. 여기서 단연 으뜸가는 모습을 보인 것은 아킬레우스다. 그는 먼저 아가멤논에게 사과를 건넸으며, 즉시 전쟁터에 나서 그리스군에 승리를 선사했다. 트로이 왕 프리아모스와 함께 눈물을 흘리는 모습은 차라리 아름다웠다.

롤랑도 자기 잘못을 깨달았다. 하지만 너무 늦었다. 그는 동료와 병사들이 거의 다 죽은 뒤에야 비로소 뿔피리를 불었다. 그래도 그 후에 보인 모습은 나쁘지 않았다. 그는 자신의 만용을 뉘우치며 동료와 병사들의 시신을 향해 진심으로 사죄했다. 그리고 빈사의 몸을 억지로 이끌고 동료들의 시신을 가지런히 정리했다. 이어서 참회의 기도까지 마친 후에야 눈을 감았다.

그런 롤랑의 모습은 지그프리트에 비하면 훨씬 훌륭하다. 『니벨룽의 노래』에서 지그프리트는 자기 욕심을 채우기 위해 남을 희생시키는 일도 마다하지 않았다. 크림힐트와의 결혼을 위해 무고한 브륀힐트의 삶을 파멸시키지 않았는가. 그러고는 그 떳떳치 못한 신혼생활을 한껏 즐기던 중 하겐의 창을 맞고 비명에 갔다. 어쩌면 지그프리트를 위해 이렇게 변명할 수 있을지도 모른다. 너무 갑작스럽게 죽은 탓에 잘못을 뉘우치거나 바로잡을 시간적 여유가 없었다고. 하지만 나는 이렇게 반박하고 싶다. 전혀 그럴 조짐이 보이지 않았다고. 지그프리트는 아킬레우스처럼 고뇌하는 인물도 아니었고, 롤랑처럼 충성과 신앙으로 무장한 인물도 아니었다. 그는 그저 자기 욕망에 충실한 인물이었을 뿐이다.

롤랑의 가장 중요한 정체성은, 샤를마뉴에 대한 충성과 크리스트교 신앙이다. 이 두 특징은 한 가지 공통점을 갖는다. 맹목성이다. 주군을 향한 충성과 하느님에 대한 믿음은 오직 절대적일 뿐, 다른 목적을 가질 수 없다. 그리고 이는 중세 기사의 필수적인 덕목이기도 했다. 따라서 롤랑은 그 누구보다 중세적인 인물이라 할 수 있다.

동시에 그것이 롤랑이 지그프리트보단 낫지만 아킬레우스에 미치지 못하는 결정적인 이유이기도 하다. 롤랑은 자신에게 규정된 사회적 역할에 충실한 인물이었다. 왕에게 충성하고 하느님께 기도 한다는 것 말이다. 그런 점에서는 오직 자기만을 위해 살았던 지그프리트보다 훨씬 고결했다. 하지만 아킬레우스의 품격에는 미치지 못한다. 아킬레우스는 인간과 삶에 관한 본질적인 질문을 던질줄 아는 철학적이고 사색적인 인물이었다. 롤랑에게는 그런 게 없었다. 군주와 신을 섬기는 그에게 그런 본질적인 회의감은 금물이었다. 어쩌면 둘의 차이는 고대 영웅과 중세 기사의 차이 그 자체일 수도 있다.

그런 면에서, 롤랑은 놀랍게도 하겐을 닮았다. 어쩌면 롤랑은 선한 하겐이었을지도 모른다. 군주를 위해 모든 것을 다 바친다는 점에서 두 기사는 놀라울 정도로 닮았다. 그러나 둘에게는 결정적인 차이점이 있었다. 롤랑의 군주는 위대한 샤를마뉴였지만, 하겐의 군주는 용렬한 군터였다. 그것이 롤랑을 빛나는 백기사로, 하겐을 음침한 흑기사로 만든 이유였다. 하지만 그들의 본질은 같다. 그것은 충성을 맹세한 대상에게 끝까지 헌신하는 중세의 기사도 정신이었다.

가늘롱

가늘롱은 『롤랑의 노래』에서 가장 사악한 인물이다. 어쩌면 유일한 악인일지도 모른다. 마르실, 발리강 같은 이슬람 측 인물들도 마땅히 악역으로 분류해야 할 테지만, 악역과 악인은 얼마든지 다를 수 있다. 이분법적 구조인 『롤랑의 노래』에서 이교도인 마르실과 발리강은 악역을 맡을 수밖에 없지만, 본성이 악하다고 보긴 힘들다. 그들은 속한 진영에 따라 악역을 맡았을 뿐이다. 하지만 가늘롱은 다르다. 하느님 편인 프랑스 진영에 속했으면서도 가증스런 이교도들과 손을 잡고 위대한 샤를마뉴의 군대에 해를 입혔다. 그는 진정 악인이다.

하지만 그에게도 변명의 여지가 있다. 앞서 롤랑에 관해 이야기할 때도 잠깐 다루었지만, 그의 악행은 본의가 아닌 것일 수 있다. 그의 악행은 딱 한 가지다. 샤를마뉴와 프랑스를 배신한 것. 그런데 그마저 우발적인 것일 수 있다. 롤랑이 먼저 가늘롱을 위험한 적진으로 보내려 했기 때문이다. 그는 이에 대한 앙갚음으로 롤랑을 죽일 함정을 팠다. 물론 이 역시 비난받아 마땅한 일이다. 하지만 처음부터 사악한 의도를 품고 흉계를 꾸민 것과는 다르다.

또한, 『롤랑의 노래』에는 가늘롱이 원래 악인이었음을 보여줄 근거가 제시되지 않는다. 앞서 이야기했다시피, 롤랑은 가늘롱에 대해 근거 없는 험담만 늘어놓는다. 그냥 싫다는 식이다. 왜 싫은지에 대한 구체적인 설명이 없어, 오히려 롤랑이 졸렬하게 느껴질 정도다. 중세 유럽이라는 배경을 염두에 두고 말하자면, 신앙심이 부족하거나 군주를 배반한 적이 있거나 전쟁터에서 용감하지 못했다는 것 등이 대표적인 악인의 조건이 될 터다. 그러나 그런 언급은 전혀 없다. 오히려 마르실왕을 만났을 때 그는 상당히 용감하게 행동해 사라센인들마저 탄복했다. 그리고 체포되어 프랑스에 끌려왔을 때조차 그에게는 상당한 지지자들이 있었다. 이는 가늘롱이 나름대로 명망 있는 기사였음을 짐작케 해준다.

『니벨룽의 노래』 인물들과도 비교해보자. 가늘롱이 하겐, 군터, 지그프리트보다 악하다고 할 수 있는가? 적어도 가늘롱은 자기 욕망을 채우기 위해 악행을 저지르지는 않았다. 그의 악행의 동기는 롤랑에 대한 분노였다. 분노는 사람의 눈을 멀게 하는 법이다. 그리고 롤랑은 그의 분노를 살 만한 일을 했다. 목숨보다 소중한 것은 없는데, 그걸 잃을 위기에 처하게 만들었으니까. 그런데도 가늘롱이 과연 진짜 악인일까? 그렇게 취급받기에는 억울한 점이 있지 않은가? 나는 가늘롱이 전형적인 악인은 아니라고 생각한다. 하지만 그 생각은 얼마든지 틀릴 수 있다. 오늘날을 살아가는 현대인의 눈으로 판단했기 때문이다.

가늘롱은 중세 유럽의 인물이라는 점을 망각해서는 안 된다. 그리고 그 시대의 기준으로 판단해야 할 필요가 있다. 그 기준은 셋이다. 하느님에게 얼마나 충실했는가? 군주에게 얼마나 충성스러웠는가? 기사로서 얼마나 용감했는가? 가늘롱은 이 세 기준에서 모두 불합격이다. 이교도와 비밀리에 결탁했으므로 하느님을 배신했고, 주군의 군대에 큰 손실을 입혔으므로 반역자나 마찬가지다. 또한 모든 비극이 그가 사라센 진영에 가는 걸 두려워한 데서 비롯되었으므로 용기조차 없다. 중세 기사로서 이보다 더한 악인은 없다.

처음부터 흉계를 꾸미지는 않았다는 점, 롤랑이 먼저 그를 화나게 했다는 점 등은 르네상스 이후 휴머니즘이 중세 기사도를 대신한 현대를 살아가는 사람이나 할 수 있는 따뜻한 변명이다. 하지만 롤랑과 가늘롱의 시대에는 그런 따뜻함이 통하지 않았다. 그것이 무모한 전쟁광처럼 보이는 롤랑이 영웅으로 찬사 받고, 나름대로 합리적이며 동정할 면이 있어 보이는 가늘롱이 악인으로 비난 받은 이유다. 가늘롱은 중세의 인물이었다. 따라서 그는 악인이 맞다.

튀르팽

『롤랑의 노래』에는 매우 이채로운 인물이 있다. 튀르팽이다. 그의 신분은 수석사제다. 즉 성직자다. 그런데 그는 롤랑이나 올리비에 못지않은 최강의 용사이기도 하다. 그는 언제나 맨 앞에서 용맹하게 싸우는 한편, 때때로 경건하게 기도를 올리며 동료들을 격려하고 위로했다. 두 얼굴의 사나이랄까?

하지만 튀르팽의 가장 큰 특징은 따로 있다. 그것은 적을 향한 큰 분노다. 그렇다. 튀르팽은 언제나 화가 나 있는 것처럼 보인다. 적을 향해 가장 심한 욕을 퍼부은 것도 그였고, 가장 무자비한 모습을 보인 것도 그였다. 그리고 그토록 큰 분노의 근원은 그의 신앙심에 있었다. 그가 그토록 적을 증오하고 분노했던 것은 그의 적이 이교도들이기 때문이었다. 『롤랑의 노래』 본문에는 그의 심경이 적나라하게 드러난 말이 몇 차례 나온다. "종의 아들놈 이교도야, 그대는 거짓말을 지껄여댔어! (……) 그대들 모두 죽음을 감수해야 한다는 것, 그것이 내가 그대들에게 알려줄 소식이라네. (……) 하느님, 감사합니다!"* "(동료를 죽인 사라센 기사에게) 하느님께서 네게 온갖 고통을 보내주실 것이니라!"† 신앙심에서 비롯된 이 분노는 튀르팽을 가장 호전적인 광전사로 만들었다. 몸에 네 개의 창을 맞고도 싸우는 그의 모습은 소름이 끼칠 정도로 섬뜩하다. 샤를마뉴가 그를 추억하며 이렇게 말할 정도였다. "튀르팽은 아무에게도 사정을 두지 않았다."‡

성직자와 기사. 솔직히 이 둘은 어울리는 조합이 아니다. 다른 사람을 위해 기도하는 신분과 다른 사람과 싸워 죽이는 신분이기 때문이다. 하지만 자세히 살펴보면, 이 둘 사이에서 얼마든지 공통분모를 찾을 수 있다. 바로 하느님을 위해 하는 일이라는 것이다. 성직자가 기도해주는 대상은 크리스트교도 즉 하느님의 백성이며, 기사의 주된 공격 대상은 이교도 즉 하느님의 적이다. 따라서 성직자와 기사는 물과 기름처럼 섞이기 힘든 사이가 결코 아니었다. 오히려 둘이 합쳐 묘한 상승효과를 내는 경우도 있었다. 십자군 시대의 성전기사단(Knights Templar)이나 구호기사단(Knights Hospitaller)

---

* 앞의 책, 82쪽.
† 위의 책, 99쪽.
‡ 위의 책, 125쪽.

성전기사단원을 재현한 모습(©JoJan)

같은 종교기사단들이 대표적인 사례다. 그들은 평소에는 성경을 읽고 기도하며 성직자답게 지내다가, 이교도와의 전투가 발생하면 갑옷을 입고 말을 탄 채 창칼을 휘두르며 싸웠다. 튀르팽은 그들의 선배라 해야 할 것이다.

성경에는 한쪽 뺨을 맞으면 다른 뺨도 대주라는 말이 나온다. 이는 크리스트교가 평화와 순종을 중시한다는 점을 강조할 때 가장 즐겨 인용되는 구절이다. 그런데 이 평화로운 구절을 보며 무자비한 종교기사단을 떠올리기는 쉽지 않다. 그 큰 괴리감은 어떻게 해석해야 하는 걸까? 이것은 시대적 차이를 들어 설명해야 할 것이다.

고대의 크리스트교와 중세의 크리스트교는 그 성격이 많이 달랐다. 예수 그리스도의 제자들인 사도들의 시대에 크리스트교는 정말로 평화적인 성격이 강했다. 크리스트교도들은 박해를 당해도 저항하지 않았으며, 처형을 명하면 고분고분히 죽었다. 그야말로 진정한 순교의 모습이었다.

그러나 중세에 접어들며 양상이 달라졌다. 박해를 당해도 신의 뜻이라 여기고 순순히 받아들이는 대신, 하느님의 백성을 해치는 자는 철저히 응징하는 것이 옳게 받아들여지기 시작한 것이다. 내 한쪽 뺨을 때리면 다른 뺨을 대는 대신, 너의 뺨을 열 대 때리겠다는 식으로 바뀌었다. 이토록 놀라운 변화의 이유는 무엇일까? 그것은 크리스트교도들의 성분에 큰 변화가 생겼기 때문이다. 그 성분이란 계급과 민족 두 가지다.

우선 로마 시대의 크리스트교도들은 주로 하층민들이었다. 황제와 귀족들은 여전히 유피테르나 아폴로 같은 전통 신들을 믿었고, 대부분의 크리스트교 신자들은 평범한 시민이나 노예 계층에 속한 사람들이었다. 그들은 누가 자신을 박해한다고 맞설 수 있는 처지가 아니었다. 약자들이었기 때문이다. 그러나 중세에는 거의 모든 유럽인들이 크리스트교도가 되었다. 왕후장상 같은 지배층도 예외가 아니었다. 오히려 그들은 하느님의 백성들 중 가장 힘 있는 존재로, 다른 힘없는 백성들을 보호해야 할 의무마저 지게 되었다.

게다가 로마 시대 크리스트교도들이 문명에 길들여진 양순한 자들이었던 반면, 중세에 새로 유입된 크리스트교도들은 대부분 게르만족 출신이었다. 그리하여 중세의 가장 중요한 두 요소인 게르만족과 크리스트교 사이에 묘한 상호작용이 일어났다. 야만적이고 난폭하던 게르만족이 크리스트교의 세례를 받아 그나마 점잖아진 반면, 크리스트교에는 새로운 신자인 게르만족의 호전성이 대폭 수용된 것이다. 게르만족이 대거 유입되었다는 점. 아마 그것이 중세 크리스트교의 호전성에 대한 가장 그럴듯한 설명이 될 것이다.

『롤랑의 노래』에서 튀르팽 수석사제는 싸움을 앞둔 동료들에게 이렇게 말한다. "오늘 여러분들이 목숨을 잃는다면, 반드시 성스러운 순교자가 될 것이며, 당연히 매우 높은 데 있는 낙원에서 귀한 자리를 얻게 될 것이오."[*] 이것이 중세의 순교였다. 고대 크리스트교의 순교가 저항 없이 자기 목숨을 내어놓는 것이었다면, 중세에는 끝까지 맞서 싸우다 쓰러지는 것으로 바뀌었다. 이런 중세 크리스트교의 호전성은 당연히 십자군 정신에 그대로 녹아들었다. 리들리 스콧 감독의 영화 〈킹덤 오브 헤븐〉(2005)에는 예루살렘으로 떠나는 십자군에게 어떤 사제 한 명이 축복의 말을 건네는 장면이 나온다. "이교도 학살은 죄가 아니오. 천국에 갈 선행이오."

---

[*] 앞의 책, 76쪽.

이후의 역사

『롤랑의 노래』는 롱스보 전투라는 실제 사건을 배경으로 만들어졌다는 점에서 역사적으로도 중요한 의미를 갖는다. 비록 그 악명 높은 전투에서 싸운 대상을 바스크인들에서 사라센인들로 바꿔치기했지만. 더욱이 중세의 역사 전개에서 가장 비중이 큰 샤를마뉴라는 인물이 등장하므로 더욱 그 의미가 크다 할 수 있다.

많은 역사학자들이 샤를마뉴를 중세를 상징하는 인물로 꼽았다. 그중에서도 대표적인 이가 벨기에가 자랑하는 역사학자 앙리 피렌이다. 그는 『마호멧과 샤를마뉴』(1935)라는 책을 통해, 샤를마뉴를 중세를 규정짓는 가장 유력한 인물로 꼽았다.

서양사에 조금이라도 관심이 있는 사람이라면, 아마도 고대와 중세를 나누는 기준점이 서로마 제국의 멸망(476)이라는 사실을 잘 알고 있을 것이다. 하지만 그 기준은 그저 편의에 의한 것에 지나지 않는다. 실제로 서로마 멸망부터 중세가 시작된다는 설은 많은 한계를 노출한다. 또한, 오랫동안 그 설에 이의를 제기하는 학자들이 많았다. 대표적인 사람이 바로 앙리 피렌이었다.

피렌은 서로마 제국 멸망 후에도 오랫동안 유럽에 로마의 시스템이 잘 보존되었다는 점을 지적했다. 다시 말해, 로마가 무너짐으로써 정치적 단절이 나타난 것은 사실이지만, 그 외 경제, 사회, 문화적인 면에서는 로마 시스템이 오래 건재했다는 것이다. 피렌은 로마의 시장들이 대체로 유지되었으며 로마의 금화들이 꾸준히 사용된 점, 게르만 사람들이 로마법을 일상에 적용하기 시작한 점, 라틴어를 배우고 크리스트교를 받아들인 점 등을 예로 들며, 476년 이후에도 시대를 나누어야 할 만한 큰 변화가 없었다고 주장했다.

그 대신 피렌은 크리스트교와 이슬람교에 눈을 돌렸다. 그는 두 종교의 대립이야말로 중세의 가장 결정적인 특징이라고 판단했다. 그는 두 종교의 대립이 본격화된 시기를 샤를마뉴 시대로 파악했고, 이슬람교의 위협에 맞설 크리스트교의 수호자라며 교황이 샤를마뉴에게 황제의 관을 씌워준 일이야말로 진정한 중세의 개막을 알리는 상징적인 사건이라고 주장했다. 따라서 피렌은 샤를마뉴의 서로마 황제 대관식(800)을 중세의 시작점으로 삼았다.

피렌은 『마호멧과 샤를마뉴』에서 이런 주장을 논리적으로 증명하려 했다. 하지만 안타깝게도 탈고 직전에 세상을 떠났고, 책은 몇 달 뒤 아들과 제자들에 의해 유작으로 세상에 나왔다. 중세의 시작점을 수백 년 뒤로 미뤄야 할 혁명적인 학설을 제기한 당사자가 정작 세상을 뜬 바람에, 학계에서는 그야말로 어마어마한 논쟁이 벌어졌다. 물론 그의 학설이 정설로 채택되지는 않았고, 오늘날 거의 모든 역사책에는 여전히 서로마 멸망을 고대와 중세의 기준으로 소개하고 있다. 하지만 피렌의 설이 완전히 버려진 것도 아니다. 『마호멧과 샤를마뉴』로 인해 중세사 연구에 폭발적인 발전이 이루어졌으며, 그의 주장은 여전히 학계에 큰 영향력을 유지하고 있다.

오늘날에도 중세의 시작은 여전히 서로마 멸망으로 남아 있지만, 중세의 가장 큰 특징이 크리스트교 세계와 이슬람교 세계의 대립이라는 점에는 거의 모든 학자들이 동의하고 있다. 이슬람교와의 날카로운 대립이 그려진 『롤랑의 노래』가 『니벨룽의 노래』에 비해 훨씬 중세적인 작품으로 평가받는 이유도 거기 있다. 그렇다면, 크리스트교와 이슬람교의 대립이 본격화된 샤를마뉴 시대 이후의 역사는 어떻게 펼쳐졌는지 잠시 살펴보자.

프랑크 왕국은 어찌 되었는가?

여러 차례 이야기했다시피, 샤를마뉴는 영토를 엄청나게 확장했다. 영토 확장은 얼핏 좋기만 할 것 같지만, 실은 꼭 그렇지만도 않다. 일단 영토가 너무 넓으면 관리하기 힘들다. 샤를마뉴의 정력적인 영토 확장은 그 후계자 루이 1세에게 엄청난 부담으로 작용했다. 루이 1세는 '경건왕'이라는 별명답게 아버지와 달리 조용하고 소극적이었다. 그래도 워낙 위대했던 샤를마뉴의 후광이 아직 남은 덕분인지, 루이 1세의 치세는 무난하게 넘어갔다. 그러나 그가 죽은 후 상황은 복잡해졌다.

다른 게르만 부족들이 장자상속제를 택했던 반면, 프랑크족은 독특하게 분할상속제가 확립되어 있었다. 쉽게 말해, 맏아들에게 모든 유산을 상속하지 않고 모든 아들들에게 골고루 나눠줬다는 뜻이다. 어쩌면 이것이 샤를마뉴의 지나친 영토 확장의 이유 중 하나일지도 모른다. 물려줄 자식이 많으니 영토도 넓어야 했던 것이다. 실제로 샤를마뉴에게는 많은 자식이 있었다. 하지만 자식 복은 없었다. 그 많은 아들들이 모두 죽고 여섯째인 루이만 홀로 살아남았다. 덕분에 루이는 그 드넓은 영토를 몽땅 홀로 물려받았다.

루이 1세는 거의 모든 면에서 아버지에 미치지 못했지만, 자식 복 하나만큼은 더 많았다. 그는 임종을 앞둔 840년 여름, 세 아들에게 영토를 나누어줄 수 있었다. 하지만 불행히도 세 아들의 우애가 깊지 못했다. 그들은 아버지의 시신이 채 식기도 전에 한 조각의 영토라도 더 차지하려고 싸우기 시작했다. 그야말로 추태였다. 그나마 다행인 것은 삼 년 만에 싸움을 멈추고 프랑스 북부의 베르됭에서 강화조약을 체결한 일이었다. 이것이 유명한 베르됭조약(843)이다. 베르됭조약을 통해 첫째 로타르가 프랑크 왕국의 중부 지역을, 둘째 루이가 동부 지역을, 셋째 샤를이 서부 지역을 차지하게 되었다. 이는 각각 중프랑크 왕국, 동프랑크 왕국, 서프랑크 왕국으로 발전했다. 그리고 베르됭조약은 오늘날의 이탈리아, 독일, 프랑스의 모체가 마련된 사건이라는 역사적 중요성을 간직하고 있다.

장남 로타르가 계승한 중프랑크 왕국은 가장 적법한 정통성을 갖고 있었지만, 세력은 매우 약했다. 어쩌면 동생들의 자립을 인정할 수밖에 없었던 사실 자체가 이 왕국의 암울한 미래를 암시한 것인지도 모른다. 오늘날의 북부 이탈리아를 거점으로 한 중프랑크 왕국은 그 지역의 민감하고 변화무쌍한 정세 변화에 잘 대처하지 못했고, 오래지 않아 여러 조각으로 다시 분열되며 흐지부지 역사에서 사라졌다.

베르됭 조약으로 셋으로 나뉜 프랑크 왕국

차남 루이(루드비히)가 차지한 동프랑크 왕국은 그보다 훨씬 나았다. 그의 왕위는 한동안 안정적으로 계승되었고, 훗날 그의 혈통이 끊긴 후에도 중세를 대표하는 또 한 명의 대제(大帝) 오토 1세(재위 936~973)에 의해 신성 로마 제국으로 순조롭게 이어졌다. 심지어 신성 로마 제국 황제들은 그 후에도 한동안 동프랑크 왕국의 왕이라는 칭호를 함께 사용했다.

'프랑크'라는 이름을 고이 간직한 프랑스의 모체가 된 것은 막내 샤를이 물려받은 서프랑크 왕국이었다. 특히 카롤링거 왕조는 이 서프랑크 왕국에서 가장 오래 이어졌다. 987년에 카페 왕조가 성립되면서 카롤링거 왕조는 드디어 문을 닫았다. 그리고 이때부터 서서히 서프랑크 왕국 대신 프랑스라는 국호가 사용되기 시작했다.

이슬람 세계의 분열

앞서 이야기했다시피, 샤를마뉴의 할아버지 샤를 마르텔은 이베리아반도를 통해 유럽으로 진출하려던 이슬람 세력의 시도를 막아냈다. 그 후 샤를마뉴가 그들을 몰아내기 위해 이베리아반도를 원정했으나 마침내 뜻을 이루지 못했다. 이처럼 샤를마뉴 시대를 전후해 크리스트교와 이슬람교의 충돌은 날로 심해지는 듯했다.

그러나 뜻밖에도 이후 한동안 소강상태에 접어들었다. 바꿔 말하자면, 어마어마했던 이슬람 세력의 팽창이 잦아들었던 것이다.

그 이유는 크게 세 가지였다. 첫째, 동로마 제국이 마치 산악처럼 완강하게 버텨주었다. 비록 매우 고전하긴 했지만, 어쨌든 제국은 이슬람 세력이 소아시아, 발칸반도, 그리스 쪽으로 침투할 수 있는 통로를 꽉꽉 틀어막았다.

둘째, 이베리아반도에 진출한 후기 우마이야 칼리프조는 이슬람 권에서 비주류 세력이었다. 그들이 가장 신경 써야 할 대상은 피레 네산맥 너머에 있는 이교도들(크리스트교)이 아니라, 지중해 건너편 에서 자신들에게 못마땅한 눈초리를 보내던 압바시야 칼리프조였 다. 따라서 그들은 피레네산맥을 넘을 엄두조차 내지 못했으며, 오 히려 이베리아반도 북부에 새로 성립한 크리스트교 왕국들에 의 해 점점 쇠퇴하고 있었다. 이로써 이슬람 세력이 유럽을 넘볼 수 있는 서쪽 통로도 전혀 쓸모가 없었다.

셋째, 압바시야 칼리프조의 지배력은 그들이 무너트린 우마이 야 칼리프조보다 못했다. 이베리아반도에는 후기 우마이야 칼리프 조가 자리 잡았고, 이집트에는 파티마 칼리프조(909~1171)가 자리 잡았다. 압바시야조는 정통임을 자처하면서도, 그들을 어쩌지 못 했다. 이는 『삼국지』에서 중원을 장악한 위나라가 서쪽의 촉나라 와 남쪽의 오나라를 굴복시키지 못한 것과 비슷하다. 게다가 11세 기에 접어들 무렵, 중앙아시아에서 건너온 투르크족이 이슬람교로 개종한 후 셀주크 가문의 지도 아래 급격히 세력을 팽창시키며 상 황은 더욱 복잡해졌다. 수십 년 후 그들은 압바시야 칼리프조의

아르프 아르슬란 앞에 포로가 되어 끌려온 로마누스 4세

영토를 모두 차지했다. 하지만 칼리프 자리마저 빼앗지는 않았다. 그 대신 칼리프에게는 명목상의 종교적 권한만 남겨준 채, 술탄이 란 이름으로 현실 정치권력을 모두 장악했다. 어쩌면 이런 혼란은 앞서 이루었던 눈부신 팽창의 대가였는지도 모른다. 샤를마뉴 때 크게 팽창했던 프랑크 왕국이 그의 손자 대에 이르러 셋으로 쪼개졌던 것처럼 말이다.

샤를마뉴 시대 이후 이슬람 세력의 팽창은 멈추었고, 유럽의 크리스트교도들은 큰 걱정 없이 그럭저럭 지낼 수 있었다. 그러나 11세기 말, 갑자기 상황이 크게 변했다.

십자군전쟁

십자군의 시작

상황이 급변한 직접적인 계기는 1071년에 있었던 만지케르트 전투였다. 셀주크투르크의 술탄 아르프 아르슬란(재위 1064~1072)은 이슬람 세력의 오랜 숙원사업에 착수했다. 동로마제국이 굳건히 장악하고 있던 소아시아를 빼앗기로 한 것이다. 이에 동로마 제국도 황제 로마누스 4세(재위 1068~1071)가 몸소 대군을 이끌고 방어에 나섰다. 두 제국의 대군은 소아시아의 만지케르트평원에서 격돌했다.

로마누스 4세는 유능한 사령관 출신이었지만, 귀족들과의 사이가 몹시 나빴다. 당시 그는 토지개혁을 추진하고 있었는데, 이에 손해를 보게 된 귀족들은 호시탐탐 그를 제거할 기회를 노리고 있었다. 결국 그들은 전투 직전에 황제를 배신했고, 로마누스 4세는 그토록 뛰어나다는 군사적 재능을 써먹지도 못한 채 포로로 붙잡혔다. 만지케르트에서 보여준 동로마 귀족들의 비열함은 셀주크 술탄마저 치를 떨게 만들었다.

이로써 동로마 귀족들은 자신들의 기득권을 지켜냈지만 그 대가는 너무 컸다. 레오 3세 이래 그토록 끈질기게 지켜왔던 소아시아를 마침내 통째로 내준 것이다. 그야말로 매국행위라 아니할 수 없었다. 이후 동로마 제국은 빠르게 몰락하기 시작했고, 심각한 정치적 혼란이 뒤따랐다. 그리하여 그토록 위대하고 찬란했던 제국이 거짓말처럼 무너지는 듯 보였다.

그러나 제국의 운명은 아직 다하지 않았다. 1081년 콤네누스 가문 출신의 젊은 장군이 쿠데타를 통해 제위에 올랐다. 그가 콤네누스 왕조의 문을 연 알렉시우스 1세(재위 1081~1113)다. 그는 대단히 현명하고 성실한 황제였다. 그의 통치 아래 제국은 빠르게 회복되었다. 그는 내정부터 안정시킨 후 시선을 외부로 돌렸다. 그의 최종 목표는 소아시아 탈환이었다. 게다가 그는 운도 대단히 좋았다. 셀주크투르크는 아르프 아르슬란과 그 아들 말리크 샤(재위 1072~1092) 시대에는 매우 강력했으나, 말리크 샤가 죽자마자 극심한 분열이 일어났다. 알렉시우스 1세는 그 좋은 기회를 놓칠 정도로 어리숙한 사람이 아니었다.

하지만 동로마 혼자만의 힘으로 셀주크투르크를 상대하는 것은 아직 부담스러운 일이었다. 신중한 알렉시우스 1세는 나라를 걸고 도박을 벌일 생각이 전혀 없었다. 그러나 소아시아 탈환은 포기할 수 없는 꿈이었다. 궁리에 궁리를 거듭한 알렉시우스 1세는 마침내 묘책을 찾아냈다. 로마 가톨릭에 도움을 청하는 것이다.

놀랍도록 획기적인 발상이었다. 그리스 정교와 로마 가톨릭의 분열은 이미 오래되었다. 특히 샤를마뉴의 서로마 황제 대관식(800)은 두 종파의 결별을 공식화한 사건이었다. 그로부터 삼백 년 후에 느닷없이 손을 내미는 것은 너무 뜬금없는 일이었다. 하지만 알렉시우스 1세는 아무 계산 없이 무턱대고 행동할 사람이 아니었다. 그는 교황이 자기 제안을 받아들이리라 확신했다. 당시 교황이 성지 탈환의 압박에 시달리고 있음을 잘 알고 있었기 때문이다.

로마 제국이 동서로 분열한 후, 크리스트교 최고의 성지 예루살렘은 한동안 동로마 영토로 남아 있었으나, 637년 이슬람 세력에게 빼앗기고 말았다. 그나마 다행인 것은 예루살렘을 차지한 사라센인들이 크리스트교도들의 순례를 막지 않았다는 사실이다. 그들은 약간의 통행세만 받고 예루살렘 출입을 허용했다. 그러나 11세기 들어 셀주크투르크가 등장하며 상황이 나빠졌다. 셀주크투르크는 그 전의 이슬람 선배들처럼 너그럽지 않았다. 그들은 예루살렘을 찾는 크리스트교 순례자들을 박해하기 시작했다.

이에 크리스트교 순례자들은 교황에게 울며 매달렸다. 죽기 전에 성지를 방문하여 죄를 용서받을 수 있도록 도와달라는 것이었다. 그러나 교황인들 뾰족한 수가 있을 리 없었다. 그러던 차에 알렉시우스 1세의 사절이 도착했다. 그리고 알렉시우스 1세는 다시한 번 운이 좋았다. 11세기 말은 전에 없이 교황의 권위가 강한 때였다. 평범한 제후들은 물론 왕들과 신성 로마 황제까지 교황의 눈치를 살피고 있었다.

당시 교황은 우르바누스 2세(재위 1088~1099)였다. 열정적이고 강력한 교황이었던 그는 성지 예루살렘을 탈환해달라는 호소에 골머리를 앓고 있었다. 때마침 십자군을 보내달라는 동로마 황제의 사절이 도착했고, 교황은 그 제의를 흔쾌히 받아들였다. 그에게는 유럽 군주들을 호령해 십자군을 꾸릴 만한 힘이 있었으며, 성지를 회복함으로써 가장 위대한 교황으로 남고 싶은 야망도 있었다. 그리하여 제1차 십자군이 예루살렘을 향해 떠나게 되었다.(1096)

알렉시우스 1세의 계획은 이른바 양동작전이었다. 가톨릭 십자군이 남쪽의 예루살렘을 빼앗으려 싸우는 동안, 동로마제국 군대는 북쪽의 소아시아를 공략하는 것이었다. 이 계획은 대체로 잘들어맞았다. 많은 우여곡절이 있었지만, 십자군은 마침내 예루살렘을 점령하고 대학살을 저질렀다. 이후 십자군전쟁이 끝날 때까지 학살은 관습처럼 되풀이되었다. 아무튼 그들은 지중해 동부 연안에 네 개의 십자군 국가를 세우는 데 성공했다.(예루살렘 왕국, 트리폴리 공국, 안티오키아 공국, 에데사 백국)

십자군이 예루살렘 등지에서 치열하게 싸우는 동안, 제국군도 분주하게 소아시아를 누볐다. 제국군은 스미르니, 에페소스, 호마, 트랄리스 등 대도시들을 중심으로 소아시아 지역의 상당 부분을 탈환했다. 알렉시우스 1세가 각본을 쓰고, 우르바누스 2세가 투자를 담당하고, 십자군이 주연을 맡은 크리스트교 세계의 복수극은 실로 눈부신 성공을 거뒀다.

이슬람 세계는 전에 없는 대위기에 봉착했다.

고전하는 십자군

1차 십자군의 눈부신 성공으로 크리스트교 세계는 탄탄대로에 있는 것 같았지만, 착각이었다. 순식간에 불길한 일들이 일어나기 시작했다. 동로마 제국과의 불화가 첫 번째 징조였다. 동로마 제국과 십자군 국가들의 관계는 시작부터 좋지 못했다. 이들의 관계는 흡사 유서 깊은 귀족 가문과 벼락출세한 졸부 집안을 보는 것 같았다. 제국은 십자군을 야만인들이라 무시했고, 십자군은 제국을 고깝게 여겼다. 이슬람이라는 공공의 적을 둔 덕에 본격적인 충돌은 빚어지지 않았지만, 두 세력의 관계는 사실상 단절된 것이나 마찬가지였다. 마치 제2차 세계대전 후의 냉전시대를 연상케 하는 상황이었다.

때문에 그들은 예루살렘과 소아시아를 차지한 여세를 몰아 이슬람 세계를 더 압박할 좋은 기회를 놓쳤다. 이슬람 세계는 새로 정비할 수 있는 소중한 시간을 벌었다. 그리고 그 유명한 술탄 살라딘(재위 1174~1193)이 등장했다. 살라딘은 오랜 분열을 종식시키고 이슬람 세계를 다시 통합했다. 그는 이베리아반도를 제외한 모든 이슬람 지역을 손에 넣었다. 이제 그에게 남은 일은 예루살렘을 다시 이슬람 세력권에 포함시키는 것이었다. 그리고 실제로 1187년에 예루살렘을 함락시켰다. 기세 좋게 세워진 십자군의 예루살렘 왕국은 백 년도 못 가 무너졌다.

예루살렘 왕국의 멸망은 크리스트교 세계에 큰 충격을 던졌다. 따라서 즉시 3차 십자군이 결성되었다.(1189) 약 사십 년 전(1147)에 2차 십자군이 있었으나, 그들은 지도부의 무능과 갈등, 동로마의 철저한 비협조 때문에 아무것도 하지 못하고 해체되었다. 그러나 3차 십자군은 몹시 호화로운 구성을 자랑했다. 신성 로마 제국 황제, 프랑스 왕, 잉글랜드 왕이 뭉친 것이다. 원래 십자군은 주로 제후들 선에서 조직되었고, 왕이 참가해도 한두 명 정도였다. 황제와 왕이 셋이나 참가한 것은 3차 십자군이 유일했다. 더구나 신성 로마와 프랑스는 유럽에서 가장 강력한 나라들이었으며, 잉글랜드 왕은 그 유명한 사자심왕(獅子心王) 리처드 1세(재위 1189~1199)였다.

예루살렘 왕의 항복을 받는 살라딘

　하지만 3차 십자군은 용두사미의 전형으로 남았다. 신성 로마 황제 프리드리히 1세(재위 1155~1190)는 어처구니없게도 행군 도중에 세수를 하다 익사했으며, 프랑스 왕 필리프 2세(재위 1180~1223)는 리처드 1세와의 불화 끝에 일찌감치 짐을 쌌다. 결국 홀로 남은 사자심왕이 한동안 고군분투했으나 역부족이었다. 그는 크리스트교 순례자들의 예루살렘 입장을 다시 허용한다는 정도의 강화 조건에 만족한 채 군대를 돌려야 했다.(1191) 3차 십자군은 이처럼 '시작은 창대했으나 그 끝은 미약'했다.

실패로 끝난 십자군 드림

십자군이 시작된 이유는 인구학적으로도 설명이 가능하다. 봉건 제가 자리 잡고 수백 년이 흐르면서 기사 계급의 인구는 과잉 상태가 되었다. 신분만 기사일 뿐, 충분한 재산을 상속받지 못해 궁핍한 기사들이 많았던 것이다. 따라서 이교도의 땅을 빼앗아 영지로 만들 수 있는 십자군 원정은 매우 달콤한 유혹이었다. 먼 훗날의 '아메리칸 드림(American Dream)'에 필적할 '십자군 드림(Crusade Dream)'이었던 셈이다. 실제로 많은 불운한 기사들이 청운의 꿈을 안고 동방으로 향했다.

1차 십자군의 성공은 십자군 드림이 결코 꿈이 아님을 입증하는 듯 보였다. 이는 유럽에 남아 있던 다른 가난한 기사들에게 큰 희망이 되었고, 이후 십자군 원정이 계속된 원동력이 되었다. 그러나 2차, 3차 십자군의 실패는 그 희망에 찬물을 끼얹었다. 그들의 실패는 이슬람이 결코 만만한 상대가 아니라는 사실을 다시 확인시켜주었다. 특히 귀국길에 오스트리아 공작에게 포로로 붙잡히는 바람에 하마터면 왕위마저 빼앗길 뻔한 리처드 1세의 수난은 다른 군주들에게 경종을 울렸다. 유럽 왕들은 나라를 비우는 것이 얼마나 위험한 일인지 새삼 깨달았고, 그 후 오랫동안 왕이 직접 십자군에 나가는 일은 생기지 않았다.

그러나 4차 십자군이 크리스트교 세계에 끼친 해악은 그보다 몇 배 더 지독했다. 2차, 3차 십자군이 성공에 의심을 품게 만들었다면, 4차 십자군은 십자군의 명분 자체를 무너트렸다. 3차 십자군의 실패 후 한동안 십자군이 결성되지 않았으나, 역사상 가장 막강한 교황 인노켄티우스 3세(재위 1198~1216)의 성화로 4차 십자군이 결성되었다.(1204) 그러나 4차 십자군의 구성은 매우 볼품없었다. 왕은커녕 유력하고 부유한 제후도 없었다. 당연히 자금난에 시달릴 수밖에 없었는데, 이탈리아의 신흥 강자 베네치아가 그들에게 접근했다.

베네치아는 4차 십자군에게 함대와 물자를 제공하고, 4차 십자군이 동방에서 군사적 성공을 거두면 전리품으로 보상받기로 했다. 후불제 서비스인 셈이다. 그러나 베네치아의 속셈은 따로 있었다. 그들은 교역권 문제로 동로마 제국에 원한을 품고 있었는데, 4차 십자군을 그 원한을 푸는 데 이용하기로 마음먹은 것이다. 베네치아의 협박과 회유에 넘어간 4차 십자군은 예루살렘 대신 콘스탄티노플을 공격했다. 제국은 너무 뜻밖의 일이라 아무 대응도 하지 못하고 무너졌다. 이 소식에 격노한 인노켄티우스 3세는 즉시 베네치아와 4차 십자군을 파문했지만, 이미 엎지른 물을 주워 담을 수는 없었다. 동로마 제국은 이처럼 어이없이 멸망했다가, 약 육십 년 후 그 후손들이 콘스탄티노플을 탈환하여 부활했다.(1261) 그러나 예전의 국력은 결코 회복하지 못했고, 약 이백 년을 간신히 더 버틴 끝에 오스만투르크에게 완전히 멸망했다.(1453)

4차 십자군의 만행으로 인해 동로마보다 더 큰 타격을 받은 것은 십자군 자신이었다. 성공 가능성이 점점 낮아지는 가운데 명분마저 땅에 떨어지자, 십자군 운동은 완전히 탄력을 잃었다. 13세기에 십자군이 몇 차례 더 결성되었으나, 대체로 산발적이고 소극적이었다. 물론 모두 실패로 끝났다.

십자군이 남긴 것

십자군 운동은 그 명성에 비해 허무하게 끝났지만, 많은 유산 혹은 흔적을 남겼다. 우선 11세기 중반 이후 유럽을 주도했던 교황권이 약해졌다. 가슴에 십자가를 단 군대의 활약이 영 신통치 않았으니 어쩌면 당연한 일이었다. 반대로 한동안 교황권 아래 눌려 있던 왕권이 강화되었다. 십자군 기간 동안 귀족 세력이 상대적으로 많이 소모되었던 점도 왕권 강화에 도움이 되었다.

십자군 시대 동안 전쟁 특수를 톡톡히 누렸던 이탈리아의 도시국가들은 전성기를 맞았다. 베네치아, 제노바, 밀라노, 피렌체 등이 이에 해당한다. 이들이 쌓아올린 막강한 자금력에, 동방과의 접촉을 통해 형성된 문화적 호기심은 14세기 르네상스로 연결되었다. 서유럽과 중부 유럽에서도 변화의 조짐이 싹텄다. 십자군 원정을 통해 접한 동방의 문물은 폐쇄적인 장원경제에서 벗어나 교역과 도시가 발달하는 계기를 마련해주었다. 근대 세계로 입장할 문이 조금씩 열리기 시작한 것이다.

그러나 당시의 사회적 분위기는 대단히 암울했다. 십자군은 부끄러운 실패고 끝났고, 동로마제국은 회생이 불가능할 정도로 쇠퇴했다. 그리스 정교와 로마 가톨릭의 양동작전이라는 알렉시우스 1세의 원대한 꿈은 약 이백 년에 걸쳐 산산조각 났다.

하지만 십자군이 남긴 가장 큰 유산은 따로 있다. 그것은 증오와 원한이다. 십자군 이전에도 크리스트교 세계와 이슬람교 세계는 여러 차례 충돌했지만, 경쟁의식은 있었을망정 눈살을 찌푸릴 만한 증오심은 아직 형성되지 않았다. 그러나 십자군 시대를 거치며 그들은 서로 깊은 원한을 품고 진심으로 증오하게 되었다. 그리고 그것은 오늘날까지 풀리지 않고 있다.

IV. 돈키호테

서양의 기사들에 관한 이야기는 수없이 많다. 그렇다면, 가장 용맹하고 뛰어난 기사는 누구일까? 지크프리트? 롤랑? 아니면, 『아서왕 이야기』의 가웨인이나 랜슬롯? 판단하기 쉽지 않을 것이다. 그러나 가장 유명한 기사가 누구인가 하는 질문은 의외로 쉽다. 바로 돈키호테다. 이 책에서 소개할 마지막 영웅이다.

돈키호테는 1605년 에스파냐의 대문호 미겔 세르반테스에 의해 세상의 빛을 봤다. 세르반테스 일생의 역작이자 우리가 흔히 『돈키호테(Don Quixote)』라 알고 있는 소설의 주인공으로. 그런데 『돈키호테』는 사실 굉장히 짧게 줄인 제목이다. 세르반테스가 붙인 원래 제목은 훨씬 길다. 'El Ingenioso Hidalgo Don Quixote de la Mancha'가 『돈키호테』의 정확한 에스파냐어 제목이다. 번역하자면 "기발한 하급귀족 라만차의 돈키호테" 정도의 뜻이다.

세르반테스 시대 이후 세상 사람들이 『돈키호테』에 대해 가장 즐겨 하는 말은 "성경 다음으로 많이 읽힌 책"이었다. 물론 세상에는 『돈키호테』 말고도 성경 다음으로 많이 읽혔다는 책들이 꽤 있기는 하다. 그러나 『돈키호테』가 엄청나게 많이 읽힌 책임은 분명한 사실이다. 자, 그럼 그토록 많이 읽힌 책의 주인공을 만나러 가보자.

1605년 초판본 『돈키호테』

『돈키호테』 읽기

『돈키호테』 완역본을 읽은 사람들은 '성경 다음으로 많이 읽혔다'는 말을 곧이곧대로 믿기 어려울 것이다. 일단 너무 길다. 1권만 해도 엄청난데, 게다가 2권까지 있으니, 이걸 언제 다 읽을지 까마득한 마음부터 들 것이다. 그리고 이야기 전개가 너무 산만하다. 『돈키호테』는 주인공이 편력여행을 다니며 겪은 이러저러한 일들을 나열한 형식으로 구성된다. 따라서 일화들 사이의 연결고리가 매우 약하다.

심지어 몇몇 일화들은 돈키호테가 아예 등장하지 않다시피 하는 경우도 있다. 돈키호테가 나오지 않는 『돈키호테』 이야기라……. 왜 그런 이야기들이 삽입된 걸까? 그 이유가 꽤 슬프다. 세르반테스는 생활고를 극복하기 위해 작품의 분량을 늘렸다. 세르반테스는 오랫동안 글을 써왔지만 성공을 거두지 못했다. 책을 내는 일조차 쉽지 않았다. 그러다가 모처럼 잡은 기회가 바로 『돈키호테』였다. 세르반테스는 그 기회에 최대한 많은 돈을 만지고 싶었을 것이다. 『돈키호테』가 출판 첫 해에만 육 쇄까지 찍혔음에도 그의 수입이 적었다는 사실을 보면, 아마 그는 인세가 아닌 매절 계약을 했던 것 같다. 따라서 그로서는 한 번에 많은 고료를 받고 싶었을 테고, 그러기 위해서는 글의 양을 늘려야 했으며, 전에 써두었던 몇몇 단편들을 『돈키호테』 속에 액자식으로 끼워 넣었던 것으로 보인다. 때문에 『돈키호테』 1권은 뒤로 갈수록 두서없는 이야기들이 펼쳐지고, 등장인물 수가 갑자기 늘어나며, 정작 돈키호테는 청중 같은 모습을 보인다. 이야기의 전개가 매우 산만해진 것이다.

여기서 아주 재미있는 점은 세르반테스의 솔직함이다. 그는 1권을 출판한 지 무려 십 년 만에 2권을 펴내면서, 1권에서 저지른 자신의 잘못을 담담하게 인정했다. 몇몇 이야기들을 억지로 끼워 넣는 바람에 이야기의 흐름을 망쳤다고 등장인물의 입을 빌려 고백한 것이다. 그리고 2권에서는 그런 액자식 구성을 보이지 않았다. 독자들 중에는 2권을 더 높이 치는 이들도 많다. 나 또한 그렇게 생각하는 사람들 중 하나다.

돈키호테가 정처 없이 돌아다니며 겪은 일들이 나열된다는 점, 1권에서 무리한 액자식 구성이 나타나는 점, 이야기 전개가 전반적으로 산만하다는 점이 『돈키호테』의 단점이다. 그러나 이 기이한 책에는 그런 단점을 충분히 상쇄시키고 남을 만한 장점이 있다. 그리고 세르반테스는 그 장점을 책 제목에 버젓이 달고 있다. 그것은 바로 '기발함'이다.

『돈키호테』만큼 번득이는 기발함으로 철저히 무장하고 있는 책도 드물다. 우선 시골 노인이 갑자기 기사가 되고자 여행을 떠난다는 설정부터 기발하다. 그리고 산초 판사라는 멀쩡한 사람이 그를 따라 다니다가 점점 닮아가는 모습도 마찬가지다. 그 외에, 풍차와의 대결, 양떼와의 싸움 등등 『돈키호테』 속에는 온갖 기발한 이야기들이 가득하다. 이것은 『돈키호테』의 기승전결이 꽤 느슨함에도 불구하고, 읽는 사람으로 하여금 다음엔 또 무슨 일이 생길지 가슴을 두근거리게 하는 비결이다. 자, 그럼 이제 그 기발하고 가슴 뛰는 이야기 속으로 들어가보자.

제1권, 기발한 하급귀족 라만차의 돈키호테
(El Ingenioso Hidalgo Don Quixote de la Mancha)

위대하고 기발한 출발

에스파냐 안달루시아 지방의 라만차라는 작은 시골마을에 키하노라는 비썩 마른 노인이 살고 있었다. 그는 이른바 부농이라 할 만한, 전답을 좀 넉넉히 갖고 있는 편이라, 썩 부자는 아니라도 배곯을 염려는 없이 지내는 노인이었다.

다만 그는 외로운 사람이었다. 무슨 이유에선지 처자식도 없었다. 그렇다고 독거노인은 아니었다. 가정부와 조카딸이 그의 시중을 들며 함께 지내고 있었다. 그러나 어쨌든 그는 근본적으로 외로운 사람이었다.

하지만 키하노 노인은 별로 외로워하지 않았다. 아니, 외로울 틈이 없었다. 기사소설에 미쳐 있었기 때문이다. 그는 땅을 팔아가면서까지 사 모은 기사소설들로 집 안을 꽉 채웠다. 그리고 하루 종일 그 책들을 읽으며 시간을 보냈다. 그에게 가족은 없었지만, 친구들은 많았다. 그에겐 책 속의 기사, 악당, 공주, 괴물이 있었다.

경제적인 여유가 있는 노인이 가정부와 조카딸의 보살핌을 받으면서 좋아하는 책을 실컷 읽으며 여생을 보낸다. 어쩌면 이보다 복된 삶도 잘 없을 것 같다. 그러나 키하노 노인은 이 복된 삶을 스스로 걸어찼다. 기사소설에 너무 깊이 빠져든 게 문제였다. 그는 현실과 허구를 구별하지 못하는 지경에 이르고 말았던 것이다!

키하노 노인은 자신이 뛰어난 기사로서 세상에 나가 무용을 떨쳐야 한다는 망상에 빠졌다. 그리하여 스스로에게 '라만차 출신의 돈키호테'라는 거창한 이름을 붙이고, 자신 못지않게 늙어빠진 말라깽이 말에게 로시난테라는 이름을 붙여줬다. 나아가 이웃 마을의 알돈사라는 애먼 처녀에게 둘시네아라는 예쁜 이름을 멋대로 붙여준 후, 자신이 충성을 바쳐야 할 아름다운 공주님으로 삼았다.

귀스타브 도레, 〈기사소설 속에 파묻힌 키하노 노인〉

그리고 무용담을 쌓기 위한 편력여행을 떠났다. 그야말로 미친 짓이었다.

돈키호테의 기사서임식과 책들의 화형식

가슴 벅찬 여정을 시작한 돈키호테는 문득 한 가지 중요한 사실을 깨달았다. 자신이 아직 기사 서임을 받지 못했으므로 정식 기사가 아니라는 것. 하지만 괜찮다. 그깟 서임이야 얼마든지 받을 수 있다. 마침 그의 눈에 멋진 성이 들어왔고, 그는 성주를 만나 기사 서임을 부탁했다. 그러나 이 또한 망상이었다. 그의 눈에 띈 건물과 그가 만난 사람은 주막집과 그 주인이었다.

주막 주인은 꽤나 개구쟁이였던 모양이다. 이상한 노인이 찾아와 황당한 부탁을 하는데도, 재미있는 일이라는 생각에 덥석 받아들여버린 것이다. 그러나 그는 그 대가를 호되게 치러야 했다. 망상에 빠진 돈키호테가 밤에 난동을 부린 것이다. 질려버린 주막 주인은 빨리 서임식을 치러주고 돈키호테를 내보냈다. 정식 기사가 된 돈키호테는 뿌듯한 마음으로 성, 아니 주막을 나섰다.

주막을 나선 돈키호테는 기사로서 첫 번째 무용을 떨칠 기회를 맞았다. 그는 어떤 양치기 소년이 무슨 잘못을 했는지 주인에게 모진 매를 맞는 광경을 목격했다. 약자를 돕는 것은 훌륭한 기사의 큰 미덕인데, 바로 그 미덕을 증명할 수 있게 된 것이다. 그는 못된 주인을 혼내준 후 다시는 소년을 때리지 않겠다는 약속을 받아내고 유유히 떠나갔다. 그러나 그가 떠나간 후 더 화가 난 주인에게 양치기 소년이 더 모진 매를 맞으며 자신을 저주했다는 사실은 꿈에도 알지 못했다.

첫 번째 공적을 쌓은 돈키호테는 어깨를 쫙 펴고 길을 재촉했으나 곧 봉변을 당하고 말았다. 톨레도에서 온 상인들에게 공연히 시비를 걸었다가 몰매를 맞은 것이다. 운 좋게도 만신창이가 되어 뻗

귀스타프 도레, 〈산초와 함께 방랑을 떠나는 돈키호테〉

어 있던 돈키호테를 고향 출신의 농부가 지나던 길에 우연히 발견
하여 집에 데려다주었다. 하지만 그는 삭신이 쑤셔 자리를 보전하
고 누웠다. 그 와중에 큰 비극이 일어났다. 가정부와 조카딸이 마
을 신부와 이발사의 도움을 받아 돈키호테가 평생 모아둔 책들을
불태워버린 것이다. 그들은 노인이 그 책들 때문에 머리가 이상해
졌다고 믿었다.

여기서 재미있는 장면이 나온다. 그들은 책들을 몽땅 태워버리지
는 않고, 나름대로 심사를 해서 유해하다고 생각된 것들만 태웠다.

그런데 심사 대상에 올랐던 책들 중에 세르반테스의 『라 갈라테이아』가 있었다. 세르반테스의 소설 『돈키호테』 속에 작가 세르반테스와 그의 또 다른 작품이 천연덕스럽게 등장한 것이다. 더욱 재미있는 것은 세르반테스에 대한 평가였다. "시보다는 불행에 더 어울리는 사람"이 그것이다. 이 자조적인 한 마디에는 세르반테스의 평생에 걸친 한탄과 고뇌가 깃들어 있다.

책들의 화형식을 마친 사람들은 돈키호테가 깨어나자 마법사가 책들을 모두 가져갔다는 거짓말을 들려줬다. 엉뚱하지만 정직한 돈키호테는 그 말에 크게 낙담했다. 하지만 세상에 무용을 떨치겠다는 그의 야망은 결코 수그러들지 않았다. 그는 다음 여행을 준비했다.

산초, 그리고 풍차

돈키호테는 보름간 끙끙 앓고 일어났다. 그러고는 언제 아팠냐는 듯 다시 출발 준비를 했다. 게다가 이번에는 자신을 수행할 종자까지 구해서 떠났다. 그 불운한 종자는 이웃에 살던 산초 판사라는 무식하고 아둔한 소작농이었다. 이 소작농은 훗날 총독 자리를 주겠다는 터무니없는 감언이설에 낚여 괴짜 노인을 따라 나섰다. 과연 그 주인에 그 종자였다. 그리하여 돈키호테는 늙은 애마 로시난테를, 산초는 애지중지하는 당나귀를 타고 위풍당당하게 길을 떠났다. 아무도 그들을 막을 수 없었다.

귀스타프 도레, 〈풍차에게 패한 돈키호테〉

두 번째 여정에서 돈키호테가 가장 먼저 한 일은 그 유명한 '풍차와의 싸움'이다. 길을 가던 중 우연히 발견한 풍차를 보고 사악한 거인이라며 마구 공격하다가 나가떨어진 것이다. 이 황당한 광경은 돈키호테를 상징하는 장면이 되었고, 후세 사람들에게 많은 영감을 줬다.

돈키호테는 또 만신창이가 되었지만, 다시 툭툭 털고 일어나 여행을 계속했다. 다른 건 몰라도 그의 맷집이 초인적이라는 사실을 우리는 인정하지 않을 수 없다. 하지만 그에 못지않은 것이 산초의 정신적 맷집이었다. 웬만한 사람이라면 그런 꼴을 보고서는 얼른 돈키호테의 곁을 떠났을 터였다. 아무리 봐도 정상과는 거리가 멀기 때문이다. 그러나 산초는 돈키호테의 어설픈 해명 몇 마디를 듣고 꿋꿋이 그와의 동행을 계속했다.

아름다운 양치기 소녀 마르셀라

다시 길을 떠난 돈키호테와 산초는 묘한 일을 겪는다. 마르셀라라는 양치기 소녀에 대한 상사병으로 유명을 달리한 그리소스토모라는 학생의 장례식을 목격한 것이다. 그리소스토모의 친구들은 끝내 그의 사랑을 받아주지 않아 죽게 만들었다며 마르셀라를 비난했다. 그때 그녀가 나타나 자신의 미모는 자기가 원한 바가 아니며, 그로 인해 좋아하지도 않는 사람의 사랑을 받아들일 수는 없는 노릇이라고 스스로를 변호한다.

이 이야기는 세르반테스가 『돈키호테』 속에 끼워 넣었다는 여러 단편들 중 하나 아닐까 싶은데, 상당히 놀라운 데가 있다. 마르셀라의 해명은 17세기 초라는 시대가 믿겨지지 않는 현대적인 주장이다. 그렇다. 사랑하지 않는 남자의 사랑을 받아주지 않았다는 이유로 그녀를 비난한다는 것은 말이 안 된다. 그녀에게는 사랑을 선택할 권리조차 없다는 말인가? 주인공 돈키호테가 뒤로 빠져 있는 탓에 이 일화는 잘 언급되지 않지만, 깊이 음미해볼 만한 가치가 있다. 그리고 세르반테스라는 사람의 혁신적인 사상에 탄복하게 된다.

또한, 그 현장에서 마르셀라의 해명에 동의한 유일한 사람은 돈키호테였다. 그는 그녀에게 해를 입히려는 그리소스토모의 친구들을 저지하고 그녀의 보호자를 자처한다. 돈키호테는 광인이었다. 시대를 앞선 생각과 광기는 일맥상통하는 것일까?

계속되는 모험

얼핏 봐도 비정상이 틀림없는 주인에 대한 흔들림 없는 충성의 대가로 산초는 모진 고초를 겪는다. 우선 존재감 없던 늙은 말 로시난테가 쓸데없이 존재감을 과시했다. 거친 양구아스 사내들이 데리고 있던 암말을 호기롭게 덮치다가 자신은 물론 돈키호테와 산초까지 몽둥이찜질을 당하게 만들었다.

간신히 몸과 마음을 수습한 일행은 휴식을 취하러 주막에 들었는데, 돈키호테는 숙박비를 요구하는 주인에게 편력기사에게 돈

따위는 없다고 소리치며 당당하게 떠나버렸고, 산초가 대신 호된 꼴을 당해야 했다. 봉욕을 치른 산초에게 돈키호테가 해준 것은 성의 없는 위로뿐이었다.

그다음에는 길가에서 양 떼와 마주치고, 이어서 풍차를 만났을 때와 비슷한 상황이 펼쳐진다. 돈키호테는 양 떼를 사악한 적의 군대로 착각했고 공격을 퍼부어댔다. 재미있는 것은, 저들은 군대가 아니고 양 떼라며 자신을 말리는 산초에게 돈키호테가 들려준 말이다. "산초야, 두려움을 버리고 사물을 있는 그대로 바라봐라." 그렇다. 두려움에 사로잡히면 분별력을 잃는다. 그러나 지나친 공명심에 사로잡혀도 마찬가지다. 돈키호테는 물론 후자였다.

돈키호테는 그 지나친 공명심의 대가를 비싸게 치러야 했다. 성난 양치기들의 돌팔매에 갈빗대가 여럿 나가고 이빨도 많이 부러진 것이다. 하지만 초인적인 맷집의 소유자 돈키호테는 여정을 멈추지 않는다.

슬픈 얼굴의 기사와 맘브리노의 투구

이처럼 돈키호테는 마주치는 상대마다 도전했지만, 결과는 대개 신통치 못했다. 그러나 모처럼 대승을 거둘 기회를 잡았다. 당연한 일이었다. 상대가 얌전한 수도사들이었기 때문이다. 그는 우연히 장례 행렬과 마주치자. 느닷없이 망자의 복수를 하겠다며 애꿎은 수도사들을 마구 공격했다. 모두들 깜짝 놀라 도망쳤지만, 운 나쁜 수도사 한 명이 돈키호테의 창을 맞아 다리에 큰 부상을 입었다. 그가 자기 신분을 밝히며 왜 공격했는지 묻자, 돈키호테는 천연덕스럽게 세상의 불의를 바로잡기 위해서라고 답한다. 수도사는 "당신이 어떻게 불의를 바로잡을지 모르겠지만, 당신은 나를 불구자로 만들었다. 내 최악의 재난은 당신을 만난 것"이라며 울분에 차 항변했지만, 모처럼 승리감에 도취된 돈키호테는 귓등으로도 듣지 않는다.

주인이 무고한 수도사들을 해치는 동안, 산초는 수도사 일행의 식량을 주워 담느라 여념이 없었다. 그리고 약탈을 마친 후, 주인에게 '슬픈 얼굴의 기사'라는 묘한 별칭을 지어줬다. 돈키호테는 매우 흡족해했다. 과연 그 주인에 그 종자였다.

다음 날, 돈키호테는 또 하나의 적을 물리치고 값진 전리품을 얻었다. 용맹하지 않은 이발사를 무찌르고 '맘브리노의 투구'를 손에 넣은 것. 물론 한낱 이발사가 투구 따위를 가지고 다닐 리 없다. 돈키호테가 뺏은 것은 이발사가 면도할 때 사용하는 놋대야였다. 그러나 그는 그 대야가 전설로 내려오는 '맘브리노의 투구'라고 착각했다. 그는 자신의 낡은 투구를 벗어던지고 전설적인 대야를 머리에 쓴 채 의기양양하게 길을 재촉했다.

갤리선 죄수들의 해방자

이후 돈키호테는 또 한 무리의 행렬과 마주쳤다. 이는 돈키호테가 또 한바탕 허무맹랑한 활약을 펼칠 기회라는 뜻이다. 그런데 이번 행렬은 수도사나 이발사와는 질적으로 달랐다. 거칠고 난폭한 죄수들의 행렬이었던 것이다. 그들은 무적함대 갤리선의 노를 젓는 노역형을 선고받고 끌려가던 중이었다. 그는 간수들에게 자초지종을 듣고서는 그 누구도 개인의 자유를 구속해선 안 된다는 명연설을 한다. 그러나 간수들에게는 궤변으로밖에 들리지 않았다. 당연히 그들은 코웃음을 쳤고, 또 당연히 돈키호테의 맹공격을 받아야 했다. 간수들을 쫓아버린 돈키호테는 죄수들의 쇠사슬을 풀어줬다.

귀스타프 도레, 〈갤리선 죄수들을 풀어주는 돈키호테〉

자유를 되찾은 죄수들은 그에게 진심어린 감사를 표했다. 여기까지는 좋았다.

문제는 돈키호테가 죄수들에게 엘 토보소라는 곳으로 가서 둘시네아 공주님에게 감사의 말씀을 전하라고 명령했다는 사실이다. 죄수들은 당연히 그 황당한 요구를 거부했고, 돈키호테는 역시나 분통을 터뜨렸다. 그러자 죄수들은 돌팔매질로 응수했다. 돈키호테는 또 다시 만신창이가 되어 나뒹굴었다. 그러나 불량한 죄수들은 거기서 그치지 않고 산초까지 공격해 몸에 걸친 옷가지를 탈탈 털어갔다. 알몸이 된 산초는 무모한 주인을 원망하는 한편, 죄수들을 풀어주는 죄를 저질렀으니 악명 높은 종교경찰들에게 체포될까봐 벌벌 떨었다.

여러 가지 이야기

이후로는 세르반테스가 끼워 넣은 몇 가지 이야기들이 액자식 구성으로 소개된다. 그 이야기들은 돈키호테가 우연히 어떤 사람을 만나고, 그 사람의 놀라운 사연을 듣고, 또 그 사연에 얽힌 사람들을 만나는 형식으로 펼쳐진다.

우선 카르데니오라는 청년을 비롯한 네 남녀의 복잡한 사각관계 이야기가 펼쳐진다. 그리고 경솔한 호기심으로 큰 고난을 겪은 남녀의 이야기가 소개된 후, 이어서 레판토해전에 참전했다가 무어인들의 포로로 붙잡혔던 한 퇴역군인의 이야기가 나온다. 포로 이야기는

귀스타프 도레, 〈성모상을 운반하는 행렬에게 패한 돈키호테〉

물론 세르반테스의 자전적인 요소가 강하게 반영된 것이다. 이런 이
야기들은 돈키호테의 역할이 거의 없고, 따라서 『돈키호테』라는 소
설의 전개에 큰 영향을 주지 않으므로 과감히 넘어가도록 하자.

일단 끝나는 창대한 여정

돈키호테가 여행 도중 마주친 이들의 이야기에 흠뻑 빠져든 동안,
고향의 이발사와 신부가 그를 찾아냈다. 그들은 돈키호테와 마주
친 이들을 설득하여 그를 고향으로 돌려보내는 계획에 동참시킨
다. 결국 돈키호테는 그들의 계략에 빠져 고향으로 돌아가게 된다.
　돈키호테가 돌아오자 가정부와 조카딸은 그를 망친 기사소설들을

다시 한 번 소리 높여 저주한다. 산초도 아내에게 여태 뭐하다가 온 거냐며 핀잔을 들었다. 신부는 가정부와 조카딸에게 다시는 그가 떠나지 못하도록 잘 감시하라고 신신당부한다. 하지만 돈키호테는 영원히 고향 마을에서 편안히 머물 생각이 조금도 없었다.

제2권, 기발한 기사 라만차의 돈키호테
(El Ingenioso Caballero Don Quixote de la Mancha)

새로운 출발

돈키호테는 고향집에서 한 달간 푹 쉬었다. 그동안 가정부, 조카딸, 신부, 이발사는 그가 또 떠날까 봐 내내 노심초사했다. 산초는 다른 이유로 노심초사했다. 그는 아직 총독이 된다는 미망에서 깨어나지 못했기에, 다시 주인나리를 모시고 훌쩍 떠나고 싶었던 것이다. 어쩌면 그는 총독의 꿈보다는 돈키호테와 함께 여행하는 즐거움에 더 취한 것인지도 몰랐다.

　그러던 어느 날, 산초가 놀라운 소식을 갖고 돈키호테를 찾았다. 그들이 한 달 전까지 함께했던 여행담이 책으로 출판되어 엄청난 인기를 끌고 있다는 것이다! 여기서 세르반테스의 엉뚱한 재치가 빛을 발한다. 그는 『돈키호테』 1권을 출판한 후 2권을 쓰기까지 십 년의 공백을 가졌는데, 이야기 속에서는 한 달로 압축했다. 그러고는

귀스타프 도레, 〈돈키호테와 산초, 새로운 출발〉

돈키호테의 입을 빌려 어떻게 그토록 짧은 시간에 책이 나올 수 있
냐며 천연덕스레 의아해한다. 산초는 그 작가가 마법사일 거라 말하
고, 돈키호테는 무어인 사기꾼이 아닐까 의심한다.

　이토록 합리적인 돈키호테의 의심을 풀기 위해 등장하는 인물
이 젊은 학사 산손 카라스코다. 산초는 자신들이 등장하는 책에
관해 설명하게 하려고 똑똑하고 유식한 그를 데려온다. 카라스코
는 이 기이한 늙은 기사에게 진심으로 얼마간의 존경심을 갖고 있
었던 듯하다. 특히 강인한 신념과 놀라운 실천력에 대해서. 하지만
냉정하게 책의 문제점을 비판하기도 한다. 이야기가 장황해서 앞뒤

가 맞지 않는 면이 있다는 점, 그리고 두서없는 액자식 이야기 때문에 산만하다는 점 등이다. 이 또한 세르반테스의 엉뚱함과 장난스러움이 드러난 대목이다. 이처럼 자기 작품을 자기 작품 속에서 냉정하게 비판하는 작가가 얼마나 있을까? 세르반테스는 카라스코의 입을 빌려 '그래도 참 기발한 작품'이라는 칭찬으로 자기 작품에 대한 평가를 마무리한다.

그리고 카라스코의 이야기에 잔뜩 고무된 돈키호테와 산초는 또 다른 여행을 준비한다.

거울의 기사와의 대결

돈키호테와 산초는 다시 씩씩하게 길을 나섰다. 우선 돈키호테는 아름다운 둘시네아 공주를 만나 축복부터 받으려 했다. 그러나 공주님의 정체를 아는 산초는 길 가는 농민 아낙을 가리키며 둘시네아라고 대충 둘러댔다. 돈키호테가 믿으려 하지 않자, 공주님이 마법에 걸려 저리 되었다고 거짓말까지 했다. 원래 마법에 걸렸다는 말은 돈키호테가 산초의 의심을 풀어줄 때 자주 쓰던 말인데, 이제 산초가 그에게 써먹은 것이다. 청출어람이었다.

그들은 길을 떠났고, 돈키호테는 오래 지나지 않아 2권의 첫 번째 모험을 겪는다. '거울의 기사'라는 또 한 명의 편력기사와 맞대결을 펼친 것이다. 이는 상당히 흥미로운 대목이다. 1권에서 돈키호테는 늘 다수의 악당이나 괴물들과 싸워왔다. 자신 같은 기사와 일대일 대결을 벌인 적은 없었다. 그런데 이제야 비로소 그 기회를 맞은 것이다. '슬픈 얼굴의 기사' 대 '거울의 기사'. 실로 흥미진진한 대결이었다.

한데 거울의 기사는 돈키호테와 이상할 정도로 닮았다. 그에게는 돈키호테의 둘시네아처럼 사모하여 마지않는 카시데아라는 공주님이 있었으며, 마치 산초처럼 졸졸 따라다니는 볼품없는 종자도 있었다. 게다가 그는 자신의 카시데아가 돈키호테의 둘시네아보다 훨씬 아름답다고 장담했으며, 돈키호테와 싸워 이긴 적이 있다고 자랑까지 했다. 돈키호테 입장에서는 황당할 뿐이었고, 당연히 화를 내며 그를 응징하려 했다.

그런데 거울의 기사는 사실 학사 산손 카라스코였다. 그는 돈키호테의 광기를 억누르고 고향집으로 돌려보내고자 계책을 꾸몄다. 그것은 돈키호테처럼 편력기사로 분장한 뒤, 우연을 가장하여 대결을 벌이는 것이었다. 그리고 패자는 편력여행을 끝내고 조용히 집으로 돌아가야 한다는 조건을 내걸었다. 이는 물론 정신 나간 늙은이 따위는 쉽게 이길 수 있다는 자신감에서 비롯된 계책이었다.

그러나 일은 카라스코의 생각대로 풀리지 않았다. 그가 탄 말이 갑자기 말썽을 부리는 바람에, 힘 한 번 못 써보고 허망하게 쓰러진 것이다. 거울의 기사, 아니 산손 카라스코는 갈비뼈가 부러지는 중상을 입고 혼절해 쓰러졌다. 슬픈 얼굴의 기사는 쓰러진 상대의 투구를 벗기자 아는 얼굴이 나와 깜짝 놀랐지만, 대범하게도 이 또

귀스타프 도레, 〈거울의 기사를 쓰러트린 돈키호테〉

한 마법사의 장난이라 여기고 유유히 길을 떠났다. 카라스코는 상처 입은 몸과 마음을 이끌고 집으로 돌아갔다.

사자의 기사

거울의 기사를 무찌른 돈키호테는 의기양양하게 나아갔다. 그러다 돈디에고라는 학식 높은 부자를 만나 독서에 관한 수준 높은 토론을 한다. 그 토론에 질린 산초가 슬슬 넋이 빠질 무렵, 그들은 또 다른 모험과 맞닥뜨리게 된다.

이번에는 사자였다. 국왕에게 바치는 사자 두 마리를 호송하던 행렬과 마주친 것이다. 사자들마저 무찔러 용맹을 뽐내려는 생각에,

돈키호테는 호송대를 윽박질러 우리 문을 열게 했다. 그러나 사자들은 이 볼품없는 노인과 싸울 생각이 전혀 없었으므로, 귀찮다는 듯이 돌아누워 전혀 상대해주지 않았다. 초조해진 돈키호테는 별 방법을 다 써봤으나, 이 게으른 사자들의 호전성을 이끌어내는 데 실패하고 말았다. 그러나 우리의 돈키호테는 언제나 스스로를 위로할 줄 아는 인물이었다. 그는 사자들이 겁에 질린 나머지 자신과 대적할 엄두조차 못 내는 것이라 판단했다. 나아가 '슬픈 얼굴의 기사' 대신 '사자의 기사'를 새로운 별칭으로 정하고, 그 어느 때보다 당당하게 길을 재촉했다.

이 광경을 모두 지켜본 돈디에고는 돈키호테에 대해 "미쳤으면서도 제정신이고, 제정신이면서도 미친 사람"이라는 식으로 평한다.

공작 부부의 초대

사자들과의 대결 같지 않은 대결 이후, 돈키호테와 산초는 여행을 계속하며 이러저러한 모험을 했다. 물론 모험을 했다는 말은 고초를 겪었다는 뜻과 같다. 특히 산초 입장에서는 그랬다. 그들은 고된 여정을 계속했다.

그러던 어느 날, 그들은 드넓은 초원에서 매사냥을 하던 무리와 마주쳤다. 그 무리에는 아주 우아한 귀부인이 한 명 있었다. 그녀는 근방의 공작부인이었다. 그런데 놀랍게도, 그녀는 『돈키호테』 1권의 애독자였다. 요즘 식으로 말하자면 돈키호테의 열성팬인 셈이다. 공작부인은 즉시 일행을 자기네 성에 초대했다. 공작 역시 그의 팬이었으므로 열렬히 환영했다.

그런데 심각한 문제가 두 가지 있었다. 공작 부부가 돈키호테에 대해 너무 잘 알고 있었다는 것이 첫 번째였다. 그들은 돈키호테가 훌륭한 기사는커녕 정신이 반쯤 나간 노인이라는 사실을 알고 있었다. 두 번째는 공작 부부가 별로 착한 사람들이 아니라는 점이었다. 부부는 며칠 동안 겉으로는 돈키호테와 산초를 환대했지만, 속으로는 그들을 골탕 먹일 계략을 짜고 있었다.

공작 부부의 못된 장난들

며칠 후, 공작 부부는 돈키호테와 산초를 데리고 사냥에 나섰다. 그런데 어떤 숲속에 들어갔을 때, 이상한 일들이 연거푸 일어났다. 악마와 마법사들이 나타나 일행을 공포에 떨게 만들었다. 급기야 『아서왕 이야기』의 대마법사 메를린까지 등장했다. 메를린은 괴상한 여인을 하나 데려와서는, 둘시네아가 마법에 걸린 것이라고 했다. 그러고는 산초가 엉덩이에 삼천삼백 대의 매를 맞아야 그 마법이 풀린다고 주장했다. 산초는 당연히 펄쩍 뛰었지만 돈키호테의 호소와 협박, 공작 부부의 감언이설에 굴복하고 말았다.

해괴한 일은 계속되었다. 탐스러운 수염을 기른 백작부인과 시녀들이 나타나 마법을 풀어달라고 간청했고, 순진한 돈키호테와 산초는 폭죽으로 가득 찬 목마를 탔다가 하늘 높이 솟았다 떨어지며 죽을 고비를 넘겼다.

그런데 이 모든 일들은 공작 부부가 부와 권력을 동원해 치밀하게 꾸민 장난이었다. 그들은 정말 못된 사람들이었다.

총독이 된 산초 판사

그다음에 공작 부부가 꾸민 장난은 산초에게 총독 자리를 준 것이었다. 그들은 자기네 영지에서 가장 볼품없는 마을을 멋진 섬이라 속이고 산초를 총독으로 임명했다. 그토록 바라 마지않던 총독이 된 산초는 진심으로 기뻐했다. 그러나 돈키호테는 근심어린 눈으로 산초를 바라보았다. 그리고 진심 어린 충고를 건넸다. 요약하자면, "낮은 신분 출신임을 부끄러워 말고 부단히 노력하라. 오직 덕을 목표로 하여 행동하라. 덕은 혈통과 무관한 가치를 갖고 있다. 자네를 찾는 사람들을 후하게 대하라"는 것이었다. 이는 광인의 말이 아니었다. 오직 현자만이 할 수 있는 말이었다. 사실 돈키호테는 광인과 현자의 경계를 아슬아슬하게 넘나드는 인물이고, 그것이 그의 진짜 매력이다.

산초는 그의 임지로 갔고, 의외로 놀랍도록 직무를 잘 수행했다. 돈키호테의 충고를 귀담아 들은 것인지, 그는 정말로 어진 통치를 해나갔다. 하지만 못된 공작 부부는 언제까지나 산초가 훌륭한 총독으로 지내도록 내버려두지 않았다. 그들은 산초를 한껏 괴롭힐 수 있는 치밀한 장난을 준비해뒀다. 마을 사람들은 진수성찬

귀스타프 도레, 〈전쟁에 나서는 산초 총독〉

을 차린 후, 총독의 건강 운운하며 구경만 하고 먹지 못하게 했다.
'그림의 떡' 고문인 셈이었다. 또한 전쟁이 일어났다며 이상한 갑옷
을 입혀 움직이지도 못하게 한 후 마구 구타했다. 결국 산초는 기
절하고 말았다. 얼마 후 정신을 되찾은 산초는 총독 자리에서 물러
났다. 전쟁 경험이 없는 자신에게는 총독 자격도 없다는 이유였다.
그리하여 산초는 그토록 염원했던 영지를 떠나게 된다.

위작과의 만남

산초가 돌아올 때쯤 돈키호테도 공작 성에서의 생활에 염증을 느끼고 있었다. 공작 부부는 돈키호테에게도 쉴 새 없이 치졸한 장난을 쳐왔다. 주인과 종자는 모처럼 다시 의기투합하여 길을 떠났다. 공작 부부는 몹시 서운한 기색이었지만, 그들은 뒤도 돌아보지 않고 떠났다.

여행 도중 우연히 들른 주막집에서 돈키호테는 뜻밖에도 가짜 『돈키호테』 2권을 보게 된다. 몇몇 손님들이 재미나게 읽고 있었던 것이다. 이 대목 또한 세르반테스가 현실 속의 이야기를 슬며시 섞은 것이다. 그가 『돈키호테』 1권을 써내고 한동안 2권을 내지 않자, 실제로 아베야네다라는 비열한 작자가 멋대로 2권을 발표한 일이 있었다. 세르반테스는 이 위작의 존재를 알고 몹시 분노했다는데, 직접 쓴 '진짜' 2권에서 돈키호테의 입을 빌려 그 분노를 숨김없이 드러냈다.

돈키호테가 특히 분노한 것은 위작 속에서 자신이 둘시네아에 대한 사랑을 접는다는 것이었다. 그는 분통을 터뜨렸다. 그리고 위작이 왜 가짜인지 직접 증명하기로 결심했다. 그래서 그는 목적지를 사라고사에서 바르셀로나로 급히 변경했다. 위작에서 사라고사로 간다고 서술되었기 때문이다.

패배

바르셀로나에 도착한 돈키호테는 시민들의 열렬한 환영을 받았다. 그의 명성은 어느새 머나먼 카탈루냐 지방까지 퍼져 있었다. 그는 뿌듯한 마음으로 바르셀로나 구석구석을 돌아다녔지만, 그 뿌듯함은 그리 오래가지 못했다. 인쇄소를 구경하러 갔다가 번역가의 고달픈 현실을 목격했기 때문이다. 예나 지금이나 글로 먹고 살기 어렵긴 마찬가지인 모양이다. 돈키호테는 우울해졌다.

그러나 그 우울함이 절망으로 바뀔 사건이 곧 일어났다. 그는 어느 날 바닷가를 거닐던 중 하얀 달이 그려진 방패를 든 기사와 마주쳤다. '흰 달의 기사'는 즉시 돈키호테에게 도전해왔고, 패한 쪽이 편력여행을 중단하고 고향으로 돌아가야 한다는 조건을 내걸었다. 용감한 돈키호테는 언제나처럼 흔쾌히 승낙했다. 결과는 돈키호테의 깔끔한 패배였다. 그는 흰 달의 기사가 힘껏 내찌른 창에 나가떨어졌다.

흰 달의 기사는 사실 학사 산손 카라스코였다. 이미 '거울의 기사'로서 도전했다가 패배를 맛봤던 카라스코는 상처가 다 낫자 몸을 일으켜 바르셀로나까지 뒤쫓아 왔다. 그도 참 지독한 사람이었다. 이번에는 그의 말이 말썽을 부리지 않은 덕에 손쉽게 노인을 물리쳤고, 마침내 그를 고향으로 돌려보내는 숙원을 이루었다.

당시 돈키호테는 돈안토니오라는 사람의 신세를 지고 있었다. 만신창이가 된 돈키호테를 본 돈안토니오는 깜짝 놀라 흰 달의 기사

의 종적을 찾았다. 그리고 마침내 그가 학사 카라스코이며, 돈키호
테를 귀향시키기 위해 일을 꾸몄다는 사실을 알게 되었다. 돈안토
니오는 카라스코를 향해 이렇게 절규했다.

"이런 맙소사! 세상에서 가장 유쾌한 미치광이를 제정신으로 돌
려놓는다며 당신이 세상 사람들에게 입힌 손해를 부디 하느님께서
용서하시기를!"[*]

귀향과 임종

쓰디쓴 패배를 맛본 돈키호테는 엿새 동안 자리에 누워 있다가, 고
통스러운 약속을 이행하기 위해 마침내 몸을 일으켰다. 고향으로 돌
아가게 된 것이다. 그는 무거운 마음으로 라만차를 향해 떠나갔다.
그리고 그 우울한 여정에서 돈알바로라는 사람과 마주쳤다. 그는
위작에 나오는 가짜 돈키호테를 만난 적이 있는 사람이었다. 돈키
호테는 그에게 자신이 진짜 돈키호테임을 밝혔다. 돈키호테는 그를
촌장에게 데려가 자신이 진짜임을 공증받기까지 했다. 이 또한 위
작에 대한 세르반테스의 경계심이 드러나는 대목이다.

돈키호테는 마침내 고향 라만차로 돌아왔고, 집에 도착하자마자 다
시 앓아누웠다. 그리고 곧 제정신을 되찾았다. 이윽고 사람들 앞에
서 자신은 라만차의 돈키호테가 아닌 알론소 키하노라고 선언하기에

---

[*] 세르반테스, 『돈키호테』 2, 박철 옮김(시공사, 2015), 791쪽.

귀스타프 도레, 〈돈키호테의 임종〉

이르렀다. 학사 카라스코의 오랜 바람이 드디어 이루어진 것이다!

그러나 그 부작용은 너무도 심각했다. 편력기사로서의 꿈을 잃어버린 돈키호테, 아니 키하노 노인에겐 더 이상 살아야 할 이유가 없었다. 그 낭만적인 꿈과 함께 마지막 생명력까지 날아가버렸다. 바르셀로나의 돈안토니오가 괜히 절규한 것이 아니었다. 결국 키하노 노인은 "아무도 죽으려 들지 않는데 죽는 것은 미친 짓"이라며 오열하는 충성스런 산초 판사를 뒤로 하고 힘없이 눈을 감았다. 그리하여 진정한 마지막 기사 돈키호테는 허무하게 세상에 작별을 고한다.

세르반테스의 생애

유년기: 방랑

『일리아스』의 저자 호메로스의 삶에 대해서는 별로 알려진 게 없다. 『니벨룽의 노래』와 『롤랑의 노래』는 저자가 누군지조차 확실치 않다. 그러나 『돈키호테』의 저자는 확실하며, 그 삶에 관한 기록도 제법 남아 있다. 덕분에 비로소 작가에 관해 비교적 길게 이야기할 수 있게 되었다.

세르반테스의 이름은 매우 길다. 그의 본명은 미겔 데 세르반테스 사아베드라다. 그의 삶 또한 짧지는 않았다. 1547년에 태어나 칠십 년을 살다가 1616년에 세상을 떠났다. 그의 사망일은 1616년 4월 23일이었는데, 바다 건너의 윌리엄 셰익스피어(1564~1616)도 그날 숨을 거뒀다. 에스파냐와 영국이 자랑하는 최고의 문호들이 한

미겔 세르반테스

날에 떠나다니, 참으로 묘한 우연이다.

세르반테스는 1547년 9월 29일 마드리드에서 약 삼십 킬로미터 정도 떨어진 알칼라 데 에나레스라는 곳에서 가난한 의사의 일곱 자식 중 넷째로 태어났다. 당시 에스파냐는 승승장구하며 유럽의 절대강자로 한창 거듭나던 중이었다. 하지만 세르반테스의 집안 형편은 몹시 곤궁했다. 원래 그의 집안은 이달고라는 하급 귀족 신분에 속하여 꽤 부유한 편이었지만, 도가 지나친 호걸이었던 할아버지가 재산을 거의 탕진했다. 때문에 세르반테스의 아버지는 유랑의사 노릇으로 생계를 이어가야 했다. 요즘이야 의사가 병원에 앉아 있으면 환자들이 찾아가지만, 당시에는 의사들이 환자를 찾아 발품을 팔고 다녀야 했다. 형편상 그는 가족들을 데리고 다녔는데, 자식만 일곱이나 되는 대식구였으니 굉장히 고달팠을 것이다. 어쩌면 어린 시절 겪었던 유랑의 경험이 훗날 세르반테스로 하여금 돈키호테라는 편력기사를 창조하게 했는지도 모른다.

청년기: 고난

유년기의 고된 방랑은 스무 살 무렵에야 끝났다. 가족이 마드리드에 터를 잡은 것이다. 세르반테스는 모처럼 안정된 생활을 하며 유명한 인문학자 후안 로페스 데 오요스(1511~1583)에게 가르침도 받을 수 있었다. 그러나 방랑은 그의 팔자였나 보다. 스물두 살 되던 1569년, 그는 갑자기 에스파냐를 떠난다. 어떤 왕족과 결투를 한 끝에 부상을 입혔는데, 그 처벌이 두려워 도망친 것이라는 설이 유력하다. 또한 그 처벌은 한쪽 팔을 자르는 것이었다고 한다. 과연 도망칠 만도 하다. 그의 삶은 자기 작품의 주인공 못지않게 매우 파란만장했다.

하지만 얼마 지나지 않아 좋은 기회가 찾아왔다. 에스파냐가 큰 전쟁을 준비하고 있었던 것이다. 당시에는 범법자라 해도 전쟁터에 나가면 사면받을 수 있었다. 세르반테스는 당연히 입대했다. 그가 참전한 전투는 유명한 레판토 해전(1571)이었다.

훗날 그는 에스파냐 역사상 가장 찬란한 승리를 거둔 전투에 참가했던 일을 매우 자랑스러워했다. 그는 이를 "내 삶에서 가장 영광스러웠던 활동"이라 회상했다. 하지만 그 대가는 비쌌다. 왼팔에 부상을 입어 영영 쓰지 못하게 된 것이다. 기어이 한쪽 팔을 잃다니, 운명이라기엔 너무 섬뜩하다. 그는 '레판토의 외팔이'라는 별명을 얻었다.

그 후 그의 삶은 더욱 꼬여만 갔다. 1575년에 제대하여 귀국하던 중 알제리 해적에게 납치되었다. 해적들은 석방 조건으로 몸값을 요구했지만, 가난뱅이 세르반테스에게는 그럴 돈이 없었고, 덕분에

레판토 해전

장장 오 년 동안 포로생활을 해야 했다. 1580년에야 그는 간신히 에스파냐로 돌아갈 수 있었다. 무려 십일 년 만의 귀국이었다. 홍안의 스물두 살 청년은 서른셋의 중년사내가 되어 돌아왔다. 얻은 것은 레판토 해전의 짧은 영광이요, 잃은 것은 왼쪽 팔이었다. 그리고 남은 것은 장차 먹고살 걱정이었다.

당시 세르반테스의 처지는 마치 그의 조국을 상징하는 듯했다. 레판토 해전은 분명 에스파냐의 큰 자랑거리였지만, 현실적인 이득은 별로 없었다. 오히려 막대한 전쟁비용을 충당하느라 가뜩이나 기울어가던 나라살림은 절망적인 수준에 이르렀고, 가장 든든한 세금 원천이던 저지대(현재의 네덜란드와 벨기에)에서는 반란이 점점 심각해지고 있었다. 얻은 것은 명예요, 잃은 것은 돈이고, 남은 것은 반란이었다.

장년기: 빈곤

세르반테스는 먹고살려 애썼으나 쉽지 않았다. 11년 동안 해외를 떠돈 탓에 인맥도 없었고, 외팔이가 할 수 있는 일 자체가 적었다. 그렇게 몇 년의 세월이 허망하게 흘러갔다.

그러나 그동안 세르반테스가 아무 일도 하지 않은 것은 아니었다. 어떤 유부녀와 뜨거운 사랑을 나누기도 했고, 그 사이에서 유일한 혈육인 딸을 봤으며, 마침내 가슴 아픈 이별을 맛봐야 했다. 또한 뜬금없이 열여덟 살 연하의 처녀와 결혼을 하기도 했다. 그리고 본격적인 집필을 시작했다. 『라 갈라테이아』 『라 누만시아』 등이 그 무렵의 작품들이다. 그는 열심히 글을 썼지만, 생계에 보탬이 되지는 못했다. 그래도 그는 자기 글에 상당한 자부심과 애정을 갖고 있었던 모양이다. 훗날 『돈키호테』에 『라 갈라테이아』에 관한 대목을 끼워 넣은 걸 보면 말이다. 돈키호테 주변 사람들이 그의 책들을 태워버리는 장면이 바로 그 대목이다.

"그런데 그 옆의 책은 뭔가?"

"미겔 데 세르반테스의 『라 갈라테이아』네요."

"그 세르반테스란 작가는 나하고 오래전부터 알았는데, 그 친구는 시보다는 불행에 더 익숙한 사람이지. 그 친구가 지은 책은 기발한 생각들이 약간 들어 있기는 하지만, 시작만 해놓고 결론이 없단 말이야. 혹시 고칠 곳을 고치면 지금은 아니라도 장차 우리의 총애를 받을 수 있을지 모르지. 그동안 자네 방에 놓아두세."*

'시보다는 불행에 더 익숙한 사람이다.' 우스우면서도 서글픈 이 자조적인 한마디는 세르반테스의 정체성을 단적으로 보여준다.

그 후 삶은 그의 자조대로 불행하게 흘러갔다. 가장이 된 세르반테스로서는 언제까지 팔리지도 않는 책만 쓰고 있을 수 없었다. 1587년 이후 그는 무적함대의 군수보급관이나 세금징수원 일을 하며 박봉으로 힘겹게 생계를 이어갔다. 그러나 그의 결혼생활은 불과 이 년 만에 파탄으로 끝났다. 나라 사정도 썩 밝지 못했다. 1588년 에스파냐는 잉글랜드를 치려다가 무적함대가 궤멸당하는 수모를 맛봤다.

한때 자랑스러운 에스파냐 해군이었던 세르반테스도 이 패전 소식에 큰 충격을 받았다. "우리 함대가 퇴각한 것은 적의 능란함 때문이 아니라, 저 감당할 수 없는 폭풍과 바다와 하늘 때문"†이라는 그의 말 속에는 감당하기 힘든 치욕과 불행을 마주한 에스파냐인의 심정이 생생히 담겨 있다.

---

*   세르반테스, 『돈키호테』 1, 박철 옮김(시공사, 2015), 106~107쪽.
†   강준만, 『미국사 산책』 1, (인물과사상사, 2010), 75쪽.

1597년에는 횡령 혐의를 쓰고 석 달의 옥살이를 하는 고초를 겪었다. 그런데 이 옥살이가 마냥 불행한 일만은 아니었다. 감옥 안에서 『돈키호테』를 구상했기 때문이다. 이 때문인지, 『돈키호테』의 뮤지컬 〈라만차의 사나이〉는 세르반테스가 감옥에서 사람들에게 이야기를 들려주는 형식으로 진행된다. 가장 힘들 때 최고의 작품을 구상했으니, 그야말로 진흙에서 연꽃이 피어난 격이다.

노년기: 돈키호테

그 후 세르반테스는 꾸준히 『돈키호테』의 저술을 이어갔다. 그리고 마침내 1605년 『돈키호테』 1권을 세상에 선보였다. 대성공이었다. 『돈키호테』 1권은 출판한 해에만 육 쇄를 찍는 공전의 히트를 쳤다. 그러나 정작 재미를 본 것은 출판사뿐이었다. 워낙 돈이 급했던 세르반테스가 일정한 원고료만 받고 판권을 출판사에 넘겼기 때문이다. 따라서 책이 아무리 많이 팔려도 그에게는 동전 한 닢 더 떨어지지 않았다. 재주는 곰이 부리고 돈은 되놈이 번 격이었다. 심지어 그해 여름에는 억울한 살인 누명을 쓰고 다시 감옥에 갇히는 수난까지 겪었다. 다행히 곧 풀려나긴 했지만, 이 불운한 작가의 삶은 어지간히도 풀리지 않았다.

1608년 세르반테스는 마드리드로 옮겨가 전 부인과 재결합했다. 그러나 이듬해 느닷없이 수도원에 들어가 수도사가 된다. 어느덧 그는 예순을 넘긴 노인이 되어 있었는데, 어쩌면 힘겨운 삶에서 슬슬 퇴장할 준비를 하고 있던 것이 아닌지 모르겠다. 다만, 수도사가 되어서도 글은 계속 썼다. 그는 『모범소설집』『파르나소 여행』 같은 작품들을 발표했다.

그러던 어느 날, 그의 귓가에 황당하기 짝이 없는 소문이 들려왔다. 『돈키호테』 2권이 출판되어 큰 인기를 끌고 있다는 것이다! 쓰지도 않은 책이 팔리다니? 물론 그 『돈키호테』 2권은 위작이었다. 기가 막힌 세르반테스는 이 사태를 바로잡아야겠다고 결심했다. 그리하여 1615년 진짜 『돈키호테』 2권을 출판했다. 그리고 2권 마지막에 돈키호테의 죽음을 그려, 다시는 위작이 세상에 나오지 못하도록 못을 박아버렸다.

일 년 뒤인 1616년 4월, 세르반테스는 수종증에 걸려 자리에 누웠고, 다시 일어나지 못했다. 정말 마음 아픈 일은, 평생 글을 썼고 위대한 작품을 남겼지만 언제나 궁핍했던 이 불쌍한 작가가 생의 마지막 순간까지도 손에서 펜을 놓지 않았다는 사실이다. 그는 『사랑의 모험』*이란 소설을 완성하지 못한 채 숨을 거뒀다. 『사랑의 모험』은 그가 죽은 다음 해에 유작으로 발표되었다. 이 소설을 쓸 당시 세르반테스는 이미 자신의 죽음을 예견했던 것 같다. 유작 속에 작별의 말을 남긴 것이다.

---

* 1617년에 출판된 이 책의 원제는 『페르실레스와 시히스문다의 여행(Los trabajos de Persiles y Sigismunda, historia septentrional)』이다.

"모든 시간은 계속해서 이어지는 것이 아닙니다. 아마도 이 끊어진 실을 이으면서, 내가 여기서 쓰지 않은 것들, 그리고 잘 어울렸던 부분들을 언급할 시간이 올 겁니다. 안녕, 아름다움이여. 안녕, 재미있는 글들이여. 안녕, 기분 좋은 친구들이여. 만족스러워하는 그대들을 다른 세상에서 곧 만나길 바라면서 난 죽어가고 있다오."*

---

* 세르반테스, 『사랑의 모험』, 조구호·임효상 옮김(바다출판사, 2000), 4쪽.

세르반테스 시대의
에스파냐와 유럽

르네상스

이탈리아

11세기 말부터 약 이백 년 동안 진행된 십자군 운동은 결국 참담한 실패로 돌아갔다. 십자군 운동이 종료된 13세기 후반에도 예루살렘은 여전히 이교도의 손에 있었다. 4차 십자군에게 뒤통수를 맞아 어이없이 무너졌던 동로마 제국은 1261년 콘스탄티노플을 탈환하고 부활했으나, 예전의 강력함은 도저히 찾아볼 수 없는 중환자 신세였다. 하느님의 이름으로 보낸 군대의 잇단 실패로 교황의 권위는 크게 떨어졌고, 유럽 군주들은 성지 탈환의 포부를 완전히 버렸다.

그러나 십자군이 암울함만 남긴 것은 아니었다. 오랫동안 우물 안 개구리처럼 지내던 유럽인들은 십자군 원정을 통해 모처럼 외부 세계와 접촉할 계기를 마련했다. 그리고 선진적인 동방의 찬란한 문물은 유럽인들에게 큰 자극이 되었다. 동방의 귀중품이 유럽에 소개되며 상업과 도시가 발달하기 시작했고, 이는 중세 유럽 경제의 근간이던 장원이 해체되는 결과를 낳았다. 또한 월등히 높은 이슬람의 문화 수준에 감탄한 유럽 지식인들의 학구열이 높아지기도 했다.

십자군 운동에서 가장 많은 영향을 받은 지역은 아무래도 이탈리아였다. 원래 이탈리아는 중세의 농업 중심적이고 폐쇄적인 특색이 덜한 곳이었다. 고대 로마의 찬란한 유산이 아직 남아 있었고, 동로마와의 교역 덕에 상업이 쇠퇴하지 않았으며, 십자군 기간 동안에는 '전쟁 특수'를 통해 더욱 부유해졌다. 또한 동로마 제국과 이슬람 세계의 선진 문물을 가장 먼저 접할 수 있는 곳도 이탈리아였다.

따라서 '르네상스(Renaissance)'라는 문예부흥운동이 이탈리아에서 시작된 것은 어쩌면 당연한 일이었다. 인간은 먹고사는 문제가 해결되면 문화에 관심을 갖게 마련인데, 이탈리아는 부유했을뿐더러 고대의 찬란한 문화가 간직된 곳이었기 때문이다. '재생'이라는 뜻의 르네상스는 중세 내내 잊혀졌던 고대 그리스·로마 문화에 대한 관심으로 시작되었다. 고대 문화에 관심을 가졌다는 것은 크리스트교 중심의 분위기에서 벗어나기 시작했다는 말과 같다. 바꿔 말하자면, 희로애락 같은 인간 본연의 감정에 충실해졌다는 뜻이기도 하다. 따라서 근대적 휴머니즘의 뿌리를 이탈리아 르네상스에서 찾을 수 있다.

또한 밀라노, 피렌체, 베네치아 등 이탈리아 북부의 부유한 도시 국가들에서는 정치가나 대상인들이 유명한 예술가들에게 파격적인 지원을 아끼지 않았다. 뛰어난 예술품을 제공하여 대중에게 인기를 끄는 것이 그들에게 여러모로 이로웠기 때문이다. 덕분에 오늘날 우리는 다빈치, 미켈란젤로, 라파엘로 등이 남긴 훌륭한 작품들을 감상할 수 있다.

르네상스의 뜨거운 바람은 미술뿐 아니라 문학 쪽에도 불어왔다. 14세기에는 페트라르카, 보카치오 같은 문인들이 로마의 옛 글들에 관심을 기울였으며, 동로마 제국의 멸망(1453)을 전후한 15세기 중반에는 동로마 지식인들이 대거 유입되어 그리스 문학에 대한 연구가 활발히 이루어졌다.

페트라르카

보카치오

그 외 지역

15세기 중반, 또 하나의 역사적인 사건이 일어났다. 독일의 요하네스 구텐베르크(1394~1468)가 금속활자 개발에 성공한 것이다. 유럽의 인쇄소가 폭발적으로 증가했고, '책의 혁명'이라 해도 좋을 정도로 신속하고 광범위한 서적의 보급이 이루어졌다. 이는 이탈리아에 비해 문화 수준이 낮았던 다른 지역에도 르네상스가 전파되는 데 혁혁한 공을 세웠다. 이를 가리켜 '알프스 이북 르네상스', 혹은 '북유럽 르네상스'라고 부르는데, '이탈리아 이외 지역의 르네상스' 정도로 이해하면 될 것 같다.

묘한 사실은, 세속적이고 낭만적인 경향이 강했던 이탈리아 르네상스에 비해, 그 외 지역에서는 종교나 사회를 비판하는 다소 어둡고 무거운 경향이 나타났다는 점이다. 네덜란드의 데시데리위스 에라스뮈스(1466?~1536)는 『우신예찬』(1511)에서 당시 교회의 허례허식과 성직자들의 부패 및 무능을 꼬집었다. 이 책은 장차 종교개혁의 불씨가 되었다. 잉글랜드의 토머스 모어(1451~1530)는 『유토피아』(1516)를 통해, 당시 영국의 정치, 사회를 비판하며 해결책을 제시했다. 후기 르네상스의 쌍두마차라 할 수 있는 에라스뮈스와 토머스 모어는 절친한 벗이었으며 서로 큰 영향을 주고받았다. 세르반테스 또한 『돈키호테』를 통해 당시 에스파냐의 실상을 생생히 묘사하며 날카롭게 풍자했다. 이 역시 르네상스의 큰 흐름에 따른 것이라 할 수 있다.

레콩키스타

여기서 잠시 『롤랑의 노래』와 『돈키호테』 사이의 에스파냐 역사를 간단히 살펴보도록 하자. 샤를마뉴 시대 이후에도 이베리아반도는 오랫동안 이슬람 세력들의 터전으로 남았다. 물론 크리스트교 측도 그 커다란 반도를 마냥 포기한 것은 아니었다. 크리스트교인들은 이슬람 세력을 몰아내고 반도를 다시 하느님의 땅으로 되돌리기 위해 꾸준히 노력했다. 그 노력의 과정을 '레콩키스타(Reconquista)'라 한다. 이는 '재정복'이란 뜻인데, 이슬람에게 정복당한 땅을 자신들이 다시 정복하겠다는 의지가 담긴 말이다.

레콩키스타의 역사는 매우 길다. 레콩키스타는 반도 최후의 크리스트교 국가였던 서고트 왕국이 후기 우마이야 칼리프조에 의해 멸망(711)한 직후부터 시작되었다. 불과 칠 년 뒤인 718년, 살아남은 서고트 왕족이 반도 북부 귀퉁이에 아스투리아스라는 작은 왕국을 세운 것이 그 시작이다.

물론 초기 아스투리아스 왕국은 막강한 후기 우마이야 칼리프조를 상대로 힘겨운 투쟁을 벌여야 했다. 특히 8세기 중반에 샤를마뉴의 원정마저 실패로 돌아가면서, 아스투리아스는 더욱 고립되는 듯 보였다. 그러나 그들은 끈질기게 살아남았고, 얼마 후 우군이 나타나기 시작했다. 9세기부터 반도 북부에 다른 크리스트교 국가들이 하나둘 성립된 것이다. 우선 롱스보 전투에서 샤를마뉴의 군대를 격파했던 바스크인들이 대서양 연안과 피레네산맥 사이의 좁은 틈에 팜플로나 왕국을 세웠다. 또한, 반도 동북부 지중해 연안 지역에는 바르셀로나를 중심으로 친(親)프랑스 성향의 카탈루냐 공국이 자리 잡았다. 그리고 그 바로 아래에는 아라곤 왕국이 터를 잡고 있었다.

크리스트교 국가들이 때로는 경쟁하고 때로는 협력하며 세력을 키우는 동안, 후기 우마이야조는 서서히 내리막길을 걷기 시작했고, 급기야 기나긴 내전 끝에 멸망하고 말았다.(1031) 그 광활한 영토는 여러 작은 나라들로 잘게 찢어졌다. 이 소국들을 타이파(taifa)라 불렀는데, 이는 아랍어로 '분파'라는 뜻이다.

후기 우마이야조는 엄청난 부를 자랑했으므로, 타이파들 또한 작지만 매우 부유했다. 그런데 그들은 자기들끼리 싸우는 데 그 부를 낭비했다. 반도 북부에 도사리고 있던 크리스트교 국가들의 군대를 경쟁하듯 용병으로 고용했던 것이다. 아스투리아스의 후계국 카스티야, 팜플로나의 후계국 나바라, 그리고 아라곤은 타이파들의 돈으로 군사력을 더욱 강화했고, 마침내 타이파들을 공격해 대거 멸망시켜버렸다. 타이파들은 자신들의 멸망에 필요한 비용을 스스로 댄 셈이었다. 이래서 집안싸움이 무서운 법이다.

그러나 12세기 후반, 이슬람 세력의 마지막 거센 반격이 이루어졌다. 북아프리카 출신의 강력한 무와히둔 칼리프조(1130~1269)가 반도에 상륙했다. 그들은 반도의 이슬람교도들을 규합하여 크리스트교 국가들의 남하를 저지하는 데 성공했다. 하지만 대세는 이미 기울어져 있었다. 카스티야, 나바라, 아라곤, 그리고 새로운 강자 포르투갈이 뭉친 크리스트교 연합군은 대대적인 반격을 가해 무와히둔조의 군대를 궤멸시켰다.(1212) 치명적인 패배를 당한 무와히둔조는 북아프리카로 철수했고, 다시는 세력을 회복하지 못했다. 그리고 반세기 후에는 아예 멸망하고 말았다.(1269)

무와히둔 칼리프조의 철수는 레콩키스타가 사실상 완료된 것이나 마찬가지임을 알리는 사건이었다. 반도 대부분이 크리스트교 땅으로 돌아왔다. 아직도 이슬람 세력 아래 남아 있는 땅은 남부 끄트머리의 그라나다 에미르국*뿐이었다. 그래도 그라나다는 향후

* 에미르(emir)가 통치하는 나라. 에미르는 이슬람 세계의 제후라 할 수 있다.

프랑스

나바라

카탈루냐

카스티야

아라곤

포르투갈

이슬람 세력권

1157년 이베리아반도

프랑스

나바라

아라곤

카스티야

포르투갈

그라나다

1400년 이베리아반도

이백 년 넘게 살아남았다. 하지만 그 생존 비결이 무척 씁쓸했다. 카스티야 왕국의 속국이 된 것이다.

에스파냐의 통일과 레콩키스타의 완료

1469년, 엄청난 사건이 일어났다. 카스티야 왕국과 아라곤 왕국이 통합된 것이다. 가장 넓은 영토를 보유한 카스티야는 이베리아반도를 대표하는 강대국이었고, 아라곤 또한 카탈루냐, 발렌시아, 시칠리아 등을 차례로 흡수하여 세를 불린 무시 못 할 강자였다. 이 두 왕국의 통합은 곧 이베리아반도의 통일과 다름없었다.

게다가 통합은 매우 평화적인 절차로 이루어졌다. 카스티야의 이사벨라 1세(재위 1474~1504)와 아라곤의 페르난도 2세(재위 1479~1516)가 결혼식을 올린 것이다. 물론 다분히 형식적인 통합이긴 했다. 이사벨라와 페르난도는 각자의 왕위를 유지했으며, 서로 원래의 영토를 통치하며 간섭하지 않았다. 두 왕의 실질적인 협력은 외교와 군사에 국한되었다. 그래도 아무튼 통합은 통합이었고, 교황은 그들에게 '가톨릭 부부왕'의 칭호를 선물했다.

에스파냐는 이베리아반도의 통일국가가 되었다. 물론 예외는 있었다. 한때 잘나갔던 나바라는 보잘 것 없는 소국으로 전락했지만, 프랑스와의 완충지대라는 지정학적 중요성 때문에 간신히 독립을 유지할 수 있었다. 또한, 서부의 포르투갈은 이미 적극적인 인도항로 개척을 통해 독자적인 실력을 쌓았으므로 충분히 홀로서기가 가능했다.

남부에도 아직 남아 있는 나라가 있었다. 그라나다 에미르국이었다. 그라나다는 카스티야에 막대한 조공을 바치며 연명해왔지만, 새로운 에스파냐는 더 이상 이 이교도 속국을 내버려둬야 할 이유를 찾지 못했고 1492년에 결국 합병시켜버렸다.

그라나다의 멸망은 레콩키스타가 명실상부 종료되었으며, 더 이상 반도에 이슬람교도들이 살 곳이 없어졌음을 의미했다. 그럼 그라나다의 이슬람교도들은 어떻게 되었을까? 이미 조상 대대로 살아왔던 터전을 갑자기 떠날 수도 없는 노릇이었다. 그래서 그들은 겉으로는 가톨릭으로 개종하되 은밀히 이슬람 신앙을 유지하는 방법을 택했다. 본디 이베리아반도의 이슬람교도들을 무어인이라 했는데, 이때 가톨릭으로 개종하여 에스파냐에 남은 무어인들을 '모리스코'라 부르게 되었다.

레콩키스타의 오랜 역사는 『돈키호테』에도 곳곳에 흔적을 남겼다. 우선 돈키호테가 기사문학에 탐닉하고 편력기사의 꿈을 꾼 사실부터 그렇다. 돈키호테의 고향 라만차는 안달루시아 지역에 속한 마을인데, 안달루시아는 가장 오래 이슬람 세력의 지배를 받은 곳이었다. 무와히둔 칼리프조의 거점 코르도바는 안달루시아 북부의 도시였으며, 그라나다 또한 안달루시아 남부에 있었다. 안달루시아는 반도로 건너온 이슬람 세력의 오랜 중심지였던 셈이다.

따라서 안달루시아의 크리스트교인들은 누구보다 힘겹게 이슬람의 지배에 저항해왔다. 그들은 주로 기사단을 조직해 레지스탕스처럼 활동하는 방식을 택했다. 따라서 안달루시아는 크리스트교 기사들의 본고장처럼 되었다. 『돈키호테』에서 자주 언급된 『아마디스 데 가울라』 같은 기사문학이 이 지역에서 큰 인기를 끈 것은 결코 우연이 아니었다.

『돈키호테』에는 모리스코들이 간혹 등장하기도 한다. 세르반테스의 자전적 인물인 포로의 이야기에 등장하는 소라이다라는 미녀가 대표적인 예다. 그녀는 크리스트교도인 포로와 사랑에 빠져 아직 이슬람 신앙을 고수하고 있던 아버지를 배신한다.

대항해시대의 개막

포르투갈의 인도항로 개척

1453년, 수세기에 걸쳐 이슬람교라는 거친 파도로부터 크리스트교 세계를 보호해왔던 거대한 방파제가 무너졌다. 오스만투르크의 끈질긴 공세를 견디다 못 한 동로마 제국이 끝내 멸망한 것이다. 동로마의 멸망은 이슬람교 세계가 마침내 크리스트교 세계에 승리를 거뒀다는 상징처럼 받아들여졌다. 그로 인해 유럽의 우울감은 나날이 깊어졌다.

게다가 현실적인 어려움도 만만치 않았다. 무엇보다 동방과의 교역에 큰 차질이 생겼다. 승자 오스만투르 크 앞에 유럽 상인들은 저자세로 일관할 수밖에 없었다. 한때 잘 나갔던 베네치아, 제노바 같은 이탈리아 도시국가들도 고전 을 면치 못했다. 특히 문제가 된 것은 당 시 필수품이었던 향신료였다. 원산지 인도 와의 직접 교역이 불가능한 유럽 상인들은 이슬람 세계를 통해 어렵사리 구입해야 했 는데, 이제 그게 어려워진 것이다.

포르투갈의 항해왕자 엔히크

　따라서 대안을 모색해야 했다. 최고의 대안은 당연히 인도와의 직접 교역이었다. 가장 발 빠르게 움직인 나라는 포르투갈이었다. 포르투갈 왕자 엔히크(1394~1460)는 아프리카의 해안선을 따라 항 해하면 오스만투르크의 영토를 우회하여 인도에 도착할 수 있다 는 놀랍고도 대담한 발상을 했다. 그는 적극적으로 대형 조선소와 항해학교를 세워 조선업과 항해술 발전에 모든 역량을 쏟아부었 다. 덕분에 포르투갈 배들은 조금씩 아프리카 바다를 개척해나갈 수 있었다. 그리고 엔히크는 '항해왕자'라는 멋진 별명을 세상에 남 겼다.

　항해왕자가 세상을 떠난 후에도 포르투갈의 인도항로 개척은 계속되었다. 1488년에는 바르톨로뮤 디아스(1451?~1500)가 희망봉 을 발견했으며, 1502년에는 바스쿠 다가마(1469?~1524)가 마침내 인도에 도착하여 항해왕자의 숙원을 풀었다. 이로써 이베리아반도의 소국에 불과했던 포르투갈은 작지만 부강한 나라로 발돋움할 수 있는 전기를 마련했다.

콜럼버스의 대서양 횡단

포르투갈의 성공은 주변 국가들에게 엄청난 충격과 자극을 줬다. 특히 에스파냐 입장에서는 작은 이웃의 큰 업적을 도저히 무시할 수 없었다. 그들 역시 인도와의 교역을 갈망했으나, 포르투갈에 선수를 빼앗긴 곤란한 상황이었다. 같은 크리스트교 국가인 포르투갈이 공들여 개척한 항로에 무턱대고 침입할 수는 없었기 때문이다. 바로 그때, 묘한 세계관을 가진 사람들이 나타났다.

묘한 세계관이란 '지구구형설'을 의미한다. 말 그대로 지구가 둥글다는 것이다. 사실 이는 완전히 새로운 학설은 아니었다. 기원전 6세기에 이미 그리스 수학자 피타고라스가 지구는 둥글다고 주장했고, 아리스토텔레스 같은 후배들도 그를 지지했다. 그러나 성경에는 지구가 둥글다는 언급이 전혀 없으므로, 중세에 접어들며 교회로부터 배척받아 점차 잊혔다. 그러다가 고대 문화와 학문에 관심이 급증한 르네상스를 맞아 지구구형설에 관심을 갖는 사람들이 나타나기 시작했다.

그런 사람들 중에 제노바의 상인 크리스토퍼 콜럼버스(1451~1506)가 있었다. 그는 지구구형설이 옳다면, 동쪽이 아닌 서쪽으로 꾸

준히 항해해도 언젠가는 인도에 도착하리
라 생각했다. 모로 가도 서울만 가면 된다
는 식이다. 그는 당장 실행에 옮기고 싶었
지만, 비용이 이만저만 드는 일이 아니라
는 점이 문제였다. 그때 후원자로 나선 것
이 에스파냐 왕실이었다. 지구가 둥글다는
콜럼버스의 믿음과 새로운 인도항로에 대
한 에스파냐의 절박함은 1492년의 전설적
인 대서양 횡단으로 이어졌다.

크리스토퍼 콜럼버스

　그 후에 일어난 일들은 모두가 잘 아는 바와 같다. 그는 약 칠십
일간의 고통스러운 항해 끝에 새로운 땅에 도착했다. 콜럼버스는
죽을 때까지 그곳이 인도라고 믿었지만, 사실은 당시까지 유럽인들
이 알지 못했던 아메리카 대륙이었다. 그는 인도항로를 개척한 대
신 신대륙을 발견한 것이었다.

에스파냐의 식민지 경영

가톨릭 부부왕은 에스파냐를 강대국으로 만들었다. 레콩키스타를
완료한 직후, 콜럼버스가 발견한 신대륙에서 엄청난 부를 획득했
다. 여기서 잠깐, 획득이란 말은 사실 다분히 포장된 것이다. 엄밀
히 말해 착취였다. 콜럼버스와 그 후계자들은 서인도제도의 원주
민들을 무자비하게 쥐어짰다. 수없이 많은 원주민들이 에스파냐에

서 온 정복자들에게 끔찍하게 시달린 끝에 비참하게 목숨을 잃었다. 이 참상은 당시 정복에 참여했던 성직자 바르톨로메 데 라스카사스(1484~1566)에 의해 생생히 기록되었다.

> "도망갈 수 있는 사람들은 산으로 도망가 인간성과 동정심을 모두 버리고 야수처럼 날뛰는 학살자들을 피했다. 에스파냐인들은 사나운 개들을 풀어 그들이 보이는 대로 찢어발기게 했다."[*]

에스파냐의 신대륙 정복과 식민지화는 16세기 전반에 더욱 활발히 이루어졌다. 에스파냐의 정복자들은 아스테카 왕국과 잉카 왕국을 차례로 무너뜨리며 순식간에 중앙아메리카와 남아메리카의 넓은 지역을 점령했다. 이어서 아스테카 왕국이 있던 오늘날의 멕시코 일대와 잉카 왕국이 있던 페루 일대에 각각 부왕령(副王領, Virreinato)을 설치했다.

부왕령은 말 그대로 에스파냐 국왕의 대리인인 부왕들이 통치하는 땅으로 식민지를 의미한다. 우리 역사의 일제강점기에 설치되었던 조선총독부를 떠올리면 비슷할 것이다. 부왕령에는 당연히 대서양을 건너온 에스파냐인들이 농장이나 광산 소유주가 되어 원주민들의 노동력을 무자비하게 착취하는 생산방식이 자리 잡았다.

---

[*] 존 캐리, 『역사의 원전』, 김기협 옮김(바다출판사, 2007), 152쪽.

에스파냐 정복자들의 원주민 학살

수십 년 전 라스카사스가 비난하고 경고했던 악랄한 식민지 통치
방식이 숫제 체계적으로 자리 잡은 것이다.

그런 식민지 통치 방식은 비난받아 마땅한 것이었지만, 어쨌든
에스파냐는 그로 인해 엄청난 부를 거머쥐고 순식간에 유럽 최강
국가로 올라설 수 있었다. 따라서 당시 에스파냐 사람들은 전통적
인 농업 위주의 사회에서 얼마간 벗어나 큰 성공을 거둘 기회를
잡을 수 있었다.

『돈키호테』의 포로 이야기에서는 아버지가 아들 삼형제에게 성
공을 위해 "교회나 바다나 왕궁으로 가라"고 말했다는 대목이 나
온다. 이는 레콩키스타를 완료함으로써 온전한 크리스트교의 땅으
로 거듭난 종교적 분위기, 신대륙으로 건너가 크게 성공할 수 있다

는 사회적 분위기, 그리고 왕권이 크게 강화되었던 정치적 분위기를 한꺼번에 드러낸 말이었다. 포로는 아버지의 말을 좇아 해군에 들어갔고, 그의 동생은 왕궁으로 가서 판관이 되었다. 포로는 돈키호테와 함께 머물던 주막에서 신대륙의 부왕령에 파견 나가던 동생과 우연히 마주치는데, 이는 당시 에스파냐의 현실이 몹시 잘 나타난 대목이다.

합스부르크 에스파냐

카를로스 1세의 즉위: 합스부르크 에스파냐의 성립

카스티야의 이사벨라와 아라곤의 페르난도는 결혼을 통해 에스파냐의 통일을 이루었다. 그러나 매우 불완전한 통일이었다. 앞서 말했듯이, 두 왕은 카스티야와 아라곤을 각자 따로 통치했던 것이다. 하지만 이는 곧 시간이 해결해줄 문제였다. 카스티야와 아라곤 왕실의 혈통을 모두 이은 부부왕의 후계자는 에스파냐의 유일한 왕이 될 터였기 때문이다.

그러나 부부왕은 자식 복이 없었다. 그들은 일 남 사 녀를 두었지만 장남과 장녀가 일찍 죽었고, 차녀 후아나는 정신상태가 온전치 못했다. 그녀는 역사에 '광녀(狂女) 후아나'라는 이름을 남겼다. 그녀는 1504년 어머니 이사벨라여왕이 죽자 카스티야 왕위를 계승했다. 장차 아버지마저 세상을 떠난다면 아라곤의 왕관을 마저 쓸으로 유일한 에스파냐 왕이 될 터였지만, 딸을 지켜보는 페르난도 왕의 심경은 매우 착잡했다. 1506년 남편 펠리페가 요절한 뒤로 그녀의 광증이 더욱 심해졌기 때문이다.

1516년, 임종이 다가옴을 느낀 페르난도 2세는 결단을 내렸다. 후아나에게 에스파냐를 통째로 맡길 수는 없었다. 다행히 그녀는 짧은 결혼생활 동안 자식을 여럿 낳았다. 장남의 이름은 카를로스였다. 페르난도는 이제 막 열일곱 살이 된 외손자에게 아라곤 왕위를 물려줌과 동시에, 카스티야의 공동 왕으로 즉위케 했다. 그리하여 최초로 카스티야와 아라곤의 왕관을 모두 쓴 사람이 나타났다. 진정한 에스파냐의 왕이 탄생한 것이다. 그가 바로 카를로스 1세(재위 1516~1556)다.

에스파냐 왕실이 외갓집인 것만도 엄청났지만, 카를로스 1세의 혈통은 그 이상이었다. 친가는 다름 아닌 신성 로마 제국 황실이었다. 그의 요절한 아버지 펠리페는 합스부르크 가문의 핏줄이었던 것이다. 게다가 친할아버지인 신성 로마 황제 막시밀리안 1세(재위 1486~1519)도 자식 복이 없어서, 임종을 앞뒀을 때 가장 가까운 핏줄은 이미 에스파냐 왕위에 올라 있던 맏손자 카를로스 1세였다. 그리하여 스무 살의 에스파냐 왕은 신성 로마 황제까지 겸하게 되었다. 그는 에스파냐 왕 카를로스 1세이자 신성 로마 황제 카를 5세였다. 이 책에서는 에스파냐에 초점을 맞춰 카를로스 1세로 부르자.

카를로스 1세의 즉위는 신성 로마의 합스부르크 황실이 에스파냐 왕실을 겸하게 되었다는 사실만으로도 엄청난 의미를 갖는다. 수백 년째 이어져온 전통의 제국과 최근 급부상한 신흥강국이 한 몸이 된 것이다. 카를로스 1세는 유럽의 절반을 통치했다. 그는 신성 로마 제국의 본체인 오스트리아와 독일, 그리고 에스파냐는 물론, 동유럽의 트란실바니아(루마니아 북서부)와 보헤미아(체코 서부), 서유럽의 부르고뉴(프랑스 동부)와 저지대(네덜란드와 벨기에), 그리고 이탈리아의 밀라노, 나폴리, 시칠리아, 사르데냐를 지배했다. 19세기 초 나폴레옹이 등장하기 전까지, 유럽에서 그보다 넓은 영토를 다스린 사람은 없었다.

카를로스 1세의 위상은 엄청났다. 1525년에는 북이탈리아에서 프랑스의 도전을 물리치고 패자의 지위를 확고히 했다. 그는 동로마 멸망 이후 언제나 유럽을 위협해온 오스만투르크를 막아줄 크리스트교의 수호자로 떠올랐다. 칠백 년 전의 샤를마뉴 이후 유럽에 이 정도 위상을 지닌 군주가 나타난 것은 처음이었다. 두 사람의 이름이 같다는 점도 공교로운 일이었다.[*] 어쩌면 카를로스 1세는 제2의 샤를마뉴였는지도 모른다.

또한 카를로스 1세는 굉장한 행운아였다. 그의 시대에 에스파냐에는 신대륙의 식민지에서 막대한 부가 흘러들어왔기 때문이다. 그러나 그의 행운은 에스파냐 입장에서는 큰 불운이었다. 그는 에스

---

* 영어로 찰스, 프랑스어로 샤를, 독일어로 카를, 에스파냐어로 카를로스, 라틴어로 카롤루스.

파냐의 왕보다는 합스부르크 가문의 수장 역할에 더 충실한 사람이었기 때문이다. 그는 식민지의 부를 합스부르크 가문의 높은 위상과 넓은 영토를 유지하고 관리하는 데 사용했다. 게다가 그 방식은 주로 전쟁과 사치였으므로, 낭비에 가까웠다. 식민지의 부는 순식간에 눈 녹듯이 사라졌다. 에스파냐는 유럽에서 가장 먼저 산업과 도시가 안정적으로 발전할 수 있는 좋은 기회를 놓치고 말았다.

카를로스 1세의 실패: 종교개혁

카를로스 1세는 여러모로 행운아였지만, 치명적인 불운 한 가지가 그의 통치에 그림자를 드리웠다. 종교개혁의 불길이 타오르기 시작한 것이다. 그 불씨를 놓은 것은 저지대의 신학자 에라스뮈스였다. 그는 교회의 부패와 타락을 비꼰 『우신예찬』을 발표했는데, 당시 교회에 실망하던 성직자들에게 엄청난 영감을 줬다.

『우신예찬』을 읽은 성직자들 중 일부는 아예 직접 행동에 나섰다. 카를로스 1세는 『우신예찬』 출판 오 년 후인 1516년에 에스파냐 왕위에 올랐는데, 그 이듬해 독일 신학자 마르틴 루터(1483~1546)가 교황의 면죄부 판매를 비판하는 「구십오 개조 반박문」을 발표하여 종교개혁의 본격적인 시작을 알렸다. 카를로스 1세의 통치와 종교개혁은 거의 동시에 시작된 것이다.

카를로스 1세는 에스파냐 왕이자 신성 로마 황제였다. 모두 가톨릭을 지켜야겠다는 의지가 가장 강한 나라들이었다. 에스파냐의 경우, 수백 년에 걸친 이슬람 세력의 지배를 겪은 까닭에 자연히 가톨릭에 대한 애착이 매우 컸다. 한편 신성 로마 제국은 그 이름대로 로마 가톨릭의 수호자를 자처해왔다. 카를로스 1세와 가톨릭은 뗄 수 없는 관계였다. 그런데 그의 즉위에 때맞춰 종교개혁이 시작되었으니 운명의 장난과도 같은 일이다.

어쩌면 카를로스 1세는 가톨릭 수호에 삶을 통째로 바쳤다고 할 수 있을 것이다. 그는 대외적으로는 오스만투르크를 끊임없이 견제해야 했고, 나라 안에서는 팽창 중인 개신교 세력을 억눌러야 했다. 카를로스 1세와 교황은 루터의 입을 다물게 하려고 갖은 애를 썼지만, 그는 물러설 줄 모르는 사람이었다. 독일에서 루터파의 수는 점점 늘어만 갔다. 카를로스 1세의 가장 믿음직한 우군이었던 잉글랜드 왕 헨리 8세(재위 1509~1547)는 이혼 문제로 교회와 대립한 끝에 국교회(성공회)를 창설하여 가톨릭에서 이탈했다.(1534) 헨리 8세가 이혼하려 한 캐서린 왕비는 카를로스 1세의 고모였다. 이는 카를로스 1세에게 큰 타격이 되었다.

카를로스 1세는 낙천적이고 적극적인 성격의 소유자였으며, 매우 왕성한 활동가였다. 그는 긴 재위기간의 대부분을 전쟁터에서 보냈고, 상당히 유능한 사령관이었다. 많은 초상화 속에서 그는 갑옷을 입고 말을 탄 모습으로 그려졌다. 그는 마치 중세 기사를 연상케 하는 인물이었다. 만약 그가 중세에 태어났다면, 훨씬 위대한 왕으로 남았을지도 모른다.

카를로스 1세

마르틴 루터

　그러나 그의 시대는 막 근대가 시작되는 과도기였다. 그런데 그의 통치는 새로운 시대를 준비하기는커녕 억지로 시간의 흐름을 늦추려는 느낌마저 주었다. 근대로 이행이 진행될수록, 특정 민족으로 구성된 국민국가들이 가파른 성장세를 보였다. 잉글랜드, 네덜란드, 프로이센 등이 좋은 예다. 규모가 작더라도 효율적으로 운영할 수 있는 나라들이 유리한 시대가 왔다. 그러나 카를로스 1세는 합스부르크 가문의 영광을 위해 시대착오적인 문어발식 확장을 꾀했다. 이는 분명 시대의 흐름을 역행하는 것이었으며, 실속 없이 덩치만 크고 비효율적인 체제가 유지된 에스파냐와 오스트리아(신성 로마 제국)는 이후 오랫동안 고전을 면치 못했다.

　무엇보다 종교개혁은 치명적이었다. 루터파와의 오랜 분쟁은 이 정력적인 황제의 기력을 남김없이 소모시켰다. 1555년, 늙고 지친 카를로스 1세는 마침내 루터파에게 신앙의 자유를 인정하기에 이르렀다(아우크스부르크 화의). 그리고 이듬해에는 은퇴를 선언했다. 그는 신성 로마 제국은 동생 페르디난트 1세(재위 1556~1564)에게, 에스파냐는 장남 펠리페 2세에게 따로 물려줬다. 그 넓은 영토를 혼자 통치하는 것이 불가능하다는 사실을 비로소 깨달은 것이다. 그리고 이 년 후, 얼핏 화려하지만 실은 몹시 고단한 삶을 살았던 늙은 황제는 드디어 영원한 휴식을 취할 수 있었다.

신기하게도 카를로스 1세는 돈키호테와 비슷한 면이 많다. 돈키호테가 어떤 사람이었는가? 구시대적인 기사도를 추구하며 좌충우돌한 끝에 쓸쓸한 최후를 맞은 인물 아니었는가? 현실 속의 카를로스 1세도 그랬다. 그는 시대의 변화를 거부하고 중세적인 제국 건설에 일생을 바쳤다. 또한 종교개혁이라는 시대적 요구를 묵살하고 가톨릭 수호라는 고색창연한 가치에 맹목적으로 집착했다.

그러나 결국 그의 노력은 헛수고로 판명 났다. 그는 말년에야 그 사실을 받아들였지만, 이미 때는 늦었다. 식민지에서 막대한 부가 유입되었음에도 불구하고, 그는 아들에게 심각하게 악화된 재정을 물려줄 수밖에 없었다. 가톨릭을 지키려 그토록 애썼건만, 마침내 루터파를 인정할 수밖에 없었고, 칼뱅파는 장차 더 큰 위협으로 자라나 그의 후손들을 두고두고 괴롭힐 터였다. 카를로스 1세의 최후는 돈키호테 못지않게 쓸쓸했다.

펠리페 2세의 통치 1: 빛

합스부르크 에스파냐의 두 번째 왕 펠리페 2세(재위 1556~1598)는 꽤나 묘한 아들이었다. 한편으로는 아버지와 너무 달랐고, 또 한편으론 매우 닮았다. 카를로스 1세는 매우 유쾌하고 활동적인 군주였지만, 펠리페는 지나치게 신중하고 조용했으며 직접 행동하는 것을 별로 좋아하지 않았다. 그러나 성실함에 있어서는 놀라울 만치 닮았다. 외향적인 아버지가 전쟁터에서 살다시피 한 반면, 내성적인 그는 궁정에만 머물렀다는 점이 다를 뿐이다. 하지만 궁전 안에서 그는 잠까지 줄여가며 부지런히 일했다. 그는 온종일 국정 관련 문서들을 읽고 또 읽었다. '서류더미에 파묻힌 왕'이 그의 별명이다.

카를로스 1세는 그에게 찬란한 영광과 골칫거리를 동시에 물려줬다. 에스파냐는 유럽 최강대국의 위용을 뽐냈지만, 도저히 해결할 수 없는 빚더미 위에 올라앉아 있었다. 카를로스 1세가 벌인 숱한 전쟁들과, 왕실과 귀족들의 극단적인 사치는 식민지의 막대한 부로도 감당할 수 없는 비용을 잡아먹고 있었다. 따라서 펠리페 2세는 파산 선언(1557)으로 통치를 시작해야 했다. 식민지를 통해 많은 수입을 얻는 국가의 왕실이 파산 선언을 했다는 것은 굉장히 의미하는 바가 크다.

막강한 국력과 막대한 빚. 아버지가 물려준 두 유산은 펠리페 2세의 치세 동안 각각 빛과 그림자로 분명히 드러났다. 그의 가장 빛나는 업적은 레판토 해전 승리였다.(1571) 동로마 제국 멸망 이후

펠리페 2세

지중해 제해권은 오스만투르크가 장악했고, 이는 유럽 크리스트교 국가들을 몹시 고통스럽게 하는 문제였다. 그러던 차에, 오스만투르크가 베네치아의 영토였던 키프로스섬을 무단 점령하는 일이 벌어졌다.(1570) 이에 유럽 국가들의 분노와 위기감이 더욱 깊어졌다. 크리스트교 세계의 맹주 에스파냐 입장에서도 이는 좌시할 수 없는 일이었고, 결국 에스파냐, 베네치아, 제노바 등이 뭉쳐 연합함대를 결성했다. 오스만투르크도 해군력을 총동원하여 맞섰다. 양측 함대는 그리스 서부의 레판토 앞바다에서 충돌했다. 이윽고 크리스트교 연합함대가 승리했다. 크리스트교 전사자는 칠천여 명, 오스만투르크 전사자는 이만오천여 명이었다. 목숨은 건졌지만 팔다리를 잃는 중상을 입은 사람도 셀 수 없이 많았다. 그중에는 훗날 『돈키호테』의 저자도 포함되어 있었다.

동로마 제국 멸망 후 깊은 우울감에 빠져 있던 크리스트교 세계는 모처럼의 큰 승리에 환호했다. 그러나 현실적인 수확은 뜻밖에 적었다. 오스만투르크의 국력은 여전했고, 빠른 속도로 함대를 재건했다. 크리스트교 측의 소득은 저력을 과시하고 명예를 되찾았다는 점, 그리고 오스만투르크의 팽창에 얼마간 제동을 걸었다는 점 정도였다. 다분히 상징적인 데 지나지 않는 것들이었다. 에스파냐는 크리스트교 맹주로서 체면을 세운 대신 또 한 번 천문학적인 비용을 소모했다. 얻은 것은 명예요, 잃은 것은 돈이었다.

레판토 해전 승리는 어쩌면 합스부르크 에스파냐를 단적으로 상징하는 사건일지도 모른다. 합스부르크 가문은 늘 상징적인 명예를 위해 어마어마한 돈을 쏟아 부었다. 빚을 지는 한이 있더라도 말이다.

펠리페 2세의 통치 2: 그림자

펠리페 2세는 나쁘지 않은 군주였다. 그는 매우 신중하고 성실했다. 그러나 시대의 변화를 읽을 안목도, 또 그에 따른 개혁을 추진할 의지도 부족했다. 그의 최대 관심사는 아버지가 물려준 위대한 제국을 그대로 유지하는 일이었다. 현상 유지가 통치의 목표였다. 그는 최선을 다했다. 그의 가장 큰 업적은 에스파냐가 몰락하는 속도를 최대한 늦춘 것인지도 모른다. 그의 무능하고 나태한 후계자들과 비교하면 그가 얼마나 괜찮은 왕이었는지 더 선명하게 드러난다.

하지만 그의 시대에 에스파냐의 본격적인 몰락이 시작되었다는 사실은 부인할 수 없다. 그 몰락에 가장 큰 영향을 준 것은 만성적인 재정 적자와 개신교 세력의 확산이었다. 결국 그는 아버지로부터 물려받은 난제들을 전혀 해결하지 못했다. 그리고 그 두 난제가 폭발적인 상승효과를 일으킨 곳이 있었다. 저지대였다. 오늘날의 네덜란드와 벨기에 말이다.

카를로스 1세는 아우크스부르크 화의를 통해 루터파와의 대립을 멈췄지만, 스위스에서 더 급진적인 개신교 세력이 성장하고 있었다. 프랑스 출신 신학자 장 칼뱅(1509~1564)의 교리를 따르는 사람들이었다. 칼뱅파는 빠르게 유럽 각지로 확산되었는데, 잉글랜드에서는 청교도(퓨리턴), 프랑스에서는 위그노, 저지대에서는 고이젠이라 불렸다. 그리고 펠리페 2세 시대 저지대는 고이젠들이 장악하고 있었다.

공교롭게도, 저지대는 펠리페 2세의 영토 중 가장 부유한 곳이었다. 재정 적자를 타개하기 위해 펠리페 2세는 세금 인상이라는 간단하지만 위험한 방법을 택했으며, 이는 부유한 저지대에 집중되었다. "이단들의 군주가 되느니 차라리 죽는 게 낫겠다"며 가톨릭 수호자를 자처한 그의 통치를 가뜩이나 탐탁찮게 여기던 고이젠들은 즉시 반발하고 나섰다. 그들은 오라녜(Orange)공 빌렘(1533~1584)의 지도 아래 일제히 반란을 일으켰다.(1568) 향후 장장 팔십 년에 걸쳐 에스파냐를 괴롭히며 국력을 소모시킨 네덜란드 독립전쟁이 시작된 것이다.

잉글랜드 또한 펠리페 2세의 머리를 아프게 하는 데 한몫 보탰다. 펠리페 2세는 헨리 8세의 맏딸 메리 1세(재위 1553~1558)와 정략결혼을 함으로써 잉글랜드를 다시 가톨릭 국가이자 에스파냐의 우방으로 돌려놓는 데 성공했다. 그러나 메리가 일찍 죽고, 이복동생

엘리자베스가 즉위하며 일이 꼬였다. 엘리자베스 1세(재위 1558~1603)는 다시 국교회를 세우고 가톨릭을 탄압함으로써 에스파냐에 등을 돌렸다. 다급해진 펠리페 2세는 처제였던 새 잉글랜드 여왕에게 청혼했지만 가볍게 거절당했다. 가장 참기 힘든 일은 잉글랜드가 물심양면으로 저지대 반란군들을 돕기 시작한 사실이었다.

양국 관계는 꾸준히 악화되었고, 신중한 펠리페 2세의 인내심도 마침내 바닥을 드러냈다. 1588년, 그는 자랑스러운 무적함대(Armada)로 잉글랜드를 침공했다. 그러나 잉글랜드의 저항은 완강했고, 태풍까지 만난 무적함대는 허무하게 궤멸했다. 이는 에스파냐 쇠퇴의 시작을 알리는 상징적인 사건이었다. 펠리페 2세는 서둘러 무적함대를 재건했지만, 가뜩이나 위태롭던 재정은 치명타를 입었다. 결국 그는 다시 한 번 파산 선언을 해야 했다.(1596) 한편 저지대 반란의 열기는 식을 줄 몰랐다. 이 년 뒤, 펠리페 2세는 깊은 시름에 잠긴 채 눈을 감았다.

세르반테스의 생애는 펠리페 2세의 치세와 상당 부분 겹친다. 펠리페 2세가 즉위했을 때 열 살 소년이었던 세르반테스는 사십이 년 뒤 펠리페 2세가 사망할 때에는 초로의 남자가 되어 있었다. 그는 펠리페 2세의 시대에 소년기와 청년기, 장년기를 보냈다. 따라서 그는 에스파냐의 명암이 엇갈리는 순간들을 직접적으로 관찰할 수 있었다. 그는 레판토 해전 참가를 일생의 영광으로 삼았으며, 무적함대의 패배에 몹시 안타까워했다. 이처럼 빛과 그림자가 교차했던 펠리페

저지대의 반란

2세 시대의 분위기는, 그것을 체험한 작가에 의해 희망과 절망이 공존하는 『돈키호테』 특유의 묘한 정서에 큰 영향을 주었다.

펠리페 3세와 펠리페 4세: 내리막길을 걷다

펠리페 2세가 죽자, 아들 펠리페 3세(재위 1598~1621)가 그 뒤를 이었다. 펠리페 3세는 아무런 장점도 없다는 점에서 대단히 특별한 인물이었다. 아둔하고 무능한 것은 물론이요, 세상 누구보다 게을렀다. 펠리페 2세는 하루에 무려 열네 시간 이상을 서류 검토에 썼다고 한다. 그러나 그 아들은 단 십사 분도 쓰려 하지 않았다. 스스로도 게으르다는 점을 잘 알고 있었기에, 총애하는 신하에게 국정을 맡기고 자신은 완전히 뒤로 빠졌다. 어쩌면 이는 더욱 본격적으로 놀기 위한 처절한 몸부림이었는지도 모른다.

신하에게 국정을 맡기는 것이 꼭 나쁜 일만은 아니다. 『삼국지』에서 촉나라 후주 유선은 아버지 유비와 달리 매우 보잘 것 없는 위인이었지만, 제갈량과 장완처럼 출중한 재상들을 중용한 덕에 강력한 위나라를 상대로 장장 사십 년을 버텼다. 하지만 펠리페 3세가 선택한 총신은 자기 뺨치게 나태하고 놀기 좋아하는 레르마 공작(1552~1625)이란 작자였다. 왕과 총신은 경쟁이라도 하듯 국정을 멀리했으며, 게으른 쌍두마차가 이끄는 에스파냐는 몰락을 향해 전속력으로 질주했다.

게으른 왕과 총신이 유일하게 열정을 보인 일은 모리스코 추방이었다.(1609) 본디 이슬람교도였던 모리스코들은 가톨릭으로 개종한 대가로 레콩키스타 후에도 에스파냐에 남을 수 있었다. 그러나 그들은 개종의 진위를 꾸준히 의심받아왔고, 실제로 비밀리에 이슬람 신앙을 간직한 경우도 많았다. 펠리페 3세는 게으른 주제에도 가톨릭 수호자의 타이틀만은 놓치고 싶지 않았는지, 거의 삼십만에 달하는 모리스코들을 대거 추방시켜 버렸다.

그런데 모리스코들은 대체로 농업 종사자들이었다. 엄청난 수의 농부들이 한꺼번에 사라지자 에스파냐 농업은 큰 타격을 입었다. 16세기에 에스파냐는 국가 수입의 대부분을 전쟁과 사치로 탕진한 까닭에, 도시 산업이 성장할 기회를 이미 놓쳤다. 그런데 이제 농업마저 망가짐으로써, 에스파냐 경제는 심각한 파탄 상태에 놓였다.

에스파냐의 운명과 세르반테스의 삶은 신기하리만치 평행선을 그렸다. 펠리페 3세의 통치 아래 에스파냐가 가파른 내리막길을 달릴 때, 세르반테스의 삶 또한 그 우울한 끝을 향하고 있었다. 펠리페 3세가 즉위할 무렵, 세르반테스는 어느 때보다 큰 고난에 빠져 있었다. 공들여 쓴 글들은 전혀 팔리지 않았으며, 생계를 꾸리기 위해 이 일 저 일을 닥치는 대로 해야 했다. 급기야 비리 혐의로 감옥신세까지 지고 말았다.

카를로스 1세와 펠리페 2세 시대의 찬란한 영광을 맛봤던 세르반테스가 이제 에스파냐의 국운이 기울어가고 있음을 몰랐을 리 없다. 동시에 파란만장했던 자신의 삶 또한 쓸쓸하게 마무리할 때가 다가옴도 직감했을 것이다. 감옥에서 풀려난 후 그는 한동안 『돈키호테』 집필에 매진했다. 그토록 희극적인 캐릭터를 내세운 글에 역설적으로 슬픈 정조가 일관되게 흐르는 이유는 대체 뭘까? 아마도 조국과 자신의 운명이 함께 저물어가는 모습을 바라보는 세르반테스의 심경이 반영된 것 아닐까?

세르반테스는 1616년에 사망했다. 오 년 뒤인 1621년에는 펠리페 3세가 죽고 펠리페 4세가 즉위했다. 펠리페 4세는 아버지를 쏙 빼닮은 무기력한 인물이었다. 무엇보다 국정을 총신에게 맡기고 뒤로 쏙 빠진 점이 닮았다. 그나마 상당히 괜찮은 인물을 골랐던 점은 아버지보다 나았다. 펠리페 4세의 총신 올리바레스 공작(1587~1645)은 유능하고 성실한 인물이었다. 그러나 때는 이미

펠리페 3세

펠리페 4세

모리스코 추방

너무 늦었다. 올리바레스는 재정개혁과 중앙집권의 의지를 담은 23개조 개혁안을 발표했지만 참담한 실패로 돌아갔다. 재정개혁은 귀족들의 반발로 무위에 그쳤으며, 중앙집권을 강화하려 하자 카탈루냐 지방에서 반란이 일어났다.(1640) 올리바레스의 개혁 실패로 에스파냐는 사실상 마지막 기회를 놓쳤다.

펠리페 4세의 통치가 시작되기 전에 세르반테스가 세상을 뜬 것이 다행인지도 모른다. 펠리페 4세 치세에는 펠리페 3세 시대를 무색하게 할 정도로 급속한 몰락이 진행되었다. 유럽 최대의 종교전쟁이었던 30년전쟁 패배는 가장 상징적인 사건이다. 이 전쟁은 북유럽 개신교 국가들의 저력을 확인하고, 네덜란드의 독립을 공식화했으며, 프랑스가 드디어 유럽 최강국의 지위를 확보하는 계기를 마련해줬다. 반면, 여전히 신성 로마 제국과 함께 가톨릭 진영을 이끌었던 에스파냐의 쇠퇴는 더 이상 감출 수 없는 일이 되었다.

『돈키호테』에 열광하기

세계로 뻗어나간 『돈키호테』

『돈키호테』는 1605년에 1권이, 1615년에 2권이 출판되었다. 『돈키호테』는 출판과 동시에 대성공을 거뒀다. 1권이 출판된 첫 해에만 벌써 육 쇄를 찍었다니, 실로 어마어마한 인기였다. 비록 작가 세르반테스의 형편은 조금도 나아지지 않았다는 사실이 안타깝긴 하지만.

당시 에스파냐 왕은 펠리페 3세였는데, 어느 날 행차 도중에 한 청년이 울다 웃다 하는 모습을 보더니, "저 자는 미친놈이거나 『돈키호테』를 읽는 중일 것"이라 말했다고 한다. 국왕 입에서 자연스레 이런 말이 나올 정도니, 『돈키호테』의 인기가 얼마나 대단했는지 미루어 짐작할 수 있다.

『돈키호테』는 해외에서도 빠른 시간에 큰 인기를 모았다. 2권이 나오기도 전인 1608년에 1권이 영국에서 번역되었고, 프랑스에서도 1614년에 번역되었다. 1621년에는 독일어로 번역되었다. 아무래도 가까운 나라들에서 먼저 반향이 있었던 모양이다. 시간이 흐르며 먼 나라들에서도 번역되기 시작했다. 1769년에는 러시아에서 번역되었고, 1894년에는 인도에서, 1896년에는 일본에서 번역되었다. 우리나라에서는 1915년에 최남선이 『돈기호전기(頓基浩傳奇)』라는 제목으로 처음 번역했다.

세상에는 잠깐 반짝 인기를 끌었다가 시간이 조금 지나면 쉬 잊히는 책들이 너무도 많다. 그러나 『돈키호테』는 오히려 시간이 흐를수록 그 평가와 인기가 높아졌다. 이는 돈키호테와 산초를 비롯한 등장인물들이 다채로운 인간 군상을 워낙 생동감 있게 드러내기 때문일 것이다. 인간 본연의 모습을 슬프고도 유쾌하게 그려냈다는 뜻이다. 바로 그 점에서 『돈키호테』는 르네상스 시대를 대표하는 문학작품으로 꼽힌다.

나아가 인간의 본질에 대한 탐구가 꾸준히 이루어지면서, 『돈키호테』에 대한 평가는 점점 더 높아졌다. 따라서 오늘날 『돈키호테』는 단순히 재미있는 소설의 차원을 넘어 선과 악, 이상과 현실, 권리와 의무, 욕망과 명예처럼 인간의 본질적인 가치들에 대한 다양한 사례를 제공해주는 표본의 위상을 지니고 있다. 19세기 프랑스 비평가 생트뵈브(1804~1869)가 『돈키호테』를 가리켜 "인류의 성경"이라 평한 것은 괜한 말이 아니다. 한편, 20세기 영국 작가 서머셋

몸(1874~1965)은 "우리는 지나치게 신경이 예민하고 섬세해졌기 때문에, 그를 바보처럼 비웃고 놀리는 농담이 때로는 잔인하게 느껴져서 즐길 수 없다"고 했다. 이는 현대인들이 돈키호테에게 얼마나 강하게 감정을 이입하게 되었는지 보여주는 말이다.

에스파냐의 고난과 불굴의 『돈키호테』

세르반테스가 사망한 뒤 에스파냐는 더욱 본격적인 내리막길을 걷기 시작했다. 합스부르크 가문의 위상도 많이 약해졌다. 신성 로마 제국은 패권을 프랑스에 넘겨주고 말았다. 급기야 카를로스 2세(재위 1665~1700)가 후사 없이 사망하면서 에스파냐의 합스부르크 왕실은 대가 끊기고 말았다. 이에 이웃 프랑스의 부르봉 왕실이 에스파냐에 눈독을 들이기 시작했다.

당시 프랑스 왕은 그 유명한 태양왕 루이 14세(재위 1643~1715)였다. 당시 유럽에서 가장 강력한 왕이었던 그는 손자를 에스파냐 왕위에 앉혀, 프랑스와 에스파냐의 연합왕국을 건설하려는 야심을 품었다. 주변 국가들은 이를 결코 달가워하지 않았다. 따라서 잉글랜드와 네덜란드 등은 신성 로마 제국과 동맹을 맺고 프랑스와 전쟁을 벌였다. 이것이 에스파냐왕위계승전쟁(1701~1714)이다.

전쟁은 동맹군의 승리로 끝났다. 하지만 완승은 아니었다. 따라서 타협점을 찾아야 했다. 그래서 동일인물이 프랑스와 에스파냐

왕을 겸할 수는 없다는 조건하에, 루이 14세의 손자 필리프를 에스파냐 왕으로 인정했다. 그가 에스파냐 부르봉 왕조의 첫 번째 왕 펠리페 5세(재위 1700~1746)다.

에스파냐는 비록 프랑스에 복속되는 굴욕은 면했지만, 부르봉 왕조의 통치하에 프랑스를 보조하는 신세로 전락했다. 이 또한 우울한 일이었다. 루이 14세 시대 이후 프랑스는 잉글랜드에게 지속적인 굴욕을 당했는데, 에스파냐 또한 그 굴욕을 함께 당해봐야 했기 때문이다. 쇠퇴가 지속되는 것은 당연한 결과였다. 게다가 부르봉 왕조는 프랑스식 절대왕정을 에스파냐에 이식하려 했는데, 이 또한 에스파냐인들로서는 마땅치 않은 일이었다.

하지만 부르봉 왕조에 의해 근대 에스파냐어가 정립되는 묘한 일도 있었다. 그 장본인은 바로 펠리페 5세였다. 문화에 관심이 많았던 그는 에스파냐 왕립언어학술원을 세웠다.(1713) 왕립언어학술원은 에스파냐 표준어를 확립하고자 『모범사전』을 출판했는데, 그 안에는 세르반테스의 글이 이른바 '모범 예문'으로 대폭 수록되었다. 그에 따라 세르반테스의 재평가가 활발히 이루어지게 되었으며, 1780년에는 『돈키호테』가 호화 장정으로 재출간되기에 이르렀다. 이후 『돈키호테』는 에스파냐어의 모범이란 영예를 안았으며, 따라서 현대 에스파냐어를 가리켜 '세르반테스의 언어' 혹은 '돈키호테의 언어'라 부르게 되었다.

에스파냐의 부르봉 왕조는 야심차게 출발했지만, 합스부르크 왕조 시절보다 훨씬 더 모진 시련을 겪어야 했다. 그 시련은 나폴레옹 시대에 정점을 찍었다. 나폴레옹에게 굴복한 에스파냐는 프랑스와 연합함대를 구축했으나, 넬슨(1758~1805) 제독이 이끄는 잉글랜드 함대에게 트라팔가르에서 치욕적인 패배를 당해야 했다(1805). 이어서 1808년에는 나폴레옹이 페르난도 7세(재위 1808, 1813~1833)를 폐위시키고 친형 조제프를 에스파냐 왕위에 올렸다. 이루 말할 수 없는 굴욕이었다.

나폴레옹의 몰락으로 부르봉 왕조가 복귀한 후에도 고난은 계속되었다. 프랑스 혁명정신을 배운 자유주의 세력과 왕실 중심의 절대주의 세력은 끝없이 충돌했고 극심한 혼란을 낳았다. 국내 혼란이 지속되면서 해외 식민지에 대한 통제력도 느슨해졌다. 라틴아

프랑스의 루이 14세

나폴레옹 보나파르트

메리카에서는 줄기차게 독립운동이 일어났으며, 에스파냐의 영향력은 크게 약화되었다. 그야말로 내우외환이었다.

세계사에서 미국-에스파냐전쟁(1898)만큼 지는 해와 뜨는 해를 선명하게 보여준 사례도 드물 것이다. 1895년 쿠바에서 대규모 독립운동이 일어나자 에스파냐는 대규모 군대를 동원하여 무자비하게 탄압했다. 아메리카 대륙에서 한창 세력을 확장 중이던 미국 입장에서는 결코 달가운 일이 아니었다. 결국 이는 충돌로 이어졌다. 전쟁은 싱거울 정도로 일방적인 미국의 승리로 끝났다. 이 전쟁을 통해 미국은 무시 못 할 강자로 성장했음을 증명했다. 반면, 에스파냐는 완전히 밑천을 드러냈다.

1898년의 참패에 에스파냐 지식인층은 큰 충격을 받았다. 그들은 자신들이 살고 있는 시대를 파멸의 시대로 여겼으며, 이 위기를 돌파하기 위해서는 조국의 정체성을 새로 수립하는 것이 급선무라 판단했다. '98세대'라 불린 그들은 특히 에스파냐의 전통을 유지함과 동시에 세계화를 추진하여 새로운 에스파냐를 만들고자 했다. 98세대를 대표하는 지식인으로 미겔 데 우나무노(1864~1936)가 있었다. 우나무노는 새로운 에스파냐를 만듦에 있어서 『돈키호테』를 기준으로 삼아야 한다고 생각했다. 그는 『돈키호테와 산초의 생애』(1914)를 통해, 이해관계를 초월하여 불멸의 명예를 추구하는 돈키호테 정신이야말로 에스파냐의 진정한 정체성이라 역설했다. 풍차를 향해 돌격하는 돈키호테의 모습은 이제 무모하고 우스꽝스

러운 것이 아니라 불굴의 기개를 상징하는 멋
진 장면으로 남았다. 돈키호테는 에스파냐 사
람들의 명예와 자긍심을 상징하는 자랑스러
운 존재가 되었다.

미겔 데 우나무노

예술의 정복자『돈키호테』

소설『돈키호테』는 시골 노인이 갑자기 기사
가 되어 전무후무한 업적을 쌓겠다고 다짐하며 방랑을 떠나는 것
으로 시작한다. 노인의 그 당찬 포부는 과연 이루어졌을까? 물론
소설 속에서는 이루어지지 않았다. 그러나 돈키호테는 소설 밖에
서 그 포부를 훌륭히 이루었다. 그는 자신을 창조한 작가가 감히
상상조차 하지 못했을 엄청난 업적을 쌓았다. 모든 예술 분야를
정복한 것이다.

　정복의 첫 단계는 문학이었다. 세르반테스는『돈키호테』를 통해
기사소설이라는 장르를 뒤덮고 있던 낭만이라는 거품을 걷어내고
지극히 현실적인 기사의 모습을 잔인할 정도로 생생하게 묘사함으
로써 근대 사실주의 문학의 기틀을 세웠다. 묘하게도,『돈키호테』
의 영향을 가장 크게 받은 이는 영국 작가들이었다. 근대 영국 문
학계에는 세르반테스처럼 다양한 인간 군상을 현실적으로 묘사한
작가들이 많이 등장했다. 예를 들어, 18세기 작가 헨리 필딩의『조

354

섭 앤드루스』(1742), 로렌스 스턴의 『신사 트리스트럼 샌디의 생애와 의견』(1760~1767)은 모두 엉뚱하고 쾌활한 남성이 겪는 일들을 다루며, 『돈키호테』의 영향을 공공연히 드러낸다. 셰익스피어 못지않게 큰 사랑을 받은 19세기 작가 찰스 디킨스 또한 다양한 인물의 생생한 묘사가 탁월하다는 점에서 세르반테스의 연장선상에 있다는 평을 받는다.

2015년에 타계한 프랑스 문학평론가 르네 지라르의 "『돈키호테』 이후에 쓰인 소설들은 『돈키호테』를 다시 쓴 것이거나, 그 일부를 쓴 것"이라는 말도 그런 맥락에서 이해해야 한다. 이와 더불어, 2002년에 노벨연구소가 '문학사상 가장 위대한 소설 100편'을 선정할 때 『돈키호테』를 첫 번째로 꼽았다는 점 또한 결코 우연이라 할 수 없다.

그러나 돈키호테의 정복은 문학에서 멈추지 않았다. 그는 미술도 정복했다. 수많은 위대한 화가들이 『돈키호테』를 소재로 한 작품을 남겼다. 가장 먼저 이야기할 화가는 19세기 프랑스 판화가 귀스타브 도레여야 마땅하다. 그는 『돈키호테』의 숱한 명장면들을 몽땅 그려냈다. 오늘날 우리 눈에도 친숙한 『돈키호테』의 수많은 삽화들이 모두 그의 작품이다. 그 외에도, 오노레 도미에, 파블로 피카소, 살바도르 달리, 옥타비오 오캄포 등 미술사에 길이 남을 위

---

* 세르반테스, 『돈키호테』 2, 안영옥 옮김(열린책들, 2014), 914쪽.

대한 화가들이 『돈키호테』를 소재로 한 작품을 남겼다.

위대한 방랑기사의 정복활동은 음악 분야에도 이어졌다. 영국의 모차르트라는 찬사를 받은 헨리 퍼셀, 관현악의 대가 펠릭스 멘델스존은 『돈키호테』를 주제로 곡을 만들었다. 쥘 마스네는 『돈키호테』를 오페라로 제작했다. 볼레로(Bolero)의 작곡가 모리스 라벨은 영화 〈돈키호테〉의 배경음악을 맡았으며, 교향시의 일인자 리하르트 슈트라우스 또한 『돈키호테』로 교향시를 남겼다.

하지만 『돈키호테』가 가장 뚜렷한 족적을 남긴 분야는 아마도 뮤지컬일 것이다. 미국의 대본작가 데일 와써먼은 1959년 『돈키호테』를 각색하여 〈라만차의 사나이(Man of La Mancha)〉라는 TV드라마를 만들었고, 1964년에 이를 다시 뮤지컬로 제작했다. 그리고 〈라만차의 사나이〉는 이듬해 토니 어워즈(Tony Awards)에서 5개 부분을 수상하며, 뮤지컬 역사상 손꼽히는 성공을 거뒀다. 1972년에는 피터 오툴, 소피아 로렌 같은 명배우들이 주연을 맡아 영화화되기도 했다. 약 사백 년 전에 탄생한 돈키호테가 오늘날 더욱 높은 명성을 얻은 데에는 이 뮤지컬의 성공도 한몫했다. 〈라만차의 사나이〉는 2005년부터 한국에서도 공연되기 시작했으며, 류정한, 정성화, 조승우 등이 돈키호테 역을 맡아 열연을 펼쳤다.

영화 〈맨 오브 라만차〉

『돈키호테』곱씹어보기

『돈키호테』는 다양한 일화들로 구성되어 있고, 수많은 사람들이 등장한다. 물론 이야기의 대부분은 돈키호테와 산초라는 두 주인공이 벌이고 겪는 황당한 일들이며, 다른 사람들은 둘을 걱정하거나 조롱하는 모습을 보인다. 『돈키호테』는 어마어마한 분량을 자랑하지만, 사실 어슷비슷한 인물들이 꾸려가는 어슷비슷한 이야기들로 이루어져 있다. 그런데 고작 두 명의 주인공이 풀어나가는 단조로운 이야기가 그토록 각광받은 이유는 뭘까? 아마 그들에게 뭔가 특별한 게 있기 때문일 터다. 이제 그 특별한 게 무엇인지 살펴보기로 하자.

돈키호테는 과연 단순한 미치광이인가?

돈키호테는 오랫동안 광인의 대명사로 익히 알려져 왔다. 물론 그럴 만도 하다. 방랑을 하다가도 그만둬야 할 정도로 늙은 노인네가, 갑자기 호시절 다 지난 기사 노릇을 하겠다며 내내 사고만 치고 다녔으니 말이다. 이 꼴을 보고 미치지 않았다고 말하는 사람이 있다면, 그 사람의 정신상태도 의심해봐야 할 것이다.

그러나 돈키호테는 단순한 광인이 아니었다. 자기가 훌륭한 기사라는 망상만 빼면, 그는 꽤 괜찮은 사람이었다. 『돈키호테』 1권 30장에서 마을 신부는 키하노 노인 즉 돈키호테에 대해 다음과 같은 말을 한다.

> "이 착한 양반이 순진한 엉터리 소리를 많이 해서 미친 것 같아 보이지만, 다른 일을 말하는 걸 보면 아주 기막히게 논리정연하고, 무엇에든 온건하고 밝은 지혜를 가진 것 같거든요. 그래서 기사도 문제만 건들지 않으면 누가 판단해도 대단히 지혜로우신 분이라 할 거예요."[*]

마을 신부가 누구였던가? 돈키호테의 광기를 바로잡겠다며 기사소설을 몽땅 태워버린 장본인 아니었던가? 그는 돈키호테가 미쳤

---

[*] 세르반떼스, 『돈 끼호떼』 1, 민용태 옮김(창비, 2012), 461쪽.

다고 믿은 대표적인 인물이었다. 그런 사람조차 기사에 관한 점만 빼면 지혜로운 인물이라 생각했으니, 돈키호테가 아주 미친 사람은 아니었던 셈이다. 바꿔 말하자면, 돈키호테에게 광기는 있었을 망정 완전한 광인이라 보기는 힘들다는 말이다. 장난기 많은 공작 부부에 의해 산초가 섬의 총독으로 임명되었을 때, 돈키호테가 그에게 건넸던 충고를 잠시 떠올려보자.

"산초, 너의 비천한 혈통을 자랑하거라. 그리고 네가 농부 출신이라고 말하는 것을 부끄러워하지 말거라. 네 스스로가 부끄러워하지 않는 것을 보면 아무도 네게 수치를 주지 않을 것이야. 오만한 죄인이 되기보다는 겸손한 덕망을 가진 사람이 되는 것을 더 자랑스럽게 여겨라. (……) 네가 미덕을 중용으로 생각하고, 후덕한 행동을 하는 것을 자랑으로 삼는다면, 군주나 귀족을 아버지와 할아버지로 둔 사람들을 부끄러워할 까닭이 없다. 혈통은 세습되지만 미덕은 구하는 것이며, 미덕은 그 자체만으로도 혈통이 갖지 못하는 가치를 지니고 있다."*

이는 결코 광인의 말이 아니다. 현인의 말이다. 『돈키호테』에는 총 육백구십오 명의 인물이 등장하며 그중 실제로 말하고 행동하는 인물은 이백 명이라 한다. 그러나 그 많은 사람들 중에서 돈키

---

* 세르반테스, 『돈키호테』 2, 박철 옮김(시공사, 2015), 511~512쪽.

호테보다 더 현명한 말을 한 사람은 없다. 광인의 대명사인 사람이 가장 현명한 사람이라니, 참으로 묘한 일이다. 세르반테스는 광기와 현명함은 상관이 없다는 생각을 가지고 있었던 걸까? 그래서 돈키호테라는 인물을 내세워 광인과 현인은 종이 한 장 차이라고 말하고 싶었던 걸까? 알 수 없는 일이다.

돈키호테에게는 분명 광기가 있었지만, 광기가 그의 본질적인 현명함을 완전히 덮어버리지는 않았다. 그런데 그에게는 현명함보다 더욱 돋보이는 장점이 또 있었다. 그것은 정의감이었다. 그렇다. 돈키호테는 지극히 정의로운 인물이었다.

돈키호테가 했던 일들을 가만히 되짚어보자. 그는 수많은 사고를 쳤지만, 그중에 악행이라 할 만한 것은 없었다. 그는 어디까지나 정의를 숭상하고 비열함을 경멸하는 진정한 선인이었다. 그 어떤 상황에서도 돈키호테의 높은 정의감은 전혀 손상되지 않았다. 오히려 정의감이 지나친 나머지 판단력이 흐려졌다고 하는 것이 옳겠다. 매 맞는 양치기 소년을 구한 장면이나, 노역에 끌려가던 죄수들을 도운 장면을 떠올려보자. 그는 망상에 빠져 황당한 실수를 했을지언정 나름대로 정의를 실현했다. 특히 그의 행동에는 아주 뚜렷한 일관성이 있는데, 강자에 맞서 약자를 돕는다는 것이다. 그런데 이야말로 진정한 기사도 정신 아닌가? 그런 점에서 돈키호테보다 기사도에 충실한 인물은 없다. 그야말로 진정한 기사다. 아킬레우스도, 지그프리트도, 롤랑도 그런 점에서 돈키호테에 미치지 못한다.

돈키호테는 분명 광인이었다. 하지만 그보다 현명하고 정의로운 사람은 드물다. 그것이 오늘날에 이르기까지 돈키호테가 꾸준히, 아니 점점 더 사랑받는 이유일 것이다. 돈키호테가 정말 광인이었다면, 매우 고결한 광인이었다.

산초 판사는 어떤 사람인가?

『돈키호테』에는 수백 명의 사람들이 나오지만, 진정한 등장인물은 돈키호테와 산초 단 둘뿐이라 해도 과언이 아니다. 그만큼 두 사람이 차지하는 비중이 절대적으로 크며, 나머지 사람들은 어디까지나 들러리 역할에 지나지 않는다.

재미있는 점은 이 두 주인공이 정반대 유형의 인물들이라는 것이다. 돈키호테는 정의롭고 현명하지만 정신이 온전치 않으며, 산초는 제정신이지만 별로 정의롭지 않고 대단히 아둔하다. 쉽게 말하자면, 돈키호테는 광기 어린 이상주의자, 산초는 멍청한 현실주의자라 할 수 있다. 그런데 묘한 것은 현실적인 산초가 돈키호테의 망상에 매료됨으로써 둘의 접점이 마련되었다는 사실이다. 산초가 왜 돈키호테를 따라 나섰던가? 돈키호테가 위대한 업적을 달성하면, 산초를 섬의 총독으로 삼겠다는 약속 때문 아니었던가?

그래서 『돈키호테』를 읽는 사람들은 모두 산초를 비웃는다. 아니 세상에 사람이 얼마나 멍청하면 그런 허황된 약속을 믿고 미친 노인을 따라 나서 온갖 고생을 자초한다는 말인가? 나도 그랬다. 산초를 비웃었다. 그런데 다시 한 번 곰곰이 생각해보자. 산초는 과연 얼마나 어리석은 사람이었을까? 정상 범위를 넘어설 정도로 터무니없는 바보천치였을까?

돈키호테를 따라 나선 산초의 심정은 복권을 사는 심리와 비슷하지 않았을까 싶다. 우리는 복권을 산다. 물론 한 번도 안 산 사람도 있겠지만, 많이들 산다. 그런데 복권을 살 때 백 퍼센트 당첨될 거라는 확신을 가진 사람이 몇이나 될까? 대부분은 오천 원, 만 원 정도 잃어도 별 상관없고, 만에 하나 당첨되면 그야말로 대박이라는 심정으로 살 것이다. 아주 간단히 말해, 혹시나 하는 심정이라는 말이다. 산초도 그런 것 아니었을까?

산초는 소작농이었다. 정말 가난했다. 그의 인생에 큰 행운이나 변화가 찾아올 가능성은 전혀 없었다. 그냥 평생 가난하게 살다 죽을 팔자였다. 그런 그에게 돈키호테의 제의는 놀라운 기회였다. 난생 처음으로 가난에서 벗어날 가능성이 생긴 것이다. 그 가능성이 고작 일 퍼센트에 지나지 않는다고 하더라도 말이다. 곰곰이 잘 생각해보라. 0과 1의 차이는 1과 100의 차이보다 크다. 1과 100은 상대적인 차이지만, 0과 1은 절대적인 차이다. '무(無)'와 '유(有)'라는 개념의 차이기 때문이다. 1에는 10을 곱하면 10이 되고, 100을 곱하면 100이 된다. 하지만 0에는 어떤 수를 곱해도 0이다. 돈키호테의 제안은 산초 인생에 처음 찾아온 1이었던 것이다.

하지만 슬픈 일은, 아무래도 1은 너무 낮은 수라는 점이었다. 돈키호테를 따라 나선 산초는 그야말로 온갖 고생을 두루 섭렵했지만, 달라진 건 없었다. 키하노 노인으로 돌아온 돈키호테가 고향집에서 처량하게 눈을 감을 때, 곁에서 눈물 흘리던 산초의 신분은 여전히 소작농이었다. 그리고 몇 십 년 뒤에는 늙은 소작농으로서 눈을 감았을 것이다.

그렇다면, 산초가 돈키호테를 따라 다니며 겪었던 그 많은 일들은 모두 헛고생에 지나지 않는 걸까? 그냥 애초에 그 괴짜 노인을 따라 나서지 않는 편이 옳았을까? 아니라고 말하고 싶다. 왜? 그 노인 덕에 산초는 한때 아름다운 꿈을 꿀 수 있었기 때문이다.

세상에 자신의 꿈을 이룬 사람이 몇이나 될까? 매우 드물 것이다. 이루기 쉬운 꿈은 꿈이 아니기 때문이다. 꿈을 이룬 사람이 드물다는 얘기는, 꿈을 이루지 못한 사람들이 수없이 많다는 말이다. 그런데 꿈을 이루지 못한 사람은 두 종류가 있다. 애초에 꿈조차 꾸지 않았던 사람과, 꿈을 이루고자 노력했지만 미처 이루지 못한 사람. 그런데 이 둘은 엄연히 다르다. 꿈이 없었던 사람의 삶은 그저 흘러갈 뿐이다. 지극히 무의미하다. 그러나 꿈을 이루려 노력했던 사람은 설령 실패하더라도 멋진 추억이라도 남길 수 있다. 과연 그걸 무의미하다고 할 수 있을까?

산초는 소작농이었다. 만약 그의 이웃에 괴짜 키하노 노인이 살지 않았다면 그는 평생 조용히 소작 일을 하며 살다가 생을 마감했을 것이다. 물론 돈키호테를 만난 산초도 종국에는 소작농으로 돌아왔지만, 돈키호테를 따라 나섰던 이상 평범한 소작농은 아니다. 한때나마 꿈을 펼치기 위해 가슴 두근거리는 여행을 떠났던, 아주 기이한 경험과 추억을 간직한 아주 특별한 사람인 것이다. 아주 특별한 사람, 그것이야말로 산초의 헌신적인 봉사에 대한 돈키호테의 보답이었으며, 애초에 약속했던 총독자리 따위보다 몇 배는 값어치 있는 선물이었다.

산손 카라스코의 어두운 그림자

앞서 말했다시피 『돈키호테』에는 수백 명의 인물이 등장하지만, 그중에 진정한 존재 가치를 갖는 인물은 두 주인공 돈키호테와 산초뿐이라 할 수 있다. 하지만 조연급 인물 중에도 상당히 특별한 의미를 갖는 인물이 있다. 학사 산손 카라스코가 그 사람이다. 왜 그가 중요한 걸까? 『돈키호테』의 수많은 조연들 중에 돈키호테의 행동에 직접적이고 결정적인 영향을 끼친 유일한 인물이기 때문이다.

신부, 이발사, 가정부, 조카딸은 돈키호테의 광기와 방랑을 멈추기 위해 상당한 노력을 기울였다. 돈키호테가 평생 모은 책들을 태워버린 일이 대표적이다. 하지만 그들은 돈키호테를 전혀 막지 못했다. 돈키호테는 그들을 비웃기라도 하듯 늘 표연히 떠나갔다. 한편, 공작 부부 같은 사람들도 있다. 이 괴짜 노인을 즐거운 소일거리로 삼으려는 자들 말이다. 이런 자들은 당연히 돈키호테에게 아무런 영향도 끼칠 수 없다. 그러나 산손 카라스코는 달랐다. 그는 돈키호테와 두 차례나 결투를 벌인 끝에 마침내 그를 굴복시켜 집으로 돌려보냈다.

산손 카라스코는 어떤 사람이었는가? 그는 살라망카대학을 나온 학사로 소개된다. 대학을 졸업한 학사. 이는 『돈키호테』에 나오는 다른 사람들 즉 농부, 성직자, 귀족, 상인 등과는 다른 존재다. 근대성이 강하게 드러나는 인물이다. 여기서 근대성이란 다름 아닌 '이성'을 의미한다. 서양 근대의 역사는 이성 발달의 역사라고 정의할 수 있을 것이다. 르네상스 이후 유럽 사람들은 '하느님의 뜻'보다는 '이성의 힘'에 대한 신뢰를 키워왔다. 그리고 대학에서 인문학이라는, 당시로서는 새로운 학문을 배운 학사들은 이처럼 이성이 지배할 시대의 첨병들이었다. 중세의 영광을 재현하려는 '낭만적인 기사' 돈키호테, 그리고 새로운 근대를 준비하는 '이성적인 학사' 카라스코. 이 둘은 그야말로 상극이었고, 카라스코는 돈키호테의 천적일 수밖에 없었다.

재미있는 점은, 카라스코가 돈키호테에게 상당한 호의를 가졌으며 심지어 약간의 존경심마저 품고 있었다는 사실이다. 이는 돈키호테가 그를 초대하자 당장 달려와서 찬사를 늘어놓던 장면에서 여실히 드러난다. 카라스코는 돈키호테를 매우 좋아했다. 그럼에도 불구하고 돈키호테를 저지했다. 그 이유는 뭘까? 간단하다. 이성 때문이다. 카라스코는 학사로서 지극히 이성적인 사고를 하는 사람이다. 그런 그에게 돈키호테의 비상식적인 방랑은 당장 중단시켜야 마땅한 것이었다. 그리고 그것이야말로 돈키호테를 진정으로 위하는 길이라 믿었다. 그는 매우 이성적인 사람이었기 때문이다.

그리하여 마침내 그는 돈키호테의 방랑을 중단시키고 집으로 돌려보내는 개가를 올렸다. 그리고 그 선량한 노인이 제정신을 되찾아 고향에서 평온한 여생을 즐기기를 바랐다. 그러나 그 후에 어떤 일이 일어났는가? 카라스코의 바람은 정말 이루어졌는가? 아니다. 그 뒤에 찾아온 것은 비극이었다. 자신이 위대한 기사가 아니라는 차가운 현실과 마주한 키하노 노인은 실의에 빠져 시름시름 앓다가 얼마 못 가 숨을 거두고 말았다. 그리하여 그 노인을 사랑하던 사람들은 모두 큰 슬픔에 잠겼다.

이는 실로 카라스코가 원한 바가 아니었다. 전혀 예상치도 못한 일이었다. 그는 돈키호테를 좋아했고, 그를 위해 호의를 베풀었을 따름이다. 그러나 그 결과는 끔찍했다. 대체 무엇이 잘못된 걸까? 카라스코는 현명하고 똑똑한 사람이다. 나쁜 사람도 아니었다. 오히려 생면부지의 괴짜 노인을 위해 수고를 마다하지 않은 이타적이고 헌신적인 사람이었다. 그런데 그의 행동은 왜 그토록 나쁜 결과를 낳았던 걸까?

카라스코는 좋은 사람이지만, 대단히 위험한 사람이기도 했다. 자신의 이성을 과신하는 사람이다. 자신의 이성을 지나치게 믿는다는 것은 대단히 위험한 일이다. 그런 사람들은 남들보다 자신이 훨씬 똑똑하고 합리적이라 믿고 다른 사람의 삶에 훈수 둘 자격이 조금이나마 있다는 착각에 빠지기 쉽다. 더 위험한 것은 그처럼 남의 인생에 끼어드는 것을 선행으로 여긴다는 사실이다. 내가 더 똑똑하고 현명하니까 저 녀석 인생도 내가 바로잡아주는 게 좋으리라는 식으로 생각하는 것이다.

카라스코가 돈키호테에게 한 일이 바로 전형적인 사례다. '저 키하노라는 노인은 꽤 좋은 분 같은데, 공연히 집을 나가서 사서 고생 중이다. 내가 집으로 돌려보내서 편안히 지내시게 해줘야겠다.' 이것은 얼핏 호의처럼 보이지만 사실은 오지랖이다. 애초에 돈키호테를 집으로 돌려보내고 말고 할 권리 따위는 그에게 없었다. 돈키호테의 삶은 돈키호테가 결정한다. 남에게 큰 피해를 입히거나 사회에 큰 물의를 일으키지 않는 이상, 어떻게 살지 선택할 권리는 그 자신에게 있다.

게다가 정 돈키호테를 돌려보내야 할 필요성을 절감했다면, 차라리 진심 어린 충고나 설득이라는 방법을 택하는 것이 옳았을 터다. 그러나 그가 선택한 것은 기만이었다. 젊디젊은 그는 힘없는 노인을 속이고 억지 승부를 벌인 끝에 자긍심을 완전히 무너트리는 방법을 택했다. 그것은 대단히 난폭한 행위였다. 게다가 카라스코는 자긍심에 상처를 입은 사람이 어떻게 될지 전혀 고려하지 않았다. 이는 대단히 무책임한 일이기도 했다. 카라스코의 행동은 대단히 난폭하고 무책임한 짓이었으며, 그 결과 돈키호테가 희생당했다.

정말 섬뜩한 점은, 세르반테스가 『돈키호테』에서 그려낸 산손 카라스코의 모습이 앞으로 유럽 제국주의 국가들이 다른 대륙에서 보여줄 끔찍한 모습과 신기하리만치 닮았다는 사실이다. 마치 예고편처럼 말이다. 근대 이후 유럽 국가들의 성공은 스스로도 놀라운 일이었다. 그들은 자신들의 성공이 압도적인 군사력에서 비롯되었으며, 과학과 산업의 발달이 그것을 가능케 했음을 잘 알고 있었다. 나아가 그것은 자신들이 정치·경제·사회 등 문명 전반에 걸쳐 탁월하기 때문이라고 생각했다. 궁극적으로, 그런 우월한 문명 건설의 원동력은 르네상스 이후 발전시켜온 이성 덕분이라는 결론을 내렸다.

유럽의 백인들은 다른 대륙의 유색인종들을 미숙하거나 어리석은 자들로 바라봤다. 쉽게 말해, 자신들은 성숙한 어른이고 다른 인종들은 덜 떨어진 어린아이라는 것이다. 이것이 바로 인종차별의 뿌리다. 요즘에야 덜하겠지만, 옛날 어른들은 아이들을 가르치기 위해 체벌도 마다하지 않았다. 이른바 '사랑의 매'라는 것이다. 유럽인들도 그랬다. 근대 이후 그들은 세계 여기저기에 식민지를 만들고 원주민들을 착취했다. 그 과정에서 숱한 만행과 학살이 벌어지기도 했다. 하지만 그들은 별로 죄책감을 느끼지 않았다. 그것이 원주민들을 문명의 길로 이끄는 효과적인 방법이라고 생각했기 때문이다. 그리고 자신들에게는 그래도 될 만한 '이성적인 어른'이라는 자격이 있다고 여겼다.

나아가 백인들은 폭력을 써서라도 미개한 유색인종들을 문명의 길로 이끄는 것이 신성한 의무라고 미화시키기에 이르렀다. 이는 『정글북』의 작가로 유명한 조지프 러디어드 키플링의 「백인의 짐」이란 시에서 선명히 드러난다. 오랫동안 에스파냐의 지배를 받아 왔던 필리핀은 1898년 미국-에스파냐전쟁의 혼란을 틈타 독립을 선언했다. 마침내 에스파냐는 물러났지만, 그해 12월 미국이 필리핀에 들이닥쳤다. 필리핀 사람들은 몹시 분노했다. 원래 에스파냐와의 전쟁을 시작하며 미국은 필리핀의 독립을 지지했었다. 그러나 자신들이 승자가 되자 패자의 식민지를 날름 차지하려 한 것이다.

미국의 비열한 작태에 서양에서도 비난의 여론이 일었다. 하지만 미국을 옹호하는 여론이 더 강했다. 특히 영국에서 옹호 여론이 강했으며, 그 중심에 키플링이 있었다. 그는 1899년 2월 「백인의 짐」을 발표하여 미국이 필리핀에서 벌이는 짓을 대신 변명했다. '반은 악마 같고 반은 어린애 같은' 필리핀 사람들을 미국인들이 통치하여 문명의 세계로 이끄는 것은 매우 당연한 의무라고 했다. 정말 황당한 논리였지만, 당시에는 옳게 받아들여졌다. 우리는 키플링이 1906년에 노벨문학상을 받았다는 사실을 잊어서는 안 된다. 그때는 그런 시절이었다.

한편 필리핀은 어떻게 되었을까? 필리핀인들은 삼 년에 걸쳐 눈물겨운 저항을 벌였지만, 마침내 미국의 압도적인 무력 앞에 무릎 꿇고 말았다. 그 과정에서 수차례 학살이 일어나 약 육십만의 필리핀 사람들이 희생당했다. 이것이 키플링이 역설한 '백인의 짐'을 지기 위해 미국이 저지른 일이었다. 이는 소설『돈키호테』속에서 '이성적인' 카라스코가 '제정신이 아닌' 키하노 노인에게 보인 교만함이, 현실의 국가나 민족들 사이에서 나타났을 때 얼마나 끔찍한 모습일 수 있는지 보여준 단적인 사례다.

돈키호테와 산초의 관계

돈키호테와 산초 판사. 생각만 해도 입가에 웃음을 떠올리게 만드는 두 주인공에 대해 조금 더 이야기해보자. 사실 이 두 사람은 상극이라 할 수 있을 정도로 정반대 유형의 인물들이었다. 돈키호테는 꽤 현명하고 용감하지만 현실감을 상실한 사람이었던 반면, 산초는 지극히 현실적인 대신 매우 겁 많고 어리석은 사람이었다. 단적으로 말해, 돈키호테와 산초는 각각 무모한 이상주의자와 소심한 현실주의자의 전형이었다. 이처럼 생판 다른 두 사람이 의기투합할 수 있었던 이유는 뭘까? 어쩌면 질문 속에 답이 있을지도 모른다. 워낙 달랐기 때문에 오히려 서로 부족한 점을 채워주는 좋은 동반자가 될 수 있었다는 뜻이다.

실제로 두 사람은 오랜 시간을 함께하며 서로 많은 영향을 주고받았다. 걸핏하면 앞뒤 재지 않고 날뛰던 돈키호테는 서서히 현실감각을 되찾아간다. 반면, 돈키호테의 이상을 전혀 이해하지 못하고 아예 그럴 생각조차 없던 산초는 어느 순간부터 그에게 동조하고 심지어 격려한다. 이처럼 서서히 돈키호테는 '산초화(sanchificación)'되고 산초는 '돈키호테화(quijotización)'되는 모습을 보이는데, 어쩌면 이야말로 『돈키호테』의 백미일 수 있다. 전혀 달랐던 사람들이 마침내 서로 이해하고 존중하는 모습은 늘 보는 이의 마음에 커다란 감동을 주게 마련이다. 결국 이야기가 끝날 무렵에 이르면 두 사람은 누가 이상주의자고 누가 현실주의자인지 구별하기 힘들 정도가 된다.

그리고 두 사람이 이별하는 모습은 다음과 같았다. 임종의 자리에 산초가 찾아오자, 돈키호테는 그를 그윽히 바라보며 담담히 말을 건넨다.

"용서하게나, 친구. 그대도 나 같은 미친 사람처럼 보이게 하는 일을 하게 해서 말일세."

그러자 산초가 통곡하며 답한다.

"아이구! 나리, 돌아가시지 마세요, 주인 나리. 제발 제 충고 좀 듣고 오래오래 사시라구요. 사람이 태어나 이 세상에서 저지를 수 있는 가장 큰 미친 짓은 아무도 죽이지 않는데 그냥 아무 이유 없이 죽어가는 겁니다요."[*]

산초에게 헛된 꿈을 꾸게 만들어 미안하다고 사과하는 돈키호테. 그리고 전혀 원망하는 마음 없이 제발 죽지 말라며 눈물 흘리는 산초. 이는 이상과 현실 사이에 접점이 마련되었을 때 얼마나 아름다운 장면이 연출될 수 있는지 보여준다. 생각해보면 당연한 일이다. 현실을 떠난 이상은 공허한 메아리일 뿐이며, 이상이 없는 현실은 삭막한 사막과도 같으니까.

돈키호테와 산초는 각자 이상주의자와 현실주의자를 대변하는데, 이는 혁명가와 민중이란 말로 바꿔도 괜찮을 것 같다. 산초에 초점을 맞춰 이야기해보자. 돈키호테를 따라나서기 전 산초는 그야말로 평범하기 짝이 없는 농부였다. 그는 그때까지 뼈 빠지게 일했지만 늘 가난했고, 또 앞으로도 그럴 터였다. 그의 삶에서 특별히 달라질 건 없었다. 그런 그에게 돈키호테가 다가와 총독 자리를 제안했다. 그러자 산초는 그를 따라 나섰다. 이것이 의미하는 건 뭘까?

우리는 사람들이 저마다 꿈을 갖고 살아간다고 막연히 생각하지만 실상은 그렇지 않다. 실제로 꿈을 가진 사람은 그리 많지 않다. 더구나, 설령 꿈을 갖고 있다 해도, 그것을 이루기 위해 정말로

---

[*]   세르반떼스, 『돈 끼호떼』 2, 민용태 옮김(창비, 2012), 853쪽.

노력하며 사는 사람은 더욱 적은 게 현실이다. 산초는 꿈이 없는 인간이었다. 그런 그에게 돈키호테가 다가와 꿈을 심어줬다. 심지어 그 꿈을 이룰 수 있는 구체적인 길까지 알려줬다. 방랑을 함께하면 총독을 시켜주겠다는 것 말이다. 그래서 산초는 돈키호테를 따라나섰다.

혁명가란 어떤 사람일까? 아마도 꿈이 없는 사람들에게 꿈을 심어주고 또 그것을 이루도록 도와 이끄는 사람 아닐까? 혁명가라는 말이 너무 거창하게 들린다면, 대중에게 비전을 제시할 수 있는 정치적·사회적 지도자라고 풀어 말할 수도 있을 것이다. 돈키호테는 바로 그런 사람이었다. 적어도 산초에게는 말이다. 돈키호테로 인해 산초는 난생 처음 꿈이란 걸 갖게 되었고, 그것을 위해 달려갈 수 있었다.

여기서 정말로 주목해야 할 것은 산초가 겪은 변화 즉 '산초의 돈키호테화'다. 방랑을 시작한 지 얼마 안 되었을 때만 해도 산초는 입만 열면 불평이었고, 돈키호테를 전혀 이해하려 들지 않았다. 그러나 돈키호테와의 교감이 깊어지면서 서서히 달라졌다. 그리하여 어느 순간부턴가 제법 의젓한 조력자가 되었으며, 마지막 순간에는 의기소침한 돈키호테에게 변함없는 애정을 드러내는 모습을 보였다. 이는 돈키호테와 산초의 역할이 완전히 뒤바뀐 것이다. 꿈을 잃고 좌절한 돈키호테에게 진심어린 격려를 보내는 산초의 모습. 그야말로 완벽하게 성숙한 인간의 모습이었다.

돈키호테와 산초의 도전은 실패했다. 훌륭한 기사의 환상이 깨진 돈키호테는 무기력한 노인으로, 총독 자리가 물 건너간 산초는 가난한 소작농으로 돌아왔다. 그들이 함께 꾸었던 꿈은 물거품처럼 사라졌다. 그러나 그 꿈은 빈자리를 다른 것들로 채워놓고 떠났다. 그것은 함께 꿈을 좇으며 기쁨과 슬픔을 함께한 사람들 사이에만 존재하는 끈끈한 우정과 두터운 신뢰였다. 그것들은 다른 누구와도 공유할 수 없고, 앞으로도 영원히 간직할 값진 선물이었다. 최후의 순간 돈키호테는 산초에게 감사하는 마음을 간직한 채 눈을 감았다. 산초는 앞으로 돈키호테와의 특별한 추억들을 떠올리며 살 것이다. 이것은 얼핏 작아 보이지만 사실은 큰 축복이다.

진짜 영웅은 누구인가?

영웅이란 무엇일까? 어떤 사람을 영웅이라 부를 수 있을까? 어떤 모습을 보여야 영웅으로 불릴 자격을 갖게 되는 걸까? 대단한 힘이나 지혜를 갖추면 영웅이 되는 걸까? 아니다. 대단한 사람과 영웅은 엄연히 다르다. 영웅이란 아마도 '다른 사람들로부터 우러름을 받는 사람'을 뜻할 것이다. 사람들은 쉽게 다른 사람을 우러러보지 않는다. 사람들은 마음에 울림이 있어야 누군가를 우러러본다. 대단한 힘과 지혜는 다른 사람들 입에서 감탄사는 나오게 할 수 있지만 마음에 울림을 주지는 못한다. 그렇다면, 사람들 마음에 울림을 줄 수 있는 것은 뭘까? 그것은 아마도 타인에 대한 '배려'와 '헌신'일 것이다.

우리가 앞서 살펴봤던 세 영웅 아킬레우스, 지그프리트, 롤랑을 떠올려보자. 먼저 아킬레우스를 얘기해보자. 아킬레우스가 가장 영웅다운 풍모를 보인 것은 언제였던가? 적장 헥토르를 죽였을 때? 아니다. 헥토르의 아버지와 함께 눈물을 흘리며 그 시체를 돌려줄 때야말로 아킬레우스는 가장 영웅다웠다. 반면, 지그프리트에게는 그런 게 없었다. 그것이 그를 진정한 영웅으로 보기 힘든 이유다. 롤랑도 마찬가지다. 지그프리트보다는 나았지만, 그 역시 타인을 배려하고 헌신하는 모습은 부족했다.

이제 우리의 친애하는 돈키호테와 산초에 대해 이야기해보자. 편력여행에 나선 돈키호테가 추구한 최고의 가치가 무엇이었는가? 정의의 실현이었다. 그렇다면 그는 어떤 식으로 정의를 실현하려 했는가? 그는 언제나 선한 사람들을 돕고 약한 사람들을 지켜주려 애썼다. 망상에 빠진 탓에 그 대상을 잘 분별하지 못한 게 문제였을 뿐이다. 그는 선하고 약한 사람들을 위한다는 원칙에서 벗어나는 행동을 한 적이 없다. 그런 점에서 돈키호테는 아킬레우스, 지그프리트, 롤랑이 따라올 수 없는 진정한 영웅이다.

돈키호테의 영웅적인 풍모를 가장 충실하게 배운 사람이 바로 산초 판사였다. 산초는 처참하게 망가진 돈키호테를 향해 바로 그로부터 배운 무한한 배려와 헌신을 보여줬다. 산초는 돈키호테가 가장 힘든 순간에 가장 큰 사랑을 베풀었다. 일말의 원망이나 비난 없이 오직 진실된 눈물만을 보여줌으로써, 그는 돈키호테가 한결 마음 편히 떠날 수 있게 해줬다. 이야말로 진정한 영웅의 풍모 아닌가.

돈키호테와 산초. 그들은 아마 인간의 손으로 그려낼 수 있는 최고의 영웅들일 것이다. 좀 우스꽝스러우면 어떤가! 세상에 재미있는 글들은 많다. 하지만 웃음과 감동을 함께 남기는 글은 흔치 않다. 소설『돈키호테』가 아직도 각광받는 이유가 바로 그것이다.『돈키호테』에는 한참 웃고 나면 무언가 가슴을 찌릿하게 만드는 것이 있다. 그것은 미친 노인과 어리석은 농부의 마음속에 숨어 있는 진정한 영웅의 모습이다.『돈키호테』를 문학사상 최고의 작품이라 말하는 사람들이 꽤 많다. 그 말이 정말 옳은지는 모르겠다. 그러나 그 말이 옳다면, 그것은 아마도 돈키호테와 산초가 진정으로 뛰어난 영웅들이기 때문일 것이다.

도움받은 책들

호메로스, 『일리아스』, 천병희 옮김(숲, 2007).

저자 미상, 『니벨룽겐의 노래』, 허창운 옮김(범우, 2014).

저자 미상, 『롤랑전』, 이형식 옮김(궁리출판, 2005).

세르반떼스, 『돈 끼호떼』 1~2, 민용태 옮김(창비, 2012).

세르반테스 사아베드라, 미겔 데, 『돈키호테』 1~2, 안영옥 옮김(열린책들, 2014).

세르반테스, 미겔 데, 『돈키호테』 1~2, 박철 옮김(시공사, 2015).

강준만, 『미국사 산책』 1(인물과사상사, 2010).

권미선, 『돈키호테, 비극적 운명을 짊어진 희극적 영웅』(살림, 2005).

김종옥, 『스페인 문학사』(전북대학교출판문화원, 2015).

김태권, 『김태권의 십자군 이야기』 1~5(비아북, 2012).

김해완, 『돈키호테, 책을 모험하는 책』(작은길, 2015).

노리치, 존 줄리어스, 『비잔티움 연대기』 1~6, 남경태 옮김(바다출판사, 2007).

랭어, 윌리엄 L, 『호메로스에서 돈키호테까지』, 박상익 옮김(푸른역사, 2001).

런치만, 스티븐, 『1453 콘스탄티노플 최후의 날』, 이순호 옮김(갈라파고스, 2004).

마르티니·프리츠, 『독일문학사 상』, 황현수 옮김(을유문화사, 1989).

말루프, 아민, 『아랍인의 눈으로 본 십자군 전쟁』, 김미선 옮김(아침이슬, 2002).

몽고메리, 버나드 로, 『전쟁의 역사』, 승영조 옮김(책세상, 2004).

미야자키, 이치사다, 『중국중세사』, 임중혁·박선희 옮김(신서원, 1996).

박철, 『서반아 문학사』(송산출판사, 1992).

박홍규, 『태초에 행동이 있었다』(들녘, 2016).

베르길리우스, 『아이네이스』, 천병희 옮김(숲, 2007).

보렌, 헨리 C, 『서양고대사』, 이석우 옮김(탐구당, 1983).

불핀치, 토마스, 『그리스 로마 신화』, 박경미 옮김(혜원, 2011).

세르반테스, 미겔 데, 『사랑의 모험』, 조구호·임효상 옮김(바다출판사, 2000).

소포클레스, 『소포클레스 비극 전집』, 천병희 옮김(숲, 2008).

소포클레스·아이스킬로스·에우리피데스, 『그리스 비극』, 곽복록·조우현 옮김(동서문화사, 2007).

스트라우스, 배리, 『트로이 전쟁』, 최파일 옮김(뿌리와이파리, 2010).

웨지우드, C. V, 『30년 전쟁』, 남경태 옮김(휴머니스트, 2011).

이희철,『히타이트: 점토판 속으로 사라졌던 인류의 역사』(리수, 2004).

최순욱,『북유럽 신화 여행』(서해문집, 2012).

카, 레이몬드 외,『스페인사』, 김원중·황보영조 옮김(까치글방, 2006).

카이사르, 율리우스,『갈리아 전기』, 박광순 옮김(범우사, 2006).

캐리, 존,『역사의 원전』, 김기협 옮김(바다출판사, 2007).

캠벨, 조지프,『천의 얼굴을 가진 영웅』, 이윤기 옮김(민음사, 2004).

터친, 피터,『제국의 탄생』, 윤길순 옮김(웅진지식하우스, 2011).

테츠너, 라이너,『게르만 신화와 전설』, 성금숙 옮김(범우사, 2002).

피렌, 앙리,『마호메트와 샤를마뉴』, 강일휴 옮김(삼천리, 2010).

해리스, 마빈,『문화의 수수께끼』, 박종열 옮김(한길사, 2000).

허창운, 「중세 영웅 문학으로서의『니벨룽겐의 노래』」,『니벨룽겐의 노래
(상)』(서울대학교출판부, 1996).

호메로스,『오뒷세이아』, 천병희 옮김(숲, 2015).

홀랜드, 톰,『이슬람 제국의 탄생』, 이순호 옮김(책과함께, 2015).